中央高校基本科研业务
Fundamental Research Funds

U0517818

中国上市公司高管权力的经济后果研究

李小荣　董红晔　著

本书研究了高管权力与企业融资、投资和股价同步性的关系，丰富了高管权力、企业融资、投资和股价同步性等领域的文献，有助于理解我国上市公司高管权力的形成机理，深化对高管权力恶劣经济后果的认识。

中国财经出版传媒集团

经济科学出版社
Economic Science Press

图书在版编目（CIP）数据

中国上市公司高管权力的经济后果研究/李小荣，董红晔著．
—北京：经济科学出版社，2019.1
ISBN 978 - 7 - 5218 - 0240 - 5

Ⅰ.①中…　Ⅱ.①李…②董…　Ⅲ.①上市公司 - 管理人员 -
人事管理 - 研究 - 中国　Ⅳ.①F279.246

中国版本图书馆 CIP 数据核字（2019）第 025063 号

责任编辑：王　娟　张立莉
责任校对：蒋子明
责任印制：邱　天

中国上市公司高管权力的经济后果研究
李小荣　董红晔　著
经济科学出版社出版、发行　新华书店经销
社址：北京市海淀区阜成路甲 28 号　邮编：100142
总编部电话：010 - 88191217　发行部电话：010 - 88191522
网址：www. esp. com. cn
电子邮件：esp@ esp. com. cn
天猫网店：经济科学出版社旗舰店
网址：http://jjkxcbs. tmall. com
北京季蜂印刷有限公司印装
710×1000　16 开　13.5 印张　230000 字
2019 年 5 月第 1 版　2019 年 5 月第 1 次印刷
ISBN 978 - 7 - 5218 - 0240 - 5　定价：68.00 元
（图书出现印装问题，本社负责调换。电话：010 - 88191510）
（版权所有　侵权必究　打击盗版　举报热线：010 - 88191661
QQ：2242791300　营销中心电话：010 - 88191537
电子邮箱：dbts@ esp. com. cn）

项目资助：

中央高校基本科研业务费专项资金资助项目

国家自然科学基金青年项目（71503283）

教育部霍英东教育基金会资助项目（161077）

北京市社会科学基金青年项目（15JGC173）

中财—中证鹏元地方财政投融资研究所资助项目

前　　言

　　伴随着高管权力产生的恶劣后果——天价薪酬、国企腐败等被媒体曝光的事件日益增多，高管权力受到学术界与实务界的普遍关注，如何约束我国上市公司高管权力、提高公司治理水平已成为学术界与实务界的热点问题。事实上，随着我国国有企业改革的不断深入，"放权让利"已经得到了普遍的执行，这使国有企业的高管得到了经营管理权力，也激活了国有企业的利润创造能力。但是，我们必须看到的是，由于我国国有企业缺少真正意义上的所有者，国有企业的监督和管理尚存一些问题，另外，我国国有企业的特殊背景决定了国有企业的高管不仅来自政府的任命，而且具有较高的行政职务，这使董事会的成员更倾向于服从高管的决定，监督能力较弱。因此，国有企业的高管具有较大的权力，并得不到应有的监督。而我国民营企业多数来自亲戚朋友的创业，因此，高管多数是控股股东，或者控股股东的亲戚或朋友，这使得民营企业的高管既是监督者又是管理者。因此，我国上市公司的高管权力普遍存在着过大的问题。那么，高管权力过大会产生怎样的经济后果就成为非常值得探讨的问题。

　　目前关于高管权力的研究已经从早期的高管权力与高管薪酬的研究发展为高管权力与风险、公司治理、信息质量等领域。从学者们对高管权力的研究来看，高管权力过大会产生恶劣的后果已经得到了普遍的认同。但是高管权力是否会影响企业融资、投资和股价同步性？目前研究较少。因此，本书试图研究高管权力与企业融资、投资和股价同步性的关系。第一，本书研究高管权力与银行贷款的关系。融资是影响公司生存和发展的重要因素，由于我国资本市场产生较晚，银行贷款是企业主要的融资方式（Chui et al.，2010），因此，本书将研究商业银行在进行贷款决策时是否会因客户公司的高管权力过大而作出减少贷款规模等的贷款决策。第二，商业信用是供应商在提供商品时允许下游企业暂时不交付现金而形成的短期负债，由于银行贷款的稀缺性，企业不可能通过银行贷款满足所有的融资需求，因此，商业信用逐渐成为企业除银行贷款以外一项重要的融资渠道，甚至成为一种可以替代银行贷款的短期融资方式。作为债权人，供应商会通过了解财务状况来监督企业，并及时作出"信贷政策"的调整。基于此，本书研究了高管权力与商业信用的关系。第三，股权融资成本是影响资本市场规模和资源配置效率的关键因素，是企业融资方式选择和投资决策的重要考量指标，也是股权价值估值中的重要参数。随着我国资本市场的发展，股权融资已经得到了企业的青睐。股权融资成本是否因高管权力增大而增大呢？第四，过度投资是企业普遍存在的问题，会影响经济增长，但是目前关于过度投资的研究主要集中于政府干预和公司治理，高管权力作为又一重要因素，是否影响企业的过度投资行为？目前文献缺乏研究，因此，本书还研究了高管权力与过度投资的关系。第五，中国资本市场存在股价同步性过高的问题，信息透明度是影响股价同步性的关键因素，现有文献探讨过高管权力与信息透明度的关系，但是高管权力是否影响股价同步性？我们的认知还相当有限，因此有必要对此问题进行研究。

采用中国上市公司非金融行业的数据进行实证研究，通过研究，本书得到如下实证结论。

（1）高管权力与银行贷款为显著负相关。这说明当高管权力过大时，银行会考虑高管权力过大这一因素，而减少为上市公司提供的银行贷款规模。高管权力与短期银行贷款比例为显著正相关。这说明相较于长期贷款，银行更愿意给高管权力大的企业提供短期贷款。而当上市公司为国有企业时，高管权力与银行贷款的负向关系会减弱，这说明银行在对国有企业提供银行贷款时，仍然更相信国有企业的国家信用这一因素，因而会忽视高管权力这一变量。同时我们也研究了经济周期和公司在我国香港上市对高管权力与银行贷款关系的影响，发现在经济下行期时，高管权力与银行贷款的负相关关系更为显著，当企业在香港上市时，高管权力与银行贷款的负相关关系消失。

（2）公司高管权力越大，获得的商业信用越少；企业的国有产权降低了高管权力与商业信用的负向关系；在经济周期下行期，高管权力与商业信用的负向关系更为显著；当企业的市场地位比较高时，高管权力与商业信用的负向关系得到减弱；当公司成长性好时，高管权力与商业信用的负向关系也会减弱。以上研究结论说明，高管权力在商业信用融资方面也会导致恶劣后果，高管权力大小是影响商业信用的一个重要因素，对于处于不同经济周期、行业地位和成长阶段的企业，高管权力对商业信用的影响程度不同。

（3）投资者会预期到高管权力带来的风险加大、信息披露质量下降和公司治理失效等恶劣后果，从而要求更高的投资回报，导致高管权力大的企业股权融资成本更高；高管权力与股权融资成本的正相关关系在国有企业中存在，在民营企业中，这一关系并不显著，说明企业产权安排的不同会导致高管权力在股权融资成本方面经济后果的差异；法律环境的改善有助于降低高管权力与股权融资成本的正相关关系，但是信任在影响国有企业和民营企业高管权力与股权融资成本的关系上却存在差异，处于信任水平较高地区的民营企业，高管权力与股权融资成本的正相关关系减弱，但是信任对国有企业高管权力与股权融资成本的关系影响不显著。特别是当法律环境特别好和信任水平特别高时，民营企业的高管权力甚至有助于降低股权融资成本。

（4）国有企业高管权力越大，过度投资越严重；政府干预强时，高管权力与过度投资无显著关系，政府干预弱时，高管权力与过度投资显著正相关；处于法制环境好的地区的国有企业，高管权力与过度投资不显著相关，但是在法制环境差的地区，高管权力与过度投资显著正相关；在香港上市的国有企业，高管权力并未对过度投资产生影响，反之，只在内地上市的国有企业，高管权力越大，过度投资程度越大。

（5）高管权力大小与股价同步性显著正相关，即高管权力越大，公司向外传递的特质信息越少；处于政府干预强的地区的国有企业，高管权力对股价同步性有显著正向影响，反之，高管权力与股价同步性无显著关系；处于产品市场竞争程度低的行业的国有企业，高管权力与股价同步性显著正相关，但当产品市场竞争加剧时，高管权力对股价同步性无显著影响；较之中央政府控股的国有企业，地方政府控股的国有企业的高管权力更能显著增大股价同步性。

本书的主要贡献在于：第一，丰富和拓展了高管权力经济后果的学术文献。早期学者主要基于高管权力理论解释了高管货币薪酬和在职消费过高的现象（Bebchuk and Fried，2002，2004；卢锐，2007；权小锋等，2010），但是高管权力对企业的其他财务后果的研究依然鲜见，即便有少量文献研究了高管权力在公司治理（刘星等，2012）、风险承担（权小锋和吴世农，2010）、股利政策（王茂林等，2014）和现金持有（杨兴全等，2014）方面的经济后果，但是忽视了其在企业融资、投资等财务决策和股价同步性的影响，研究视角不够完整，本书的研究从高管权力与银行贷款、商业信用、股权融资成本、过度投资和股价同步性五方面展开，进一步为高管权力的经济后果提供了经验证据。

第二，补充和完善了银行贷款影响因素的研究。关于银行贷款契约的影响因素是一新兴的学术研究领域（Francis et al.，2012），随着我国银行业改革的深入，越来越多的学者认为，我国银行已经具有债务治理和监督的功能（胡亦明和谢诗蕾，2005；蔡卫星和曾诚，2012），也有学者从会计信息（高雷等，2010；饶品贵和姜国华，2011；李志军和王善平，2011；刘慧凤和杨扬，2012）、公司治理（潘克勤，2009；张瑞君和李小荣，2012）、政治关联（余明桂和潘红波，2008；郝项超和张宏亮，2011）等方面研究了银行贷款，但高管权力是否影响银行的贷款决策却一直没有得到学者的关注，本书从管理者权力角度发掘银行贷款契约的影响因素，为银行贷款契约的制定提供了新的认识。

第三，从高管权力探究商业信用的影响因素，对商业信用这一研究领域的学术文献有所贡献，以往文献主要从银行贷款与商业信用的替代或互补关系对企业获取商业信用规模的影响等方面展开研究，但对高管权力如何影响商业信用有所忽视，本书的研究表明，高管权力是影响商业信用的重要因素，发展了商业信用的相关研究。

第四，从高管权力角度来研究股权融资的成本影响，丰富了股权融资成本影响因素领域的学术研究。目前对股权融资成本的研究主要集中于信息披露质量（黄娟娟和肖珉，2006）、公司治理（蒋琰，2009）、投资者保护（肖珉，2008）、信息中介（罗进辉，2012）、社会责任（李姝等，2013）和内部控制（王艺霖和王爱群，2014）等因素，本书的研究从高管权力这一因素来进行研究，补充了高管权力这一遗漏变量。

第五，基于高管权力角度全面解释了过度投资现象，采用新的理论研究过度投资，丰富了以往从公司治理和政府干预角度研究过度投资的学术文献，既为国有企业存在过度投资问题提供了新的经验证据，也对哪些因素影响国有企业过度投资提供了新的认识。

第六，股价同步性的研究一直以来是资本市场研究的重要话题，本书找到了一个影响公司股价同步性的新的因素，从而丰富了股价同步性领域的理论研究。既有文献主要从信息透明度探究股价同步性的影响因素，而缺乏高管个人因素的考察。实际上，不管是信息透明度还是公司治理，均会受到公司决策者的影响，也就是说，现有研究中股价同步性影响因素中的信息透明度和公司治理可能并不是最为根本的因素，最为根本和直接的影响因素应该是公司的决策者，而公司高管就是公司最为重要的决策者。本书从高管权力特征出发研究股价同步性，弥补了现有研究的不足。

本书的研究除了上述的理论贡献外，还具有重要的实践意义：其一，本书从高管权力理论角度研究了我国上市公司高管权力与企业融资、过度投资和股价同步性的关系，有助于政策部门理解我国上市公司高管权力形成的机理，深化对高管权力引起的恶劣的经济后果的认识。本书的研究希望可以帮助政策部门建立对我国上市公司高管权力的约束机制，提高上市公司的公司治理水平。

其二，本书从高管权力产生恶劣的经济后果入手研究融资相关的利益主体是否会考虑高管权力，研究结果表明，当上市公司的高管权力较大时，融资主体会降低融资的规模或者提高融资成本，因此，公司应该认识到过大的高管权力既会影响公司的融资能力也会提高公司的融资成本，最终会有损公司的价值。针对此问题，公司应该重视高管权力，采取有效的手段约束高管权力。

其三，本书针对高管权力与银行贷款的关系进行了研究，结果发现，银行在进行贷款决策时会考虑高管权力这一非财务因素，但是在拓展性的研究中发现，当上市公司的所有权主体为国有时，银行贷款与高管权力的负向相关关系会有所减弱，这说明银行在对国有上市公司进行贷款决策时，仍然没有完全考虑高管权力产生的恶劣后果，而国有企业高管权力会对国有企业的还款能力产生重要影响，也会因此影响银行所面临的信用风险。因此，本书建议，银行在进行贷款决策时应该更客观地考虑公司的经营管理状况，而不应该过多地考虑所有权属性，否则会使银行面临更多的信用风险。

其四，本书的研究发现，供应商在考虑是否为供应提供商业信用时，也会考虑高管权力，但是当供应商的市场地位较弱时，由于其谈判能力较弱，因此并没有过多地考虑高管权力这一重要因素。本书认为供应商在考虑利用商业信用进行营销的基础上，也要注意商业信用的风险，更多地考虑高管权力这一因素。

其五，本书研究了国有企业高管权力与过度投资的关系，相关结论对国企改革和企业投资效率的提升具有重要的政策启示。放权让利式的国企改革提升了国企运营效率，但也带来了高管权力增大的恶劣后果，因此，新一轮国企改革在重视市场化改革过程中出现了高管权力过大的新问题。过度投资一直被认为是影响中国经济增长的重要因素，以往主要从政府干

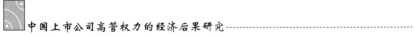

预和公司治理方面找到了企业过度投资的原因，但本书找到了高管权力这一新的因素，因此对我国企业投资效率的提升具有重要帮助。

其六，中国资本市场的高股价同步性是导致资源配置效率低下的重要因素，本书发现，高管权力增大会导致股价同步性增加，因此，在制定降低中国资本市场股价同步性的措施时，可以考虑削弱高管权力。

其七，本书证明了在香港上市、法律环境、信任环境、产品市场竞争等外部治理机制对遏制高管权力恶劣经济后果的作用。因此，政策部门、公司或投资者在考虑高管权力所带来的恶劣的经济后果的同时，也需要加强外部治理机制的建设、推进市场化进程和完善法制环境。

目　　录

第1章

导　论

首先，本章介绍了本书的选题背景，并根据选题背景提出了具体的研究问题；其次，系统地简述了各章的内容和本书的结构；最后，阐述了本书的研究意义和主要贡献。

1.1　选题背景与问题提出

1.1.1　选题背景

高管权力是指当企业的公司治理机制不健全、外部缺乏相应制度约束时，管理层表现出来的超出其控制权范畴的深度影响力（权小锋，2010）。当高管权力较大时，高管具有较强的压制不同意见的能力（March，1966），也可以说是执行自身意愿的能力（Finkelstein，1992）。高管权力理论由贝布邱克和弗里德（Bebchuk and Fried，2002，2004）首次提出，他们认为，公司的董事会代表股东利益，董事会的最重要的职能就是监督公司管理层，减少股东与管理层的代理问题，但是董事会与管理层间的利益千丝万缕，这使董事会与管理层无法保持一定的距离谈判，董事会也无法客观公正地代表大股东的利益监督管理层，管理层可以利用其手中的权力俘获董事会，达到执行自身意愿的目的。随着我国市场化改革的发展，我国上市公司发展迅速，但由于我国经济仍然处于新兴加转轨的特殊阶段，上市公司存在着内部公司治理不完善、外部法律等约束机制不健全等问题，上市公司的 CEO（总经理）权力普遍较大。高管权力理论中所提到的导致 CEO 权力较大的因素—公司治理和外部制度约束等问题与我国上市公司目前所面临的问题极为相近，因此，高管权力理论可以较好地解释我国上市公司中高管权力较大的现象。

改革开放后，中央政府着手对国有企业进行改革，目的就是使国有企业可以成为独立的市场经营单元，改革的过程可以分为"放权让利""两权分离"和建立"现代企业制度"三个阶段。如果说"放权让利"阶段的"利润留成""盈亏包干"和"以税代利、自负盈亏"只是提高国有企业员工的工作积极性，那"两权分离"和建立"现代企业制度"则真正使企业获得到自主经营的权力。"两权分离"阶段初步将国有企业的所有权与经营权进行了分离（Sun and Tong，2003），建立"现代企业制度"则厘清了国有企业的产权，使高管掌握了除并购、企业资产和股份处置，以及高管任命外的所有经营权力（白俊和连立帅，2014）。可以说，我国国有企业改革就是国家不断放权让利，高管权力不断加强的过程（卢锐等，2008）。虽然改革后的国有企业产权已经较为清晰，但"所有者"缺位的问题却使国有企业没有真正意义上的"所有者"，虽然国有资产监督管理委员会被政府授权监督和管理国有企业，但是国有资产监督管理委员会也只是代为行使的行政机关，并没有足够的动力和能力行使"所有者"的监督职责，没有监督的管理层势必拥有权力超越于公司治理之上（杨兴全等，2014）。同样，在我国的制度背景下，国有企业高管的任命和选拔仍然是参照党政干部任命和选拔要求而形成的"内部劳动力市场"（陆铭，2003），且权力较大的高管一般拥有较高的行政级别，与政府千丝万缕的联系使高管的决策更容易被执行。民营企业形成于家族和朋友的创业，家族企业的高管多是由控股股东任命或是由控股股东的亲戚或朋友担任，因此，民营企业的高管既是管理者又是监督者，牢牢地控制了整个董事会的经营决策，与国有企业高管同样具有较大的权力。可以说，我国上市公司普遍存在着高管权力过大，无法制约的问题。

近年来，学者们也关注到高管权力问题，并以高管权力理论为基础进行了广泛的学术研究。首先，学者们较为关注高管权力与高管薪酬的关系，他们认为，当高管权力较大时，股东与管理者间的代理问题会更加严重，高管会利用手中的权力通过在董事会担任重要的职位、控制董事的提名过程、分化拉拢董事会成员俘获董事会，并采取设计更为有利的股权激励计划和盈余管理等方式，为自己谋求更多的薪酬和在职消费等私有收益，最终将有损公司价值（Bebchuk and Fried，2002，2004；卢锐，2007；王克敏和王志超，2007；卢锐等，2008；权小锋等，2010；王清刚和胡亚君，2011；王烨等，2012；刘星和徐光伟，2012；张铁铸和沙曼，2014）。其次，学者从集体决策理论研究了公司高管权力与风险的关系，他们认为，董事会是群体决策时，由于决策的结果是董事会成员意见的妥协，因此，决策的结果没有极端的决定，而当公司高管有较大的权力时，董事会成为高管的“一言堂”，群体决策成为个人决策，公司业绩波动较大，面临较大的经营风险（Sah and Stigliz，1986，1991；Adams et al.，2005；Liu and Jiraporn，2010；权小锋和吴世农，2010）。最后，学者们认为公司高管权力过大时，还会影响公司治理机制和会计信息质量等。当公司的高管权力较大时，其与董事会成员的关系影响了公司治理机制发挥作用，无法监督高管的机会主义行为，即使高管权力较大，影响了公司的业绩，高管被辞退的可能性也较小（Arrow，1962；Hermalin and Weisbacn，1998；Fracassi and Tate，2012；刘星等，2012）。虽然高管可以利用手中的权力来为自己争取较高的薪酬，但是由于担心外部人的抱怨会损害自身的声誉，高管会采取伪装的方式来操纵业绩，大大降低了会计信息质量（Bebchuk and Fried，2002，2004；权小锋等，2010）。可见，目前学术界对高管权力造成的恶劣的经济后果已经得到了普遍的共识，高管权力过大成为“国企腐败”“天价薪酬”等恶劣经济后果的代名词。但是高管权力在融资、投资和股价同步性方面的经济后果，我们的认知还非常有限。

1.1.2　问题提出

本书采用高管权力理论研究高管权力，并结合中国的特征深入分析和检验中国上市公司的高管权力在融资、投资和股价同步性方面的经济后果。银行贷款在上市公司所有的融资渠道所占的比重最高（胡宗义和刘亦文，2011），商业信用逐渐成为企业重要的融资方式，甚至可以成为替代银行贷款的融资方式（石晓军和张顺明，2011），我国资本市场的迅速发展使我国上市公司的股权融资比例逐年上升。因此，在融资方面，我们将选取这三种融资方式进行研究，分别考察银行、供应商和权益投资者是否因为高管权力带来的恶劣后果而改变对企业的贷款、赊销和投资。在研究股权融资时，相对于股权融资规模，股权融资成本更受关注，而且是更为成熟的学术领域，因此，主要研究股权融资成本。企业主要的融资来源是银行、供应商和权益投资者，三者有不同的利益诉求，进而会根据高管权力选择不同的融资规模和融资成本。具体来说，本书主要回答以下五个问题。

第一，本书研究高管权力与银行贷款的关系。正如前文所述，随着国有企业改革的深入，"放权让利"的政策已经得到了很好的执行，国有企业已经成为自负盈亏和产权较为清晰的现代企业，但是我国特殊的制度背景使国有企业面临着"所有者缺位"和国有企业经理人同时担任政府官员的问题，使国有企业在没有所有者监督的情况下，经理人掌握了绝对权力（卢锐，2007）。委托代理理论中提到经理人与股东之间存在代理问题，经理人有为了自身利益而不以股东的利益最大化行事的动机，当经理人掌握了过大的权力后，经理人便更有能力来按自己的私欲行事，这加重了代理问题，也增加了公司利益相关者所面临的风险。事实上，融资是影响公司生存和发展的重要因素，由于我国资本市场产生较晚，银行贷款是企业主要的融资方式（Chui et al.，2010）。据悉，1990~2008年，企业的总银行贷款规模占GDP平均年度比率为82.4%，1995年为61.6%，2003年达到了顶峰，为108%（陈德球，2013）。而随着银行业的发展，银行业已经完成了政策性银行与商业银行的分离，国有商业银行不良资产的剥离，国外战略投资者的引入，股份制银行的兴起，使我国商业银行已经形成大型国有银行稳步发展、股份制银行羽翼渐丰、民营银行发展迅速、外资银行蓄势待发的竞争格局。无论是市场结构改革还是产权结构改革都使商业银行更加符合商业化导向（蔡卫星和曾诚，2012）。对商业银行而言，激烈的市场竞争必然使其更关注贷款决策和贷款行为是否遵循商业规律，稍有不慎，商业银行就面临着被市场所淘汰的强的危机。越来越多的学者认为，商业银行在进行贷款决策时不但会考虑财务信息，还会考虑更多的非财务信息。我国《商业银行授信工作尽职指引》第二十五条指出，商业银行应对客户的非财务因素进行分析和评价，包括客户公司治理、管理层素质等方面的风险进行识别（胡国强和盖地，2014）。基于此，本书将研究商业银行在进行贷款决策时是否会因客户公司的高管权力过大而减少贷款规模等贷款决策。

第二，本书研究高管权力与商业信用的关系。商业信用是供应商在提供商品时允许下游企业暂时不交付现金而形成的短期负债，由于商业银行贷款的稀缺性，企业不可能通过银行贷款满足所有的融资需求，因此，商业信用渠道逐渐成为企业除银行贷款外重要的融资渠道，甚至成为一种可以替代银行贷款的短期融资方式（刘仁伍和盛文军，2011；孙浦阳等，2014）。事实上，商业信用已经作为一种重要的融资方式存在于全球各地，70%的美国公司和80%的英国公司向客户提供商业信用，而我国的金融体系尚不健全，商业信用对国民经济的支持更加重要，甚至可能超过银行贷款（Allen et al.，2005；Ge and Qiu，2007）。由于供应商与企业的交易频繁，联系也更为紧密，对公司的情况更为了解。近年来，学者的研究表明，供应商同样关注公司的财务状况和经营管理状况，一旦下游企业存在经营风险，供应商将无法收回商业信用，这对供应商将是严重的损失，因此，供应商会通过了解的财务状况来监督企业，并及时做出"信贷政策"的调整（陈运森等，2010）。郑军等（2013）认为，高质量的内部控制可以提高公司会计信息的可靠性，提高企业的信任等级，因此，供应商会为内部控制良好的企业提供更多的商业信用。既然高管权力产生诸多后果，那么供应商会不会因此调整"信贷政策"，降低提供给企业的信用规模呢？这是本书要解决的第二个问题。

第三，股权融资成本是影响资本市场规模和资源配置效率的关键因素，是企业融资方式选择和投资决策的重要考量指标，也是股权价值估值中的重要参数。特别是在中国的特殊制度背景下，西方的融资优序理论（先内部融资，后债务融资，最后是股权融资）在中国并不适用，中国上市公司普遍偏好股权融资，大部分学者认为，根源在于股权融资成本较债务融资成本低（黄少安和张岗，2001；蔡祥等，2003）。基于此，股权融资成本的研究成为国内外财务学研究中经久不衰的经典课题之一（游家兴和刘淳，2011），尤其是探究哪些因素会影响股权融资成本和如何降低股权融资成本，具有重要的理论意义和现实意义。基于此，我们研究了高管权力与股权融资成本的关系。

第四，本书研究高管权力与过度投资的关系。中国经济发展中的一个最重要问题是企业的投资效率问题，然而中国企业的投资效率并不乐观（应千伟和罗党伦，2012），尤其表现在国有企业的过度投资上。关于企业的过度投资问题，现有文献主要从政府干预和公司治理视角进行研究。那么，高管权力增大是否会引起企业的过度投资问题？

第五，本书研究高管权力与股价同步性的关系。莫克等人（Morck et al.，2000）基于全球 40 个国家的研究表明中国的股价同步性排名第二。而金和迈尔斯（Jin and Myers，2006）的研究则显示中国的股价同步性排名第一。股价同步性对公司财务、资本市场和经济政策等产生负面影响。因此，研究中国的股价同步性问题具有重要意义。从目前股价同步性的研究来看，从公司治理这一角度来研究股价同步性是研究的主流。高管权力是公司治理的重要问题，会对公司的信息披露产生重要影响，那么，高管权力是否会影响股价同步性？

1.2　研究内容和本书结构

本书包括九章，具体内容阐述如下。

第 1 章是导论。首先，介绍了本书的研究背景，根据研究背景提出了本书的研究问题；其次，对本书的研究内容和结构进行简要阐述；最后，指出本书的研究意义和主要贡献。

第 2 章是理论基础与文献回顾。在理论基础部分，介绍了高管权力理论、股东与管理者代理理论、债权治理理论和信息不对称理论。文献回顾部分从高管权力、银行贷款、商业信用、股权融资成本和股价同步性五个方面进行了梳理和评述。高管权力部分文献分为高管权力与薪酬、高管权力与风险和高管权力的其他研究三个方面，并对此三方面进行了梳理；银行贷款部分回顾了银行贷款的影响因素和治理效应两方面的文献；商业信用则从商业信用产生的原因和影响因素两个角度进行了文献梳理；股权融资成本主要回顾了公司治理、信息质量与法对其的影响等文献；股价同步性主要回顾了与股价同步性的影响因素相关的文献。

第 3 章是本书的制度背景。首先，制度背景方面阐述了我国高管权力过大产生的制度背景，包括国有企业改革历程及其高管权力过大原因和民营企业高管权力来源及产生的原因；其次，介绍了我国银行业的发展背景，明确了我国银行业已经具备了市场化特征；最后，介绍了我国股票市场的发展情况。

第 4 章研究了高管权力与银行贷款的关系。阐述了高管权力造成的恶劣的经济后果，包括公司治理水平低和风险较大，银行在进行贷款决策时会考虑高管权力这一因素，基于此，提出主假设：上市公司高管权力越大，可获得的银行贷款越少；在理论分析的基础上采用实证的方法证明了上述假设。之后，还考察了高管权力与短期银行贷款比例的关系，经济周期和香港上市对高管权力与银行贷款关系的影响。

第 5 章研究了高管权力与商业信用的关系。提出了高管权力会造成企业的风险较大，会计信息质量较差等后果，供应商会根据高管权力产生的恶劣的经济后果减少所提供的商业信用，随后，同样采取了实证的方法证明了高管权力越大，企业的商业信用越少。在此基础上，还考察了公司的产权性质、经济周期、市场地位和成长性等因素对高管权力与商业信用的关系的影响。

第 6 章研究了高管权力与股权融资成本的关系。提出了高管权力会影响公司的风险、会计信息质量和公司治理，基于此提出假设，随后采用实证的方法证明了高管权力越大，股权融资成本越高的结论。同时，还考察了公司的产权性质、信任和法律环境对高管权力与商业信用的关系的影响。

第 7 章研究了高管权力与过度投资的关系。采用社会学相关理论和委托代理理论分析了高管权力对过度投资的影响，并采用中国上市公司的数据进行了实证检验，然后考察了政府干预、法律环境和香港上市对高管权力与过度投资关系的影响，以进一步厘清高管权力对过度投资的影响机理。

第 8 章研究了高管权力与股价同步性的关系。针对高管权力对股价同步性的可能影响，提出了寻租假说与效率假说，并针对中国的现实，采用政府干预与产品市场竞争两个角度对高管权力与股价同步性的关系进行了情境分析。随后采用实证研究方法对这些分析进行实证检验。还进一步将国有企业分为中央控股企业和地方控股企业分别进行实证检验。

第 9 章为本书的结语。首先对本书的研究内容进行了总结；其次根据研究结论提出了本书的启示，并对本书存在的局限性进行了分析；最后指出了本书的研究展望。

本书的结构如图 1 - 1 所示。

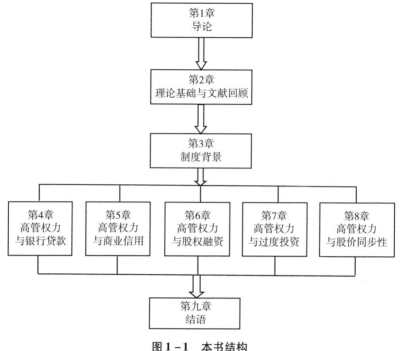

图1-1　本书结构

1.3　研究贡献和研究意义

本书的主要研究贡献体现在以下几个方面。

第一，丰富和拓展了高管权力经济后果的学术文献。早期学者主要基于高管权力理论解释了高管货币薪酬和在职消费过高的现象（Bebchuk and Fried，2002，2004；卢锐，2007；权小锋等，2010），但是高管权力对企业的其他财务后果的研究依然鲜见，即便有少量文献研究了高管权力在公司治理（刘星等，2012）、风险承担（权小锋和吴世农，2010）、股利政策（王茂林等，2014）和现金持有（杨兴全等，2014）等方面的经济后果，但是忽视了其在企业融资、投资等财务决策和股价同步性的影响，研究视角不够完整，本书的研究从高管权力与银行贷款、商业信用、股权融资成本、过度投资和股价同步性五方面展开，进一步为高管权力的经济后果提供了经验证据。

第二，补充和完善了银行贷款影响因素的研究。关于银行贷款契约的影响因素是一新兴的学术研究领域（Francis et al. , 2012），随着我国银行业改革的深入，越来越多的学者认为，我国银行已经具有债务治理和监督的功能（胡亦明和谢诗蕾，2005；蔡卫星和曾诚，2012），也有学者从会计信息（高雷等，2010；饶品贵和姜国华，2011；李志军和王善平，2011；刘慧凤和杨扬，2012）、公司治理（潘克勤，2009；张瑞君和李小荣，2012）、政治关联（余明桂和潘红波，2008；郝项超和张宏亮，2011）等方面研究银行贷款，但高管权力是否会影响银行的贷款决策却一直没有得到学者的关注，本书从管理者权力角度发掘银行贷款契约的影响因素，为银行贷款契约的制定提供了新的认识。

第三，从高管权力探究商业信用的影响因素，对商业信用这一研究领域的学术文献有所贡献，以往文献主要从银行贷款与商业信用的替代或互补关系（刘仁伍和盛文军，2011；石晓军和张顺明，2012）、企业规模（苏汝劼和冯晗，2009）、产权性质（余明桂和潘红波，2010）、市场地位（张新民等，2012）和所处的外部环境（余明桂和潘红波，2010；王永进和盛丹，2013）对企业获取商业信用规模的影响等方面展开研究，但对高管权力如何影响商业信用有所忽视，本书的研究表明，高管权力是影响商业信用的重要因素，发展了商业信用的相关研究。

第四，从高管权力角度来研究股权融资成本影响，丰富了股权融资成本影响因素领域的学术研究。目前对股权融资成本的研究主要集中于信息披露质量（黄娟娟和肖珉，2006）、公司治理（蒋琰，2009）、投资者保护（肖珉，2008）、信息中介（罗进辉，2012）、社会责任（李姝等，2013）和内部控制（王艺霖和王爱群，2014）等因素，本书的研究从高管权力这一因素来进行研究，补充了高管权力这一遗漏变量。

第五，基于高管权力角度全面解释了过度投资现象，采用新的理论研究过度投资，丰富了以往从公司治理和政府干预角度研究过度投资的学术文献，既为国有企业存在过度投资问题提供了新的经验证据，也对哪些因素影响国有企业过度投资提供了新的认识。

第六，股价同步性的研究一直以来是资本市场研究的重要话题，本书找到了一个影响公司股价同步性的新的因素，从而丰富了股价同步性领域的理论研究。既有文献主要从信息透明度（如：Jin and Myers，2006；Hutton et al. , 2009）和公司治理（如：Morck et al. , 2000；李增泉，2005；朱红军等，2007；唐松等，2011；谢成博等，2012；王艳艳、于李胜，2013；Xu et al. , 2013；黄俊、郭照蕊，2014）探究股价同步性的影响因素，而缺乏高管个人因素的考察。实际上，不管是信息透明度还是公司治理，其实均会受到公司决策者的影响，也就是说，现有研究中股价同步性影响因素中的信息透明度和公司治理可能并不是最为根本的因素，最为根本和直接的影响因素应该是公司的决策者，而公司高管就是公司最为重要的决策者。本书从高管权力特征出发研究股价同步性，弥补了现有研究的不足。

本书的研究除了上述的理论贡献外，还具有重要的实践意义。主要表现在以下几个方面。

其一，本书从高管权力理论角度研究了我国上市公司高管权力与企业融资、过度投资和股价同步性的关系，有助于政策部门理解我国上市公司高管权力形成的机理，深化对高管权力引起的恶劣的经济后果的认识。本书希望可以帮助政策部门建立对我国上市公司高管权力的约束机制，提高上市公司的公司治理水平。

其二，本书从高管权力产生恶劣的经济后果入手研究融资相关的利益主体是否会考虑高管权力，研究结果表明，当上市公司的高管权力较大时，融资主体会降低融资的规模或者提高融资成本，因此，公司应该认识到过大的高管权力既会影响公司的融资能力也会提高公司的融资成本，最终会有损公司的价值。针对此，公司应该重视高管权力，采取有效的手段约束高管权力。

其三，本书针对高管权力与银行贷款的关系进行了研究，结果发现银行在进行贷款决策时会考虑高管权力这一非财务因素，但是在拓展性的研究中发现，当上市公司的所有权主体为国有时，银行贷款与高管权力的负向相关关系会有所减弱，这说明银行在对国有上市公司进行贷款决策时，仍然没有完全考虑高管权力产生的恶劣后果，而国有企业高管权力会对国有企业的还款能力产生重要影响，也会因此影响银行所面临的信用风险。因此，本书建议，银行在进行贷款决策时应该更客观地考虑公司的经营管理状况，而不应该过多地考虑所有权属性，否则会使银行面临更多的信用风险。

其四，本书的研究发现，供应商在考虑是否为供应提供商业信用时，也会考虑高管权力，但是当供应商的市场地位较弱时，由于其谈判能力较弱，因此并没有过多地考虑高管权力这一重要因素。本书认为，针对我国"三角债"问题，我国市场地位较低的供应商正是由于为了更多地销售商品而忽视了应该考虑的影响信用风险的因素，这增加了公司无法追回还款的风险，影响了公司稳定的现金流，也影响了供应链的稳定。供应商在考虑利用商业信用进行营销的基础上，也要注意商业信用的风险，更多地考虑如高管权力在内的因素。

其五，本书研究了国有企业高管权力与过度投资的关系，相关结论对国企改革和企业投资效率的提升具有重要的政策启示。放权让利式的国企改革提升了国企运营效率，但是也带来了高管权力增大的恶劣后果，因此，新一轮国企改革在重视市场化改革过程中出现了高管权力过大的新问题。过度投资一直被认为是影响中国经济增长的重要因素，以往主要从政府干预和公司治理方面找到了企业过度投资的原因，但本书找到了高管权力这一新的因素，因此对我国企业投资效率的提升具有重要帮助。

其六，中国资本市场的高股价同步性是导致资源配置效率低下的重要因素，本书发现高管权力增大会导致股价同步性增加，因此，在制定降低中国资本市场股价同步性的措施时，可以考虑削弱高管权力。

其七，本书的研究发现，香港上市、法律环境、信任环境、产品市场竞争等外部治理机制的作用。因此，政策部门、公司或投资者在考虑高管权力所带来的恶劣的经济后果的同时，也需要加强外部治理机制的建设、推进市场化进程和完善法制环境。

第 2 章

理论基础与文献回顾

本章包括两个部分，一是理论基础，二是文献回顾。在理论基础部分，从高管权力理论、股东与管理者代理理论、债权治理理论和信息不对称理论四个方面阐述了与本书密切相关的理论基础。在文献回顾部分，则主要是回顾与本书研究主题相关的经验研究，包括高管权力、银行贷款、商业信用、股权融资成本、股价同步性影响因素五个部分，由于投资相关的文献过多，我们不在此部分回顾投资相关的文献，在第 7 章的引言部分有所涉及。

2.1 理 论 基 础

2.1.1 高管权力理论

高管权力理论的思想最早来自贝布邱克等人（2002）对最优契约理论的反驳，他认为，尽管在理论上最优契约理论认为可以制定最优薪酬解决股东与高管之间的委托代理问题，但在高管权力过大时，高管会利用其权力制定有利于自己的薪酬，薪酬不但不能解决委托代理问题，薪酬本身就是代理问题。在此基础上，贝布邱克和弗里德（2004）系统详述了高管权力理论，他认为，最优契约理论成立需要诸多条件，而其中董事会成员可以公平地对高管谈判和监督就是最重要的条件之一。由于高管负责企业的正常运营，高管会有较多的机会影响董事会成员的任命，甚至影响董事会成员的薪酬，在互惠机制和社会影响的作用下，董事会成员很可能被高管所俘获支持高管的决策，高管也希望得到更多的薪酬而不是更少的薪酬，因此，高管会利用其影响董事会成员任命和薪酬的权力来为自己制定更高的薪酬，正如克里斯特尔（Crystal，1991）所言，"当你找到高薪的高管，你会发现高薪董事，这不是偶然的"。事实上，当高管权力过大时，高管对企业决策的影响不仅局限于决定自身的薪酬，还会影响企业的其他决策。萨和斯蒂格利茨（Sah and Stiglitz，1986）指出，当企业属于集权模式时，高管会影响公司的诸多决策。由于其在董事会享有重要的话语权，董事会的集体决策方式会成为高管的个人决策，高管甚至会将个人决策的偏误带入企业的决策中，因而有较大权力的高管的企业经营业绩会波动较大。亚当斯等人（Adams et al.，2005）研究同样发现，当高管权力较小时，企业的重大决策上需要同大众的意见相妥协，企业的经营业绩和产出比较稳定；但当高管的权力较大时，高管的决策较为极端，会影响企业经营业绩的稳定性。

目前，对高管权力的定义主要是高管实现自身意愿的能力，也可以说是高管利用权力压制不一致意见的能力（March，1966）。而对高管权力度量最权威的是芬克尔斯坦（Finkelstein，1992），他根据高管权力来源的不同提出了四个度量高管权力的维度：（1）结构权力。这种权力是指高管的合法权威，下级需要有义务地无条件服从高管的决定，这种权力来自高管通过对下级的控制来降低内部的不确定性的能力。（2）所有权权力。当高管拥有较多的股份时，相对于较少的高管更多的权力（Zald，1969）。另外，当高管是企业的创立者或与创立者关系较为亲密时，高管可以通过控制董事会来获得更多的权力。（3）专家权力。高管可以处理环境的不利，提高企业的业绩是高管权力的重要来源。企业所处的外部环境包括较多的利益相关者，供应商、客户、竞争者和政府，因此，企业所处环境有较大的不确定性。当高管有能力处理环境所带来的不确定时，他的专家权力就越大。（4）声望权力。高管权力的最后一个维度体现在高管个人的声望和地位。正如前文所述，企业所面对的环境较为复杂，利益相关者较多。当高管的个人声望和地位较高时，就能更好地解决外部环境所带来的不确定性，因此，高管的个人声望和地位构成了高管权力的重要组成部分。

2.1.2　股东与管理者代理理论

最早提出股东与管理者代理理论的是贝利和米恩斯（Berle and Means，

1932），该文认为，随着现代企业的兴起，股东开始将公司委托给管理层经营管理，而公司的所有权是由不同的股东所有，股东的高度分散使管理层没有受到监督，而管理层与股东利益的不一致，使管理者有动机和能力不以股东财富最大化进行经营。而詹森和麦克林（Jensen and Meckling，1976）进一步详细阐述了股东与管理者之间的这种代理问题，并将其发展成为委托代理理论。詹森和麦克林（1976）将股东与管理层之间的委托关系定义为股东与管理层之间签订的契约，为使管理层为自己的利益最大化行事，股东在契约中规定了给予管理层的报酬，但这种契约是不完备契约，管理层总会为自己的效用最大化行事，而不能总是为委托人考虑，这种利益的冲突势必带来代理成本。詹森和麦克林（1976）将代理成本划分为三类：监督成本、保证成本和剩余损失。监督成本是指限制代理人不当行为花费的支出；保证成本指的是代理人为了确保不从事有损委托人利益而自我约束产生的支出；剩余损失是指代理人的实际决策和最大化委托人利益的决策的差异。

詹森和麦克林（1976）进一步将委托代理理论应用到企业中，他认为，当管理者拥有公司的所有的股权时，不会产生代理成本，而当管理者将所持有的售出给一部分外部人时，因为管理者通过非货币性收益获取效用最大化的成本，管理者只承担一部分，这时代理问题就出现了。为了解决代理问题，股东主要通过内部机制与外部机制实现对管理层的监督。内部机制包括：董事会的独立性（Fama and Jensen，1983）；董事会的规模（Jensen，1993）；董事会领导权结构（Fama and Jensen，1983）。外部机制主要包括：资本市场和控制权市场（Holmstorm and Tirole，1993；Dalton et al.，2007）；法律、政治和管制制度（La Porta et al.，1999）；产品和投入要素市场（Alchian，1950；Stigler，1958；Shleifer and Vishny，1997）。而管理层通过某些手段为自己争取更多的控制权，如管理层控制董事会（Adams and Ferreira，2009）、管理层之间共谋（Filatotchev et al.，1999）、借助外部投资者（Wasserman，2003）。

2.1.3　债权治理理论

除了监督和激励等内部公司治理机制外，外部治理机制也受到了学者们的关注。而债务一直是企业最主要的融资方式，债权治理成为一种主要的公司外部治理机制，得到国内外学者的认同。最早的债权治理机制原理来自解决股东与管理者之间的委托代理问题。詹森和麦克林（1976）在论述委托代理问题时提到，股东与管理者之间的代理问题来源于两者利益的不一致，当企业通过债务进行融资时，股权融资比例会降低，进而增加管理者持有企业的股份比例，这就解决了股东与管理者之间的利益不一致的根本问题，进而解决了代理问题。另外，他们提到，尽管债权人与股东之间也存在代理问题，但由于债权人会通过债务契约等方式来约束管理者的机会主义行为，而这成为债权人代替股东解决代理问题的重要方式，也就是债务治理。随后，詹森（1986）对债权治理进行了更深入的论述，他认为当企业存在债务时，由于企业存在着按时归还债务本金和利息的压力，减少了企业的现金流量，增加了管理者的经营压力，进而约束了管理者的机会主义行为，起到了公司治理的作用。而马苏利斯（Masulis，1983）则通过实证研究对债权治理作用进行了验证，他的研究发现，当公司存在债务时，股票投资者对公司的预期较高，股票的超常收益率中的55%可以由债务的信号作用解释，进而证明了债权的治理作用。哈里斯和拉维夫（Harris and Raviv，1990）的研究同样认为，由于管理层不想放弃对企业的控制权，也不想将企业的内部信息透露给投资者，但是当企业有债务融资时，一旦企业有违约行为，企业的控制权就将转移给债权人，而在清算的过程中，企业的内部信息也将被投资者所知晓，因此，管理者会更加尽职地为企业工作。

综上所述，债权治理机制主要有以下四种途径：一是通过提高管理者在企业中的持股比例来增加管理者与股东之间的利益趋同，使管理者更有动机为企业工作；二是债权人会在债务契约中规定企业的投资、股利分配等事项约束管理者的行为；三是企业近期归还本金和利息将减少企业的现金流量，增加管理者在经营中的压力，减少管理者的机会主义行为；四是债务违约而产生的破产压力会使管理者面临失去企业控制权的风险，为了保证持续对企业的控制权，管理者会更加努力工作。由于我国的市场化程度和破产法的不完善，债权治理是否在我国企业发挥作用一直备受争议，但随着我国市场化改革的不断进行和第一家由于债务违约而破产企业的出现，债权治理在我国企业的作用已经逐渐得到学者们的认同。

2.1.4 信息不对称理论

信息不对称理论最初是经济学领域的概念，在经济学的分支信息经济学发展的基础上被提出。古典经济学中将信息对称作为一个默认的假设，亚当·斯密（Smith，1776）提出市场可以通过有效的资源配置发挥"看不见的手"的作用，使市场达到供给与需求的平衡。随着古典经济学的发展和成熟，越来越多的学者对信息是充分和对称的开始质疑。西蒙（Simon，1957）认为，市场参与者不是完全理性，当参与者收集信息的过程成本过高时，参与者所掌握的信息是不完全的。随后，阿克洛夫（Akerlof，1970）提到了市场交易的买方和卖方所掌握的信息存在不对称的问题，卖方天生就比买方所掌握的信息多，并以二手车市场为例解释了这一理论。他将二手车分为保养良好车和保养较差的两类车，由于二手车的卖方更加了解车况，为了避免风险，二手车的买方会刻意压低价格，这就导致保养良好车的车主同样得不到较好的价格回报，最终二手车市场上保养良好的车将退出市场，二手车市场会充斥着保养较差的车，市场效率会因此而受到影响，甚至会彻底失灵。随后，斯彭斯（Spence，1973）解释了劳动力市场所出现的信息不对称的问题，他认为，应聘者会通过包装来增加自己的就业机会，而招聘单位无法识别应聘者的情况，为了减少分辨成本，招聘单位会以毕业文凭等应聘者的信号作为分辨方式。斯蒂格利茨（Stiglitz，1977）将信息不对称引入到保险市场中，他认为由于保险公司与投保人之间存在信息不对称问题，造成车主买过车险后就疏于保养，使保险公司赔不胜赔，这就使保险公司不得不提高保费，进而影响了市场效率。阿克洛夫（1970）、斯彭斯（1973）和斯蒂格利茨（1977）三位经济学家对信息不对称理论的发展做出了巨大贡献，因此被授予诺贝尔经济学奖。

根据信息不对称发生的时间来划分可分为逆向选择和道德风险问题。逆向选择发生在交易之前，而道理风险发生在交易之后。逆向选择是指在交易前掌握信息较多的交易方通过对方对信息的无知而隐瞒信息而获得租金，最终导致不合理的市场分配问题。逆向选择的最好例子使是阿克洛夫（1970）所提出的关于二手车市场坏车替代好车的现象。事实上，逆向选择在金融领域也经常出现，表现形式如下：由于公司的管理层更了解公司的经营状况，而外部的投资者无法掌握更多关于公司经营的信息，投资者可投资时面临着错误估计投资收益的问题。这种情况也出现在金融机构与企业间，斯蒂格利茨（1977）提出了信贷配给的问题，由于银行与企业间存在信息不对称，银行无法了解企业的经营情况，使银行偏向于规模较大的企业，使的公司尽管有很好的发展前景却因为无法得到银行贷款问题而面临融资约束。第二种情况是知情投资者与不知情投资者之间的信息不对称，知情投资者会利用内幕信息来获得超额收益，这将有损非知情投资者的利益，最终使证券市场的交易成本增加，公司不得不通过释放信号来获得非知情投资者的信任。道德风险发生在交易发生后，由于信息不对称所导致的风险，指交易一方在对方不知情的情况下做出有损对方的行为。其中最典型的是股东与经理人间的问题，由于经理人具有信息优势，而作为企业所有者的股东无法掌握经营消息，经理人会用权力来为自己谋取私利，做出有损股东利益的决定，这同样会使市场低效率。

2.2　文　献　回　顾

2.2.1　高管权力的相关研究

目前，学者们对高管权力的定义是高管执行自身意愿的能力，也可以指高管压制不同意见的能力（March，1966），泛指高管对公司决策权、监督权以及执行权的影响能力，在公司内部治理出现缺陷与外部制度缺乏约束的情况下，高管权力较大的问题更为突出。而对高管权力度量最为权威的研究是芬克尔斯坦（1992），他认为高管的权力来源于高管对企业内部和外部不确定的解决能力，因而提出了四个维度来度量高管权力：结构权力、所有权权力、专家权力和声望权力。在高管权力理论逐渐发展中，学者们对高管权力的研究有了长足的发展。

（1）高管权力与薪酬。高管权力与薪酬是高管权力最早的研究，贝布邱克等人（2002）在对最优契约理论反驳时提出，由于高管有决定董事会成员任命和薪酬的权力，因此，董事会成员无法对高管进行公正地监督，高管有能力影响自身薪酬。随后，贝布邱克和弗里德（2003，2004）进一步阐述了高管权力理论，他们认为，高管可以利用自身的权力俘获董事会，进而有决定自身薪酬的权力，这使得薪酬不但不能解决代理问题，反而薪酬本身就是代理问题。詹森和墨菲（Jensen and Murphy，2004）的研究也表明，高管和薪酬委员会间千丝万缕的联系使董事会成员与股东间也存在利益冲突，这种利益冲突体现在高管会利用其权力影响董事会成员和自身的薪酬。奥滕（Otten，2008）以 17 个国家的 1394 个薪酬合约为研究样本进行研究，结果表明，高管权力较大时，其薪酬会较高。程（Cheng，2005）发现，高管权力过大的直接后果就是薪酬与盈利业绩的敏感度高，而与亏损业绩的敏感度低。卡比尔与米哈特（Kabir and Minhat，2009）以2003~2006年英国的公司作为样本研究发现，当公司的高管权力较大时，高管薪酬中的津贴较高，而津贴构成了高管薪酬的重要组成部分，高管的权力越大，高管薪酬业绩敏感度越低。

由于我国控制权市场和职业经理人市场的不完善，我国企业高管权力过大也得到学者们的关注，同样，在我国企业中，高管权力的最直接的后果就是高管薪酬较高，业绩敏感度低。卢锐（2007）认为，当高管权力较大时，高管与其他高管和员工的薪酬差距会更大，且这种差距并不符合锦标赛理论，只是高管利用手中权力为自己谋取私利的结果，最终会损害企业价值。卢锐等（2008）又对高管权力与在职消费的关系进行了研究，研究表明，无论在国有企业还是非国有企业，高管权力越大，作为高管薪酬重要的组成部分的在职消费就越高，而这种在职消费只是权力大的高管为自己谋取的私人收益，并不会起到激励的作用。权小锋等（2010）以高管权力理论为基础，以我国2004~2007年的国有企业为样本进行研究，结论发现，由于我国国有企业所有权缺位等问题，"内部人控制"严重，高管与董事会的谈判能力很强，因此，高管完全有能力追求私有收益，这既包括货币薪酬也包括非货币性薪酬，而由于"愤怒成本"的存在，高管权力较大的企业会通过盈余管理等手段增加高管薪酬与操纵性业绩的敏感性。方军雄（2011）从高管权力理论角度解释了中国上市公司薪酬的"尺蠖效应"。王清刚和胡亚君（2011）发现，管理层权力越大，高管获得异常薪酬的可能性越大。王烨等（2012）的研究表明，由于我国国有企业所有者缺位和民营企业股东与高管往往重合等问题，使得我国企业高管权力普遍较大，而高管会利用权力决定有利于自身的股权激励条款，为自己谋取私利，而由于国资控股企业中的内部人控制更为严重，因此，国资控股企业的股权激励条款更加有利于高管。张铁铸和沙曼（2014）认为，在监督较弱的情况下，高管享受更多的在职消费是一种普遍现象，这种现象在高管权力较大时更加严重，但同时也应该看到，由于在民营企业中，股东更看中企业的经营结果，所以更有动机选择能力较强的经理人，而高管能力较强时，在声誉机制的影响下会减弱高管权力对在职消费的正向影响。

（2）高管权力与风险。目前，对高管权力影响企业风险的研究主要有两个理论进行解释：社会心理学理论和决策理论。

卡尼尔和罗斯（Karniol and Ross，1996）认为，个人在进行决策时有两种行为模式，一种是趋近的行为模式，另一种是抵制的行为模式，两种不同的行为模式会对个体的动机等有显著的影响。马吉和加林斯基（Magee and Galinsky，2008）研究表明，当个人是趋近的行为模式时，个体主要集中在决策结果所带来的收入和声誉等积极的一面；当个人是抵制的行为模式时，个人在进行决策时会更多关注决策结果可能为自己带来的损失。同时，个人所掌握资源的多少和权力的大小，会影响个人的心理决策过程中的行为模式，当个人的权力较大、所掌握的资源较多时，会触动其趋近行为模式，使个人更多地关注积极的结果；而采取风险较大的决策，当个人所掌握的资源较少时，会触动抵制行为模式，更有动机去回避可能出现的消极结果，这时个体往往采取保守的决策。安德森和加林斯基（Anderson and Galinsky，2006）进行了实验研究，研究结论同样表明，个人所拥有的权力较大时，更愿意承担风险，这些结果体现在公司决策中就是，当公司高管拥有权力较大时，会更看中公司决策所带来的收益，而忽视可能的风险，因此，高管权力较大时，公司的风险也较大。莱韦林和米勒卡勒（Lewellyn and Muller – Kahle，2012）以美国金融行业的 344 家公司为研究样本进行了研究，研究发现，高管的权力越大，公司越会更容易采取风险策略进行投资。

从决策行为理论来解释高管权力与企业风险的关系的较早研究是萨和斯蒂格利茨（1986，1991），他们建立了一个理论模式来说明"意见多元化效应"。模型表明，由于群体成员的意见经常不同，而这个群体最终的决策方案往往是群体成员的一种妥协，也就是群体决策时会有意见的分散效应。由于这种群体决策体现了群体的"集思广益"，因此更有可能拒绝差的项目，但也因为集体决策使项目会受到群体成员的审核，而使好项目被接受的可能性降低。亚当斯等人（2005）的研究也表明，当公司决策权力集中在高管手中时，公司的业绩波动率就更高。他们的研究也表明，当公司高管的决策权较大时，董事会的集体决策更倾向为高管的个人决策，由于个人决策没有分散效应，使得公司的决策较为极端，导致公司的业绩波动率较高。刘和吉拉蓬（Liu and Jiraporn，2008）以委托代理理论和集体决策理论为依据对高管权力和借款成本间的关系进行了研究，结果表明，由于高管权力过大时，高管的个人判断失误很可能影响公司的决策，使公司的决策结果波动较大，这也使债权人面临的风险更大，进而影响了公司的借款成本。我国学者权小锋和吴世农（2010）的研究认为，我国公司的高管在具体的经营决策上具有绝对权力，在公司的价值创造过程中，高管位于公司决策的顶端，对企业的经营活动有重大影响。高管权力强度越大，就越容易将个人的判断性失误带入到公司的经营决策中，作出极端决策，因此，高管权力较大的公司经营业绩风险也越大，而这种现象在国有企业更为明显，信息披露质量可以有效地降低公司的业绩波动性。

（3）高管权力的其他研究。其他学者还从其他方面对高管权力的后果进行了研究，主要包括：公司治理、会计信息、投资等。

公司治理水平在很大程度是由董事会是否可以有效地监督管理层决定的，因此，董事会监督是否有效成为公司治理的重要问题。埃尔马林和魏斯巴赫（Hermalin and Weisbach，1998）认为，董事会的重要功能之一便是监督高管，使高管可以按股东利益最大化行事，可是他们的研究发现，当高管的权力较大时，提名支持自己的董事的可能性将大大增加，这就使董事会无法客观地监督高管，最终影响公司的治理水平。弗拉卡西和泰特（Fracassi and Tate，2012）利用由于董事死亡或退休导致的董事会构成变化的数据进行研究，结果发现，权力较大的高管更倾向于任命与自身有关联的董事，这种现象将降低董事会决策效率，有损公司价值。事实上，公司治理效率也体现在当公司的业绩下降时，董事会可以罢免高管，任命新的高管提高公司业绩水平，但目前的研究表明，当高管权力过大时，公司因业绩原因解雇高管的可能性大大下降了。阿罗（Arrow，1962）认为，权力较大的高管掌握更多企业的关键资源（客户和供应商等）来积累自己的专有性人力资本，公司解雇高管的成本较高，因此，即使公司的业绩较差，公司也不会解聘高管。我国学者刘星等（2012）的研究以我国2004～2008年国有企业为研究样本进行了研究，研究结果发现，高管权力增强会降低因业绩低劣而被强制性更换的可能性，表明国企高管的权力在高管变更决策中发挥了显著的职位堑壕效应。

贝布邱克和弗里德（2002，2004）认为，虽然高管可以利用权力影响董事会来提高自身薪酬水平，但是由于担心相关外部人的抱怨损害董事和自身的声誉，使股东降低对自身的支持，高管会采取伪装的方式来操纵业绩，进而提高薪酬业绩敏感度来降低愤怒成本，而这种操纵业绩的方式却会大大降低会计信息质量。戴维森等人（Davidson et al.，2004）以高管与董事长是否两职合一作为高管权力度量变量对高管权力与盈余管理间的关系进行了研究，研究结果表明，当高管与董事长两职合一后，高管会通过向上调节收入的盈余管理来增加公司业绩，调高自身薪酬水平，而这种盈余管理会加重股东与高管间的委托代理问题。程等（Cheng et al.，2011）的研究表明，高管权力较大时，为了减少外界的监督使自己的决策权更大，高管更倾向于将审计等涉及外部监管的业务交给业务水平较低的公司，而这种行为大大降低了会计信息质量。我国学者权小锋等（2010）同样认为，虽然业绩的薪酬契约可以激励高管为了实现契约目标努力，但是也增加了高管进行盈余操纵的动机，他们的研究结果表明，高管的权力越大，通过盈余管理操纵业绩获取绩效薪酬的可能性越大，这严重影响了公司的会计信息质量。

现在的研究表明，权力较大的高管往往会利用手中的权力为自己谋取私人收益，规模就是与高管薪酬紧密相关的重要因素。杜塔等（Dutta et al.，2011）的研究表明，权力较大的高管显著比权力较小的高管会进行并购等活动，这些并购活动增加了公司的规模，使高管可以为自己争取更好的薪酬水平，但当高管权力较大的公司作出并购决策时，市场反应往往是负的，这说明市场也认同权力大的高管并购效率不高这一现象。赵纯祥和张敦力（2013）以 2007～2010 年中国 A 股上市公司为样本，研究了高管权力与企业投资间的关系，他们认为，我国高管薪酬往往与规模有很强的关系，当公司的规模较大时，高管可以获取更多的薪酬，与此同时，高管也可以掌握更多的资源，更多地享受在职消费和声望。因此，作为公司决策的高层领导人，高管有动机通过影响公司的财务决策来为自身谋取私利。他们的实证结果也支持这一结论，高管的权力越大，公司的投资规模也越大。

与以上研究高管权力的负面经济效果不同，李等人（Li et al.，2014）发现，在产品市场竞争激烈的环境下，高管权力增大能增加公司价值。

2.2.2　银行贷款的相关研究

债务融资一直是企业重要的融资方式，而银行贷款由于银行的规模效应也有其他融资方式无法比拟的优势，因此，银行贷款在企业的融资方式中占有重要地位，国内外学者对银行贷款的研究也颇多，大概可以分为以下两类：银行贷款的影响因素和银行贷款的治理作用。

（1）银行贷款的影响因素。政府作为影响经济参与的重要组成部分，对银行贷款也有重要影响，无论是发达国家还是发展中国家，政府对银行贷款的提供都有重要影响。拉波塔等（La Porta et al.，2002）认为，国家经济发展水平对银行的产权构成有重要影响，在国家经济水平较低，政府效率较低的情况下，政府对经济的干预更多，也容易对银行是否提供贷款，提供多少贷款产生影响。范等人（Fan et al.，2012）的研究发现，不仅银行贷款的数据受国家政府的影响，而且银行贷款的期限也受国家制度等因素的影响，经济落后和法律不健全的国家，企业的债务期限越短。卡尔和徐（Cull and Xu，2005）的研究发现，在我国企业是否可以得到贷款与企业的产权性质有重要关系，也就是发现我国银行存在"信贷歧视"，由于我国银行大多是国有银行，因此，国有企业更容易得到国有银行所提供的贷款。伯格洛夫和博尔顿（Berglof and Bolton，2002）认为，经济尚不发达的国家，一般政府干预较多，政府干预影响了银行信贷的配置效率，国有企业往往更容易得到银行贷款，而国有企业的生产效率是低下的，这种低效率的配置将严重影响了经济的发展。可见，在新兴市场，政府干预等对企业是否获得银行贷款有重要影响，因此，政治关系成为非国有企业可以获得银行贷款的救命稻草，国内外的研究都有此经验证据。约翰逊和米顿（Johnson and Mitton，2003）对马来西亚的研究发现，当企业存在政治关系时，这种政治关系可以影响企业获得贷款的可能性，有政府关系的企业更容易获得银行贷款。艾伦等人（Allen et al.，2005）的研究表明，我国的私有企业在取得银行贷款方面处于弱势的地位，而政治关系可以帮助企业更容易获得银行贷款，最终支持了民营企业的高速发展。

我国学者同样对政府干预和政府关联对银行贷款的影响做了颇多研究。黎凯和叶建芳（2007）从我国经济体制改革的角度入手，针对政府干预对银行贷款的影响进行了研究，他们认为，我国中央政府在进行财政分权后，地方政府的财政压力较大，为了满足中央政府对地方提出的要求，更可能对银行贷款进行干预，而且研究结果表明，由于地方政府的权力有限，主要是对长期银行贷款有更多的干预。张捷和王霄（2002）的研究表明，我国存在"信贷歧视"的问题，而我国市场化程度的提高，对所有制歧视有一定的改进作用，而规模歧视成为中小企业所面临的重大难关。张杰等（2013）认为，我国银行体系中同时存在"所有制歧视"和"规模歧视"，这种歧视严重影响了我国民营企业的融资需求，因此，民营企业的融资需求更多地是由供应商所提供的商业信用来解决，他们在文中提出国有企业从银行获得贷款并通过商业信用提供给民营企业，成功地解决了民营企业融资困难的问题，成为中国民营企业快速发展的重要保证。余明桂和潘红波（2008）将"法与金融"引入政府干预对国有企业银行贷款产生影响的研究中，他们认为，地区的法治和金融发展水平会抵销政府干预对银行贷款的干预程度，一般来讲，地区的法治与金融发展水平越高，国有企业获得银行贷款越少，而且贷款期限越短。余明桂和潘红波（2008）的研究发现，我国企业是否有政治关系成为企业是否可以获得银行贷款的关键，他们以我国 1993～2005 年在沪深所上市的民营企业为样本对政治关系在民营企业获得银行贷款的作用下进行了深入研究，他们发现，当样本中企业的董事长或总经理是现任或前任的政府官员、人大代表和政协委员时，企业可以获得更多的银行贷款和更长的贷款期限，而这种政治关系的作用在金融发展落后和法治水平低的地区更加显著。郝项超和张宏亮（2011）同样针对政治关系对企业获得银行贷款的影响进行了研究，而他们更对民营企业家的政治背景和政协身份的不同作用进行了区分，他们发现，民营企业家的政治背景对银行贷款的获取有更强的作用，除了民营企业家本身的政治身份外，其他的董事会成员和高级管理人员的政府官员背景都有助于民营企业获得更多的贷款和更长期限的贷款，并可以获得更为宽松的贷款条件。

　　当然，除了政府干预和政治关系等的影响外，货币政策和企业本身的特点也会影响其是否可以获得银行贷款。泰勒（1995）认为，货币政策影响企业成本最显著的路径就是影响企业的融资成本，当货币政策紧缩时，利率的提高将增加企业获取银行贷款的成本，进而影响企业的银行贷款。博德里等（Beaudry et al.，2001）以 1980 年英国货币政策频繁变动为研究背景针对货币政策对银行贷款的影响进行了研究，他们发现，由于政策变动频繁，企业面对的经营环境更为复杂，增加了银行与企业间的信息不对称，使企业获得银行贷款更为困难。陆正飞（2009）的研究发现，由于货币政策由宽松转向紧缩时，企业未来的经营前景和盈利能力受到显著影响，因而，银行对企业的信息质量要求更高，由于民营企业规模一般较小，存在信息不透明的问题，在货币政策紧缩的情况下，民营企业更容易受到"信贷歧视"。李志军和王善平（2011）也认为，在货币政策紧缩的情况下，银行向信息披露质量较好的企业提供更多的银行贷款，而且借款利率较低。

　　会计信息质量也是银行贷款决策考虑的重要因素。杰菲和罗素（Jaffee and Russell，1976）认为，银行在进行贷款决策时，首先会考虑是否可以收回本金和利息，而会计信息质量就成为银行判断企业是否可以按期归还本金和利息为重要信号，银行与企业之间的信息不对称会导致银行不能正确评估企业的盈余能力和发展前景，进而会导致信贷市场上出现信贷配给问题。胡奕明和谢诗蕾（2005）认为，银行的贷款决策会考虑企业的信息透明度等信息质量指标，当企业的信息透明度时，贷款利率会较低。李志军和王善平（2011）的研究表明，信息透明度是影响企业银行贷款成本的重要因素，他们认为，我国企业较高的盈余管理水平是影响银行提供贷款的重要因素，而信息透明度可以提高企业获得银行贷款的可能性。徐昕和沈红波（2010）的研究表明，随着企业银行业改革的不断深化，银行会对贷款企业有越来越多的监督，会计稳健性就是银行关注的重要内容。饶品贵和姜国华（2011）的研究表明，我国银行业的改革使银行的贷款行为越来越以市场为导向，因此，会越来越看中会计稳健性，他们的研究结论表明，融资需求越强的企业，越会采取谨慎的态度。孙亮和柳建华（2011）认为，银行在进行贷款决策时，无论是考虑贷款规模还是必要报酬率，都会以会计信息中的财务指标为依据，因此，会计信息在银行贷款决策中起到了非常重要的作用。

信用风险是银行进行贷款决策又一重要的影响因素。利比（Libby，1979）的研究表明，银行在进行贷款决策时，会对贷款企业进行信用评级，信用评级是银行决定是否进行贷款的重要因素。钟等（Chung et al.，1993）的研究表明，银行的贷款决策中重要的一环就是对企业风险的度量，银行会通过审查实际的贷款合同和企业的经营状况来判断贷款企业的风险水平。斯特拉恩（Strahan，1999）认为，企业的经营风险是银行进行贷款决策的重要影响因素，当企业的信用评级较低，可支配的现金较少时，银行会更谨慎地作出贷款决策，且债务期限较短。布特（Boot，2000）同样认为，当贷款企业的风险较高时，银行为了补偿所面临的较高的信用风险，会要求贷款企业进行担保。张瑞君和李小荣（2012）认为，由于银行在进行贷款决策时会考虑企业的个体差异，而且《商业银行集团客户授信业务风险管理指引》中明确规定了银行在进行贷款决策时要更多地考虑风险的相关影响因素，因此，银行在进行贷款决策时势必会考虑贷款企业的信用风险水平，他们以业绩波动率作为公司信用风险的标准，研究结果表明，当公司的业绩波动率较高时，获得的银行贷款显著减少。

（2）银行贷款的治理作用。债权治理已经得到国内外学者的普遍认同与关注，而银行作为一个特殊的金融中介，有其他债权人无法比拟的信息收集优势，银行对企业有显著的监督效应（Diamond，1984）。迈尔斯（1977）

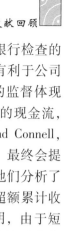

也认同银行贷款具有作用，他认为公司存在短期贷款时，接受银行检查的机会更多也更连续，这就有效地减少了公司投资不足的情况，有利于公司有效率地进行投资。拉詹（Rajan，1992）的研究表明，银行的监督体现在可以减少公司管理层的道德风险，这主要是通过减少了公司的现金流，减少经理层在职消费等代理问题。卢默和康奈尔（Lummer and Connell，1989）认为，银行的监督效应可以很好地解决公司治理的问题，最终会提高企业的价值，并且银行的这种监督效应是被投资者认同的，他们分析了在公司公布银行贷款续新后，市场对公司获得银行贷款公告的超额累计收益率是正的。哈特和莫尔（Hart and Moore，1995）的研究表明，由于短期贷款会使公司有较大的压力还本付息，因此会对债权人有强的约束作用，也可以有效地解决公司的代理问题。霍姆斯特朗和蒂罗尔（Holmstron and Tirole，1997）认为，当公司治理水平出现问题时，银行对贷款企业要进行更多的约束和监督，当这些紧密的监督发生时，银行的成本会较高，因此，银行往往会要求公司治理水平差的公司提供贷款担保。苏菲（Sufi，2007）的研究表明，当银行认定借款公司的治理水平较差时，会没有动机与企业签订贷款契约，从而影响企业获得银行贷款的可能性。林斯和瑟韦斯（Lins and Servaes，2002）研究发现，新兴国家市场的公司的治理水平较差，特别是控股股东与管理层重合的情况会更多地影响公司治理水平，因此，他们建议在银行对企业风险评估中加入公司治理的变量。方军雄（2004）也认为，公司治理是影响企业风险的重要因素，因此也在预警模式中加入了大股东占款、内部人控制等变量，加入公司治理变量后，预警效果大大提高。胡奕明和谢诗蕾（2005）以银行贷款的利率水平为切入点研究了银行贷款是否具有债权治理作用。他们研究发现，长期贷款利率和短期贷款利率与企业的财务状况和公司治理水平有显著的关系，这说明银行贷款已经有一定的治理作用。陈德球等（2013）的研究表明，家族企业往往通过金字塔结构和超额董事会席位等方式对公司进行超强控制，这类公司的治理水平往往较低，因此，银行考虑到公司未来的预期和风险，会较少地提供银行贷款，但这种负相关性会在法律水平较高的地区有所降低。

2.2.3　商业信用的相关研究

商业信用就是企业购买货物时先取得货物或服务而延期交付的赊销关

系中形成的一种负债。大量研究表明，商业信用可以成为银行贷款的替代融资方式来满足企业的融资需求，对企业的发展起着重要的作用，约有70%的美国公司向客户提供商业信用。下面我们将从商业信用产生的原因和商业信用的影响因素两个方面对商业信用的文献进行梳理。

（1）商业信用产生的原因。最早提出商业信用产生原因的是梅尔泽（Meltzer，1960），他提出由于银行与企业间存在信息不对称问题，这对大型企业是有利的，小型企业的规模较小，无法向银行传递真实信息，因此，小型企业很难得到贷款，存在较为严重的信贷配给问题。而商业信用的产生使小型企业可以较好地解决融资问题，因此，商业信用的产生是由于金融体制中出现了问题。随后，更多的学者对商业信用产生的原因进行了研究，目前主要以下几种理论：信贷配给理论、交易成本理论、融资比较优势理论和竞争理论。信贷配给理论是在梅尔泽（1960）的研究基础上发展起来的，梅尔泽（1960）仅仅对信贷配给理论可以解释商业信用进行了简要的阐述，而斯蒂格利茨和韦斯（Stiglitz and Weiss，1981）则针对银行与企业间信息不对称的问题进行了深入的分析，他们认为，当银行与企业间的信息不对称时，对银行来说，企业会给其带来逆向选择与道德风险两种后果，而这两种后果对银行的损失都是巨大的，因此，即使利率再高，也会产生企业得不到银行贷款的现象，这也就是"信贷配给"。事实上，"信贷配给"并不会影响大企业，因为大企业规模较大，财务制度和信息披露制度也更为完善，无论是从抵押资产还是从信息质量来说都远远高于小型企业，这就使大企业可以较为容易地得到银行贷款。可是，小企业由于资产较少，信息不透明问题较为严重，往往被银行拒之门外。而商业信用的存在则解决了小企业得不到贷款的问题，成为可以替代银行贷款的重要融资方式。尼尔森（Nilsen，2002）的研究也发现，企业得不到银行贷款时，企业会选择更多的商业信用解决问题。我国学者陆正飞和杨德明（2011）以我国1997～2008年A股上市公司为研究样本，对解决我国商业信用存在的原因进行了实证研究，研究结果表明，在货币政策从紧时期，我国商业信用主要是由于信贷配给的原因而存在。交易成本理论则认为商业信用的存在主要是由于商业信用可以大量地减少交易成本。施瓦茨（Schwartz，1974）认为，商业信用之所以产生是由于商业信用可以使经济交易中商品与货物进行交换的时间分离，供应商给企业货物或服务的同时，企业可以在一段时间后提供货款，很好地解决了企业现金持有的问题。试想，若企业必须收到商品的同时交付货款，这就要求企业必须持有大量的资金，必然增加了买方企业的财务成本。

融资比较优势理论和竞争理论主要从供应商的角度来阐述。融资比较优势理论则从供应商的信息优势与控制优势等方面展开研究，其代表人物是比艾等（Biais et al.，1993）、彼得森和拉詹（Petersen and Rajan，1997），他们认为，供应商可以更多地为企业提供商业信用，主要是由于供应商的信息优势和控制力优势。首先，由于供应商与企业的联系更为紧密，会从与企业的业务往来中更及时和以更低成本地取得企业的信息，一旦企业无法使用现金折扣，供应商就可以敏锐地发现企业的经营出现了问题而及时收回贷款或货物避免损失。其次，从供应商与企业间的关系来看，供应商与企业的关系一般较为稳定，这不但可以保证企业能够以较低成本地获得货物，也是企业得以持续稳定经营的前提，一旦企业不能及时归还所欠贷款，供应商便会通过不再提供原材料进行威胁，这对企业的正常经营有重大影响，因此供应商会对企业有较强的控制力以减少损失。最后，当企业经营失败而无法归还所欠费用时，供应商可以更为方便地通过销售或拍卖企业的原材料或设备。竞争理论则认为，供应商之所以提供商业信用，主要是由于与其他竞争对手抗衡而采取的营销手段。米安和史密斯（Mian and Smith，1992）的研究认为，当存在价格歧视等法律约束时，供应商可以通过提供商业信用的方法为企业降低商品实际价格，商业信用成为一种降低工具可以吸引更多的消费者。李和斯托（Lee and Stowe，1993）认为，供应商与企业间存在着信息不对称，供应商为了向企业传递产品的质量信息会提供商业信用，成为企业的一种信息传递工具，如果产品的质量有问题，企业可以不向供应商支付货款，这将大大降低供应商与企业间的产品信息不对称问题。埃默里（Emery，1984）的研究表明，由于不同的商品有季节性的需求差异，企业可以通过调整商业信用来平滑季节间的需求差异以达到平衡各季节收入的目的。

（2）商业信用的影响因素。货币政策是国家宏观经济政策的重要组成部分，通过影响利率等方式最终影响货币供给量，其中银行贷款是国家货币供给量的主要组成部分，货币政策对银行贷款有重要的影响。梅尔泽（1960）的研究表明，商业信用是作为银行贷款的替代融资方式而产生的，在货币政策收紧时，供应商会更多地为企业提供商业信用，从而缓解企业的融资约束。柯林斯（Collins，1978）以英国为研究背景，他的研究同样发现，当货币政策趋紧时，银行贷款将减少，这时商业信用会成为替代银行贷款的融资工具。因此，在货币政策紧缩时，商业信用将增加。尼尔森

（2002）的研究表明，无论是小企业还是大企业，在货币政策紧缩时，都会更多地应用商业信用，抵消货币政策对企业融资的影响。我国学者石晓军和李杰（2009）则认为，在我国商业信用是一种重要的正规金融体系外的货币循环系统，在货币政策趋紧的情况下，商业信用可以有效地为企业提供资金。因此，较多的研究表明，在货币政策收缩的情况下，商业信用的使用反而增加。

产品市场竞争和金融发展也是影响商业信用的因素。菲斯曼和拉图里（Fisman and Raturi，2004）认为，当供应商行业的竞争较为激烈时，为了吸引客户和维持客户，供应商更倾向于提供商业信用。彼得森和拉詹（1997）的研究同样表明商业信用可以帮助供应商有效地锁定客户，供应商的行业竞争程度越激烈，供应商就越会用商业信用这种融资方式来达到占领市场的目的。我国学者余明桂和潘红波（2010）的研究表明，当供应商所面临的竞争压力较大时，为了抢占市场份额，供应商会更多地向下游企业提供商业信用。另外，相对国有企业，私有企业所面临的竞争压力更大，私有企业会更频繁地使用商业信用作为竞争工具。法布里和克拉珀（Fabbri and Klapper，2008）的研究表明，当企业有更强的竞争优势时，可以从供应商得到更多的商业信用，同时也会为其下游企业提供更多的商业信用。应千伟和蒋天骄（2012）的研究也表明，企业所处行业的竞争强度决定了其可获得的商业信用规模，当企业竞争力较强时会获得更多的商业信用，并且企业竞争力对商业信用规模的影响与国有股权对商业信用规模的影响是相互替代的。与此同时，金融发展水平也是决定商业信用的重要因素。洛夫等（Love et al.，2007）认为，当供应商可以更容易地获得银行贷款时，供应商才更有可能向下游企业提供商业信用，当供应商难以或者以较高的成本获得银行贷款时，其向客户提供商业信用的成本较高，影响供应商提供商业信用的积极性，而只有金融发展水平较高时，信贷配给问题才能更好地缓解，供应商才可以更多地提供商业信用。魏志华等（2014）认为，当金融生态环境较好时，企业可以更加顺畅地得到银行贷款，因此也可以更低成本地向下游企业提供商业信用。余明桂和潘红波（2010）的研究表明，金融发展较差的地区，企业得到银行贷款的可能性更小，因此，上游企业向下游企业提供商业信用的规模也受到了约束，特别是对私有企业，私有企业较国有企业更难获得银行信用，存在严重的"信贷歧视"，私有企业也更难向下游企业提供商业信用。

企业本身的因素也是影响供应商是否提供商业信用的重要因素。市场地位就是影响企业是否可以更多地获得商业信用的重要因素之一。萨默斯和威尔逊（Summers and Wilson，1999）以英国企业为研究对象，并采用经验研究的方法进行调整研究，结果发现，当供应商市场地位不高时，下游企业的谈判能力较强，他们会通过要求供应商提供更多的商业信用的方式解决融资需求。霍伦（Horen，2005）的研究同样表明，当企业的市场地位较高，议价能力较强时，可以通过与供应商的谈判得到更多的商业信用。张新民等（2012）以我国 A 股上市公司为研究对象，通过实证分析的方法对企业市场地位对其获得商业信用的影响进行研究，结果发现，当企业的市场地位更高时，更有可能通过商业信用来解决无法获得银行贷款而面临的融资问题，也就是说，只有市场地位较高的企业才可能存在银行贷款与商业信用间的替代关系，在市场地位较低的企业几乎不存在银行贷款与商业信用间的替代关系。

　　同其他债权人一样，供应商也会考虑企业的会计信息质量。拉曼和沙鲁尔（Raman and Shahrur，2008）的研究表明，当供应商发现企业发生盈余管理时，供应商会对公司前景有较差的预期，进而影响企业可获得的商业信用规模。辉等人（Hui et al.，2009）认为，当公司的供应商有较强的议价能力时，为了增加自身与供应商的谈判能力，公司会增加自身会计信息的稳健性。陈运森与王玉涛（2010）以信任为切入点对我国企业的审计质量与商业信用间的关系进行了研究，他们认为，供应商作为公司的债权人与银行一样，都会及时根据企业的财务状况来监督企业，而供应商与企业间的信任关系是供应商提供商业信用的基础，当企业的会计信息质量较差时，供应商与企业间的信任将被破坏，影响供应商为企业提供商业信用的规模，这时审计质量较高时，企业可以向供应商释放会计信息质量较好的信号，从而增加供应商对企业的信任，使供应商有较强的动机提供商业信用。郑军等（2013）认为，内部控制质量同样也会影响供应商向企业提供商业信用，由于供应商会根据企业的财务状况决定商业信用的提供情况，因此，企业有进行盈余管理的动机。高质量的内部控制将减少供应商与企业间的信息不对称和代理成本，因此，高质量的内部控制可以向供应商释放出更为有利的信息，获得更多的商业信用。俞鸿琳（2013）认为，商业信用是我国民营企业发展迅速的重要原因，尽管民营企业受到银行歧视，但商业信用却有效地解决了民营企业融资的问题，其中民营企业间存在的关系网络是影响其获得商业信用的重要因素。

2.2.4 股权融资成本的相关研究

股权融资成本是投资者对公司进行股票投资所要求的投资回报率，同时也是公司在资本市场筹资所必须付出的成本。夏普（Sharpe，1964）提出的资本资产定价模型，法码和弗兰奇（Fama and French，1993）提出的三因素模型与鲍尔和罗格（Bower and Logue，1984）、戈登伯格和罗宾（Goldenberg and Robin，1991）等提出的套利定价模型。这三种模型都以已实现的股票收益来测试股本资本成本，但是布鲁姆和弗伦德（Blume and Friend，1973）等认为事后测度结果往往不准确。法码和弗兰奇（1997）针对全国股票市场上市交易的数据进行实证研究，结果发现，资本资产定价模型和三因素模型都不能准确地测度股权资本成本。奥尔森（Ohlson，1995）与费尔萨姆和奥尔森（Feltham and Ohlson，1995）采用会计指标作为度量公司股票价格提出了剩余收益法等事前股权融资成本的测度方法。戈登（Gordon，1997）提出了戈登增长模型（Gordon Growth Model），该模型采用了当期股票价格等于未来股利的折现思想。格布哈特等人（Gebhardt et al.，2001）提出了剩余收益模型（GLS 模型），该模型是在现金流量贴现模型的基础上推导出来的，认为股票价值等于账面价值的现值和剩余价值的现值之和。伊斯顿（Easton，2004）提出了基于市盈率和市盈增长比率的非正常盈余增长模型，该模型假定非正常收益增长率存在一个期望变化率，提高了股权融资成本估计的准确性。在对股权融资成本进行测度的基础上，国内外的学者从不同的方面对股权融资成本进行了研究，下面我们将对该领域文献进行梳理。

（1）公司治理与股权融资成本。股权融资成本受投资者对公司未来经营预期的影响，当投资者预期公司未来公司现金流量少时，投资者会提高必要报酬率，也就是公司的股权融资成本。克莱森斯和范（Claessens and Fan，2002）认为，公司治理水平决定了投资者对公司未来发展的信心，较高的公司治理水平会使公司有较强的股权融资能力。兰伯特等人（Lambert et al.，2007）的研究认为，当外部投资者预期公司的实际控制人会争夺公司的投资机会，侵害公司的利益时，外部投资者会要求更高的必要报酬率，使公司的股权融资成本增高。德罗贝茨等（Drobetz et al.，2004）则从投资者监督的角度研究了公司治理对股权融资成本的影响，他们认为，由于公司治理水平差时，外部投资者与内部管理者间的信息不对称程度更高，为了了解公司的经营状况，外部投资者会采取各种形式的监督，提高了外部投资者的成本，因此，投资者自然会要求增加公司必要报酬率以弥补较高的成本，这对公司而言就要面对较高的股权融资成本。哈克（Haque，2006）对新兴经济国家的数据进行了研究，他们发现，在孟加拉国等新兴市场国家来说，公司治理水平与股权融资成本的敏感程度更高。

同样，我国学者也对公司治理与股权融资成本进行了相关研究。白重恩等（2005）的研究表明，在新兴经济国家，我国投资者更偏好和关注公司治理水平，当公司的治理水平较高时，投资者更倾向放弃较高的股权投资报酬率。蒋琰和陆正飞（2009）认为，当公司治理水平较差时，外部投资者无法准确地预期公司的未来经营前景，因此会产生逆向选择行为，最终导致股权融资成本提高。因此，作者以沪深两市连续 4 年具有配股资格的 A 股上市公司为研究对象，对股权结构、董事会治理、管理层薪酬和控制权竞争机制等公司治理角度对股权融资成本的影响进行了研究，结果发现，公司综合治理机会能使公司的股权融资成本显著降低。徐星美和李晏墅（2010）以东亚 8 个国家的金字塔结构上市公司为研究对象进行了理论分析和实证研究，他们发现，当公司的控制权与现金流权分离程度较高时，控股股东对公司的掠夺会改变投资者对公司现金流量的预期，同时控股股东为了掩盖其掠夺的行为不会清晰地对外披露公司的经营情况，这会增加外部投资者面对的信息风险，最终导致公司的股权融资成本增加。蒋琰（2009）又针对公司治理水平对权益成本的影响进行了研究，他认为，外部投资者更为关注的是公司治理的信息风险降低能力，可以说，公司治理是外部投资者监督公司的重要工具，当公司治理水平较高时，投资者会对公司有更高的信心，也会降低股权融资成本。周嘉南和雷霆（2014）则从股权激励角度进行了研究，他们认为，外部投资者作出股权投资决策时会考虑股东与管理者的代理问题所带来的经营风险和对公司未来经营状况预期错误所带来的风险。当公司管理层权力较大时，股权激励不但不能解决股东与管理者的问题，还会使股权激励成为管理层攫取利益的手段，增加经营风险和公司的盈余管理水平，因此会增加外部投资者的经营风险和预期风险，导致公司的股权融资成本上升。

（2）信息质量与股权融资成本。信息披露是公司向外部传递公司运营情况的重要途径，也是解决外部投资者与公司管理者信息不对称的重要方式，因此，信息质量是影响股权融资成本的重要因素。阿马蒂（Admati，

1985）提出融资成本的差异主要是由于外部投资者与管理者间的信息把握程度不同，他认为当企业外部投资者与企业管理者间存在信息不对称时，在"赢者诅咒"的影响下，无法获得公司信息的投资者会要求较高的股权回报率。伯特森（Botosan，1997）从真实盈余管理的角度进行了研究，结论表明，真实盈余管理水平高时，投资者会不信任公司未来的发展前景，从而提高权益资本成本。希利等人（Healy et al.，1999）同样认为，当公司的信息披露质量较高时，投资者间的股票流量性强，可以降低权益资本成本。巴塔查里亚等（Bhattacharya et al.，2003）以 34 个国家为研究背景进行了实证研究，结果发现，财务报告质量差的国家的上市公司股权融资所面临的成本越高。理查德森和维尔克（Richardson and Welker，2001）以加拿大 1990～1992 年的上市公司为研究样本进行了研究，他们发现，财务信息质量与公司股权融资成本是负相关关系。阿什博等（Ashbaugh et al.，2009）认为，内部控制缺陷披露是信息披露的重要组成部分，内部控制是保证公司会计信息质量的重要手段，当公司对外将内部控制缺陷进行披露时，投资者会建立对公司的信心，进而可以减少公司的股权融资成本。

随着我国公司股权融资偏好程度的日益明显，我国学者也从信息质量的角度对股权融资成本进行了研究。曾颖和陆正飞（2006）从股票市场资金的供给方和需求方两个角度分析了会计信息质量是如何影响权益资本成本的，一方面，从股票市场资金供给方来看，当公司的信息披露水平较高时，公司的未来发展前景容易得到资金供给方的确认，因此会降低权益成本；另一方面，从股票市场资金需求方来看，公司的信息披露质量较高增加股票的投资者与内部管理人员的信息透明度，从而降低融资成本。王兵（2008）认为，盈余质量可以反映公司的真实盈余水平，降低信息不对称程度，也可以降低投资者对公司资产收益的估计风险和信息风险，因此，盈余质量较高的公司所承担的股权融资成本也较低。李伟和曾建光（2012）则认为，财务报告的稳健性关系到投资者的利益，当财务报告比较稳健时，可以有效地降低经理人的机会主义行为所发生的概率，也可以增加市场效率，降低投资者对不确定的预期，因此稳健的财务报告可以更好地保证投资者的利益，进而降低股权融资成本。王亮亮（2013）以 1999～2011 年的上市公司为研究样本进行了研究，结果表明，真实盈余管理一方面会增加投资者与公司管理者的信息不对称程度，另一方面会影响公司未来的业绩波动性，因此最终会影响股权融资成本。张学勇等（2014）的研究同样基于会计信息质量对公司股权融资成本的影响，他们认为，外部投资者与公司管理层间的信息不对称是公司股权融资成本较高的重要原因，而当公司所雇佣的会计师事务所声誉较高时，就可以有效地降低这种信息不对称的问题进而减少公司的股权融资成本。

（3）法与股权融资成本。拉波塔等（1997）认为，投资者保护程度较高的国家，上市公司的股东和管理层侵占上市利益的可能性较小，投资者所面临的风险较小，因此，投资者所要求的风险溢价较低，公司所承担的股权融资成本也较低。德米尔古克和曼克西莫维奇（Demirguc and Manksimovic，1998）同样认为，投资者保护程度高的国家对保证公司的利益不被内部股东和管理者侵占的同时，也可以更好地保证投资者可以获取准确的信息，因此，投资者与公司的信息不对称将有所降低，进而降低公司的股权融资成本。希梅尔伯格等（Himmelberg et al.，2000）以委托代理理论为研究基础发现，当公司所处的法律环境较差时，公司内部人将持有更多股份，无法将经营风险与其他投资者分享，因此股东会要求更高的风险补偿率，也就是公司的股权融资成本较高。巴塔查里亚和达乌克（Bhattacharya and Daouk，2002）的研究表明，相对于法律的规定，法的执行对投资者保护更为重要，只有在法有效执行的前提下，股权融资成本才会有所降低。黑尔和勒兹（Hail and Leuz，2003）研究了 40 个国家法律机构对股权融资成本的影响，他们的研究发现，法律制度和执行情况是影响股权融资成本的重要因素，在投资者法律保护较好的国家公司所承担的股权融资成本较低。

我国学者也从法的角度对股权融资成本进行了研究。沈艺峰等（2005）以我国证券投资环境的动态变化为背景，对我国中小投资者法律保护对上市公司的股权融资成本的影响进行了研究，他们认为，投资者法律保护可以通过约束公司管理层机会主义行为和降低公司与外部投资者的信息不对称程度来降低股权融资成本。肖珉（2008）以我国不同地区法律保护实践为切入点展开研究，他们认为法律的执行程度更能决定着法对股权融资成本的影响，他们发现，有关法律实证的典型事件和地区差异可以有效地降低公司的股权融资成本。高芳和傅仁辉（2012）的研究表明，我国会计制度的改革有效地提高了公司的会计信息质量，提高了会计信息的可比性，增加了股票的流动性，这些都使我国公司的股权融资成本降低。汪祥耀和叶正虹（2011）同样认为，财务报告是企业向外部投资者传达公司财务情况的最重要的途径，2007 年新会计准则的变化对财务报告进行了规范也降低了信息不对称程度，保证了投资者可以较好地估计公司未来的盈余情况，进而降低了股权融资成本。李桂萍和刘薇（2013）的研究则表明，我国增值税转型和所得税转型可以有效地降低企业的资本成本。

2.2.5　股价同步性影响因素的相关研究

股价同步性刻画的是公司特质信息反映到股价的程度，如果公司特质信息向市场上传递得越多，则股价包含的公司信息越多，反之，股价波动随市场的波动而波动，表现为"同涨同跌"。罗尔（Roll，1988）首次提出了股价同步性的概念，并认为股价同涨同跌的程度取决于公司特有信息和市场信息反映到股价的程度。之后，大部分研究从信息透明度和公司治理角度研究了股价同步性。莫克等（2000）发现在发展落后的、公司治理差的国家，股价同步性更高。金和迈尔斯（2006）利用跨国数据发现国家越不透明，股价同步性越高。赫顿等（Hutton et al.，2009）则采用微观企业数据，使用公司前3年操控性应计的绝对值之和表征企业信息透明度，也发现信息透明度降低会导致股价同步性的上升。由于中国的制度结构不完善、公司治理机制存在缺陷，导致公司股价同步性较高，在莫克等（2000）、金和迈尔斯（2006）的跨国样本中，中国的股价同步性位居第2位和第1位，因此，一部分学者采用中国的数据进行了研究。李增泉（2005）发现，政府部门直接控制和国有企业集团控制的上市公司的股价同步性均高于非国有控股的公司。古尔等（Gul et al.，2010）利用1996～2003年中国上市公司的数据研究表明，外国所有者持股和较高的审计质量可以降低股价同步性。唐松等（2011）发现，有政治联系的民营企业与没有政治联系的民营企业相比，股价同步性更高。谢成博等（2012）发现，公允价值计量模式的推行显著降低了微观层面的股价同步性，有助于公司特质信息的传递。王艳艳和于李胜（2013）则从债权人视角认为，预算软约束的存在会降低管理层信息披露水平，导致股价同步性的增加。而朱红军等（2007）和徐等（Xu et al.，2013）分别发现分析师和明星分析师可以降低股价同步性，增加股价信息含量。黄俊和郭照蕊（2014）的研究则表明，媒体报道与股价同步性显著负相关。

2.3　本章小结

本章首先阐述了本书研究的理论基础，包括高管权力理论、委托代理理论、债权治理理论和信息不对称理论。本章所阐述的理论基础将为后续的研究提供研究基础。

随后我们回顾了与本书研究密切相关的文献,包括高管权力、银行贷款、商业信用、股权融资成本和股价同步性影响因素的学术文献。在高管权力方面,由于本书对高管权力的研究也涉及高管权力的度量,因此,我们首先回顾了有关高管权力的度量方法的文献作为本书实证研究的基础,随后对高管权力产生的经济后果进行了回顾,主要是恶劣后果——过高薪酬、过度的风险承担和公司治理水平低等相关学术文献。从对高管权力的文献回顾来看,目前学术界对高管权力会导致恶劣的经济后果已经基本达成了共识,但高管权力是否会影响企业的融资、投资和股价同步性,目前研究却较少,因此,我们研究高管权力在融资、投资和股价同步性方面的经济后果有一定的理论贡献。本书的融资包括银行贷款、商业信用和股权融资,在银行贷款方面,我们从影响银行贷款的因素和银行贷款的治理作用两方面进行了回顾,我们发现,目前影响银行贷款的因素与高管权力产生的恶劣后果有较多重合,但目前却没有从高管权力这一角度研究银行贷款的文献,与目前高管权力产生严重的经济后果的研究是不相符合的,因此,我们研究有必要性和重要性;在商业信用方面,我们从商业信用产生的原因和影响因素两方面的文献进行了回顾,我们发现,作为债权人的供应商在进行提供商业信用的决策时非常看中下游公司的经营和管理情况,但目前却没有从高管权力这一角度出发来研究其对商业信用的影响,因此,我们认为从供应商这角度来研究商业信用有一定的理论贡献;在股权融资方面,我们从公司治理、信息质量和法与股权融资成本的关系进行了文献梳理,事实上,高管权力将会影响上市公司的公司治理和信息质量,那么投资者是否会考虑高管权力这一变量?这一问题目前却没有得到解决,而这也是我们要解决的问题。而股价同步性方面目前也没有文献研究高管权力对股价同步性的影响,这为本书提供了一个研究机会。本书将结合中国的制度背景和已有研究积累深入分析和检验国有企业高管权力与股价同步性的关系,以弥补现有研究的不足。

第 3 章

制度背景

本章将从高管权力形成的制度背景及原因、银行业发展及监督能力的提升、股票市场发展三个方面介绍与本书相关的制度背景。首先，通过介绍我国国有企业改革和高管权力来源可以更好地刻画出我国上市高管权力形成的背景和成因，同时也可以更突出本书的重要性和现实意义；其次，通过介绍我国银行业的发展和股票市场的发展为后文的具体研究问题的提出和研究假设的推导提供铺垫性准备。

3.1 中国上市公司高管权力来源和形成原因

中国经济处于新兴加转轨的特殊阶段，经济中既有市场成分，同时又有政府成分，但经济的两部分却都有缺陷，无法体现市场化应有的效率。上市公司中属于政府的部分也就是国有上市公司，由于"全民所有"等问题，高管权力过大，同时，属于市场部分的民营企业又由于家族控制和公司治理水平等问题，高管的权力也无法得到应有的监督。下面我们将从国有企业改革历程和民营企业兴起来说明我国上市公司高管权力形成的制度背景。

3.1.1 中国国有企业改革过程与高管权力来源

3.1.1.1 中国国有企业改革过程①

新中国成立后，我国进入计划经济时代，实行高度的计划管理，企业

---

① 天则经济研究所课题组：《国有企业的性质、表现与改革》，天则经济研究所，2011。

经理必须遵从党委的领导，在财务和经营决策方面没有任何的自主权。由于这种"大锅饭"的形式，我国企业效率极其低下。十一届三中全会后，我国领导人认识到这种计划经济体制的缺陷，进行了经济体制的改革，将市场经济引入我国，对国有企业实行了改革，将权力逐步下放到企业经理人。我国国有企业改革大概分为三个阶段："放权让利"阶段、"两权分离"阶段和"现代企业制度"阶段（天则经济研究所课题组，2011），在整个国有企业过程中，"放权让利"成为国企改革的中心（卢锐，2008）。

（1）国有企业改革之"放权让利"。"放权让利"是 1978～1986 年国有企业改革的主要目标。1978 年，中央决定通过向企业下放"决策权"和"分享利润的权力"来提高企业的生机和活力，这一阶段中央主要采取了三种形式：扩大企业自主权、利改税和租赁制。扩大企业自主权以 1978 年 10 月四川宁江机床厂为扩大自主权改革试点为起点，试点单位可以在增收的基础上提取利润留成，而经理也有权力向工作积极的职工发放奖金。随后，1979 年 9 月中央又发布了有关"放权让利"的文件，文件中明确提到要继续增加企业的经营自主权，同时要求各地按文件选取单位进行试点，此后全国各地进入扩大企业自主权改革的高潮。事实上，扩大企业自主权也取得了较好的效果，各国有企业的员工得到实惠的同时积极生产，16% 的预算内企业利润占到全国国有企业利润总额的 70%。[1] 但随后产权不清等弊端和宏观经济环境变化使扩大自主经营的企业收入仍然无法满足我国的财政需求。

为了稳定政府财政收入，1983 年国务院决定实行"利改税"，同年颁布了《财政部关于国营企业利改税试行办法》，提出分两步实施利改税，这一办法要求国有企业必须定期将所得利润中的一部分上缴到国家，"利改税"于 1984 年 6 月 1 日正式实施，对大中型企业按利润总额的 55% 征收所得税，并按核定比例留存利润。第一步利改税实现了保证财政收入的目标，但由于第二步累进税对企业负担过重，政府只能从利润较多的企业征收调节税，这使得企业与政府间进入了讨价还价的模式，产生了"苦乐不均"的问题。

1984 年，我国进入"租赁制"的改革阶段，其主要目的是为了解决企业的亏损问题。租赁制的主要操作办法是个人承诺交付一定的租金后获得企业的经营权，经营期满后，承租人获得经营收入，出租部门得到事先

---

①　天则经济研究所课题组：《国有企业的性质、表现与改革》，天则经济研究所，2011。

约定好的租金。随着租赁制的发展，租赁制越来越符合承包责任制的特点。1986年，中共中央和国务院发布了《全民所有制工业企业厂长工作条例》，实行了承包经营责任制，明确地界定了企业的法定代表人为厂长，并负责行使经营职权。1987年，我国实行了承包经营责任制，并出现了厂长负责制和厂长任期目标责任制的改革形式。

（2）国有企业改革之"两权分离"。1987～1992年，我国国有企业改革进入"两权分离"的改革阶段。事实上，第一阶段的放权让利改革并不能使国有企业真正走上市场化的道路，于是中央开始实行了两权分离的制度，使国有企业改革走上了正轨。两权分离改革阶段又可以分为承包制、资产经营责任制和股份制试点改革。1988年，国务院颁布了《全民所有制工业企业承包经营责任制暂行条例》，承包制开始成为国有企业改革的主要形式，厂长负责人必须将利润中的一部分交至国家，而剩余的利润则成为国有企业的激励机制，该机制稳定了国家和企业间的分配关系，同时，通过利润留存可以激励承包者的经营积极性增加国民产值。在承包第一年，企业的经营状况良好，在保证了国家的财政收入的基础上，承包人也保留了一定比例的利润。但随着宏观经济环境的变化和政策的不稳定，承包制为承包人带来的利润空间越来越小，最终不得不退出改革的舞台。承包制却提供了经营权与所有权分离的条件，承包人获得了较大的经营权，但由于政府仍然对企业有诸多干预，承包制改革在放权和收权中不断循环。

为了更好地实现所有权与经营权的分离，中央提出资产经营责任制改革，主要思想是使国有企业摆脱政府干预，成为市场经济中的经营主体（华生等，1987）。两权分离的改革形式引起社会的强烈反响，也取得了成绩，但由于对经营者的约束较强，资产经营责任制改革没有大范围的推广。1984年，我国实施了股份制改革试点，并选择北京天桥百货股份有限公司和上海飞乐音响为股份制改革的试点单位。事实上，股份制是在1985年国家实施银根紧缩政策的背景下开始逐渐推广的，真正的目的是为了解决企业流动资金不足的问题。1987年10月十三大为股份制的形式进行了明确说明，股份开始在全国试点。由于对股份制的不了解，大多公司发行的股票只是融资工具，不具有股票真正的意义。这种股份制只是增加了职工收入并没有形成股份制改革应有的形式和意义。

（3）国有企业改革之"现代企业制度"。经过放权让利和两权分离的改革阶段，我国经济已出现多种经济成分并存的局面，最终，国有企业开始进入触及改革产权的阶段。建立现代产权制度包括以下过程：股份制改革、国有企业战略性改组和建立国有资产管理体制。

股份制改革的标志是我国两个证券交易所的成立，一个是上海证券交易所，另一个是深圳证券交易所。1992 年，邓小平又充分肯定了股份制改革的积极意义，国有企业正式进入股份制改革的阶段，自此，现代产权制度开始在全国范围内展开。但国有企业中政企不分、所有者缺位的本质并没有得到解决，公司治理也没有得到重视。而市场中活跃的民营企业和外资企业却发展迅速，国有企业发展不灵活的弱点被暴露出来，亏损严重。为了搞活国有企业，中央果断决定进行新的改革——"国有企业战略性改组"。虽然政府对国有企业改革提出了建设性的意见，但由于国有企业长期积累的问题日益明显，1997 年中央决定用三年的时间解决国有企业全面脱困的问题。为了解决国有企业管理中长期存在的问题，2003 年，国有资产监督管理委员会正式成立，并代表国家履行出资人的职责，负责监督和管理大型国有企业、基础设施和重要自然资源等企业。①

3.1.1.2　中国国有企业高管权力来源

从国有企业改革的历程来看，我国国有企业改革的过程就是逐渐放权的过程，通过国有企业的改革，使企业的经营权、收益权和分配权逐渐地从政府的手中转移到国有企业，国家只是通过国有资产管理委员会对国有企业进行管理和监督，但国有企业改革过程中的放权让利、经理由政府委派和所有权缺位等问题使经理的权力较大，甚至可以凌驾于公司治理之上（权小锋等，2010）。

（1）中国国有企业改革的放权让利。正如前所述，中国国有企业经历改革后才有现在的产权清晰的国有企业体制，但由于国有企业是在新中国成立初期以国家工业化等方式建立起来的，是以政府部门的分支机构或附属机构的形式存在，是上级政府和主管部门决议的具体执行者，经理既没有决策权也不承担相应的责任。1978 年之后，中央对国有企业进行了一系列的改革，经理人渐渐有了经营方面的决策权。为了保证厂长可以更好地掌握国有企业的经营权，中央于 1982 年规定国营企业实行党委领导下的厂长责任制，但是应该看到，由于在这个时期对厂长的考核仍然以厂长是否执行上级的指令和执行情况为依据，因此，这个时期的厂长负责制仍然

---

①　天则经济研究所课题组：《国有企业的性质、表现与改革》，天则经济研究所，2011。

没有保证厂长可以获得经营决策权。为了彻底地实行放权让利，1986年，中共中央对厂长的考核标准放宽到是否可以完成任期的目标，中央不再给予具体的执行指令。随后国有企业改革进入到"两权分离"阶段，这个阶段的承包制和资产经营责任制目的是所有权和经营权分离，《全民所有制工业企业承包经营责任制暂行条例》和资产经营责任制中使国有企业成为真正的商品生产者和经营者的中心思想，保证了承租人和企业经营者的决策经营权。如果说两权分离改革仍然没有使企业成为产权主体，仍然对经理人有着过多的约束，建立现代企业制度则更触及了产权改革，赋予了经理的绝对权力。在经过国有企业战略性改组后，政府成立了国有资产管理委员会，随着国有资产管理体制的建立与发展，代理人成为更接近实际的所有者（刘世锦，1999），国有企业经理人的权力得到了巩固和加强。①

（2）国有企业经理人的双重身份。在计划经济体制下，国有企业只是政府的附属机构，政府对国有企业高层管理者的任命和委派是政府对国有企业控制和干预的最显著的形式（陈信元等，2009）。我国国有企业高管约有90%由政府任命而来，因此，我国国有企业的经理人多数是从政府官员中任命和选拔，国有企业出现了众多的"官员型"高管（逯东等，2011）。新中国成立以来，我国一直实行高度集中的统一的人事管理体制，而国有企业管理工作的岗位就属于国家干部编制，因此，国有企业的经理人只能从国家干部中选择。在1982年的国有企业厂长负责制的背景下，对厂长的选拔和任命仍然是从国家干部中通过上级机关委派和职工中选举产生。尽管在1988年为了适应承包制的需求，国有企业曾经通过公开招标的形式选出企业经营者，并成为企业的法人，但在1989年，党委部门又收回了对国有企业管理人员的任命权。1991年，中组部颁布了《全民所有制企业聘用制干部管理暂行规定》，将从外部经理人市场聘任职业经理人到国家干部队伍中，国有企业经理人的国家干部身份得到加强。事实上，我国国有企业经理人的职位升迁也必须遵守国家干部的行政级别，各政府机关制定了国有企业领导人的管理办法，对国有企业经理人员的资格审核做了类似的规定。2003年，国有资产管理委员会的成立标志着我国进入了现代产权管理阶段，国资委决定采用公开招聘的形式确定国有企业的高管，希望可以取消国有企业领导的"行政级别"，将职业经理人引入国有企业高级管理层中，但由于大多数国有企业并没有建立完善的现代企业制度，

---

① 天则经济研究所课题组：《国有企业的性质、表现与改革》，天则经济研究所，2011。

各级政府希望更多地对国有企业进行干预，从政府官员中选取经理人的传统无法打破。因此，我国国有企业的经理人的政府官员的身份使其有更加有话语权和决策权，经理人的双重身份也使其地位不受威胁，可以较为任意地行使其决策权力。

（3）国有企业的"所有者"缺位。目前，政府对国有企业的管理办法适用2003年5月颁布的《企业国有资产监督管理暂行条例》，其中明确规定了我国国有资产监管机制并建立两层或三层的国有资产监督运营体系。目前，国有资产监管结构如图3-1所示。

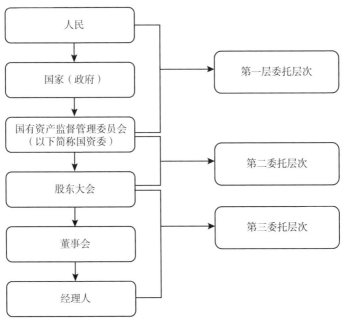

图3-1 国有资产监管结构

从图3-1可见，我国国有企业的监督结构可以分为三个层次，第一个层次是由人民将国有资产的管理权交付于政府。我国实行全民所有制，因此，国有资产的最终所有人是人民，但是人民是广泛的群体，甚至是一个抽象的概念，无法行使所有者的监督权。因此，人民将国有资产的管理权和监督权委托给政府。但是政府是一个主要执行社会公共管理职能的行政机构，不能也没有能力直接管理国有资产，于是将国有资产的管理权交于专门的机构——国资委来负责。第二个层次是由国资委将国有资产的管理权交付于国有企业，国资委在作为出资人获得国有企业股权权利的同时，将国有资产的经营管理权委托给各个国有企业，以股东的身份参与股东大会。第三个层次的代理关系是股东大会将经营管理权交予董事会和经理人，股东大会监督董事会与经理人的活动。

从三个层次的代理关系来看，由于政府与国资委都属于国家行政机关，都无法切实地行使股东的权利，无法确实实施对国有企业的管理，政府和国资委无法了解企业的经营情况和财务状况，没有能力担当起原业主的责任和监督，出现了"所有者缺位"的问题。随着自主经营权的扩大，企业的命运更加依赖于经营管理者的决策能力，"所有者缺位"使政府部门放权后的经营人员得到了企业的经营决策权，可政府和国资委却无法有效地监督和控制企业经理人的行为，使经理人掌握了较大的权力，国家很难通过法律和行政手段监督他们的行为。另外，我国国有企业还存在一个特殊的问题就是一股独大，国有控股股东的存在完全控制了股东大会，股东大会成为虚设，总经理往往由控股股东指派，代表着控股股东的利益，因此总经理拥有了绝对权力。董事会成员往往由股东大会选举产生，作为股东大会中的控股股东的利益代言人的经理人控制了选举的过程，最终董事会成员也由经理人决定，董事会成为一个利益共同体，无法发挥监督经理人的功能。

3.1.2　中国民营企业高管权力来源

改革开放后，中共中央对民营企业的存在意义和价值给予了充分的肯定，民营企业得到了迅速的发展，目前民营经济已经成为我国国民经济中重要的组成部分。民营企业的发展有其独特的特点，控股股东对高管的任命等问题使民营企业的经理人同样拥有较大的权力。本书将从中国民营企业的发展和高管权力来源两个方面进行阐述。

（1）中国民营企业的发展。"民营"一词最早用于毛泽东的《经济问题与财政问题》报告中，改革开放初期，私营企业通过集体企业的"红帽子"来生存与发展，当时这种带着"红帽子"的集体企业被称为民营企业。随着改革开放和国有企业改革的发展，我国中央政府承认了经济成分中的非国有成分，并着力发展私营经济，希望通过私营经济带动经济的发展，从此民营企业得到社会的认同和关注，成为我国经济体制中不可或缺的力量并飞速发展。

事实上，我国民营企业的发展可以分为三个阶段。

第一个阶段是从新中国成立到改革开放前。改革开放前，我国的经济政策并不支持民营企业，特别是"文革"期间否定了民营经济存在的价值。因此，这个阶段的民营企业并没有得到发展。第二个阶段是 1978 ~ 1991 年。1978 年党的十一届三中全会决定实行经济体制改革，对个体工商户采取了鼓励的政策，政策的变化促进了私营企业的迅速发展。但由于我国政治风波的延续等问题，我国民营企业是否可以持续发展仍然没有一个肯定的答案，整体来看民营企业的发展仍然较为缓慢。第三个阶段是始于 1992 年邓小平的南方谈话，南方谈话使我国民营企业存在的价值得到了充分的肯定，从此民营企业的发展进入到第三个阶段，在这个阶段，民营企业在政策的帮助下飞速发展。随后的党的十四大、十五大都提出非公有制经济是社会主义市场经济的重要组成部分。而 2002 年后，民营企业的发展更是进入黄金时期，由于党的十六大充分肯定了民营企业的创建者和管理者对中国经济发展的贡献，并表示中国必须毫不动摇地鼓励和引导民营企业的发展，私有企业数量迅速增长。

（2）民营企业高管权力来源。2004 年深交所推出中小板后，以民营企业为代表的非国有控股类上市公司迅速增加。由于民营企业特殊的发展历程，使民营企业的高管权力也非常大。民营企业经理人由控股股东选拔，往往与控股股东身份重合。由于民营企业多由家族创立，因此民营企业的经理人往往是创始人或其家族成员，当公司的创始人或其家族成员作为总经理时，董事会和监事会往往无法对其权力进行约束。与国有企业总经理相比，民营企业高管对权力的追逐欲望更加强烈。而纳超洪（2009）认为，民营企业由血缘关系和朋友关系建立起来，可以说这种关系更容易形成利益共同体，共同占据了董事会和管理层的多数位置，任何的公司治理机制都无法撼动利益共同体，最终他们可以完全控制整个上市公司，而身居要职的总经理必然拥有绝对权力。上海财经大学张远飞等考察了亲缘关系如何影响民营上市公司的权力配置，他们发现，业主通过将家族成员控制在关键岗位，将权力配置在家族代理人手中，家族代理人通常成为权力配置的顶层，拥有极大权力。虽然民营企业也聘请职业经理人，但由于股东对职业经理人的不信任使民营企业偏好自己或家族经营，特别是关键职位，如总经理、董事长和财务总监。李新春等（2008）对广东省民营企业进行了调查，结果发现只有 11% 的公司引入了职业经理人，多达 62% 的公司不打算引入职业经理人，而总经理中的 56.7% 是两职兼任，23.8%

是家族成员和朋友。张菁（2002）认为，民营企业中控股股东占有绝对权力，而这种权力往往会通过朋友、亲人关系蔓延至总经理。因此，民营企业的权力来源主要是总经理和控股股东的重合。可以说，总经理是受到大股东的监督和制约的，但是大股东就是总经理，或是总经理的亲人和朋友，大股东的监督就失去意义，没有监督和约束的总经理的权力将无限增长，凌驾于董事会之上。

一般来讲，公司治理机制往往可以对经理层的权力进行约束，但公司治理是通过董事会监督实施的，如上所述，董事会成员多是家族内部的成员或朋友，这种关系使董事会成员形同虚设，根本无法对经理人的权力进行约束。而监督会同董事会一样，也成为家族内部的摆设，根本无法行使其应有的功能。另外，控制权市场、债权市场和产品市场发展并不完善，无法对管理层权力进行约束。贝布邱克和弗里德（2004）在阐述高管权力理论时就提出，当控制权市场或股权市场效率较高时，可以更好地对管理层权力进行约束。例如，当管理层权力较大时会对上市公司的利益进行侵占，而控制权市场可以准确识别管理层的机会主义行为，通过收购兼并、代理权争夺等方式实现控制权的转移，这可以有效地对经理人进行震慑。目前为止，我国上市公司的高管选聘还没有达到市场化程度，不能有效地约束管理层的权力。市场竞争机制也是约束经理人的一种有效外部治理机制，施莱弗和维什尼（Shleifer and Vishny，1986）指出，产品市场竞争使企业面临较大的竞争压力，会对管理层施加压力，发挥外部治理的作用。可是，民营企业上市公司的总经理就是公司的所有者，此时市场竞争压力已经不是公司的关注点，任命自己信任的总经理成为所有者关注的焦点，在总经理得到了所有者的认可和保护的情况下，其权力更是无法撼动，产品市场竞争同样无法起到监督和约束的作用。

由此可见，我国民营企业由于先天的发展背景使民营企业仍然不具备应该有的现代企业公司的治理格局。一方面，控股股东与总经理往往重合，或总经理与控股股东有密切关系，这使得控股股东的权力转嫁给总经理，经理人集所有者、监督者、管理者于一身，拥有绝对权力；另一方面，公司治理和外部治理机制由于控股股东与总经理的重合或亲密关系而无法发挥约束和监督的作用。在没有外部约束的情况下，总经理从控股股东中获得的权力将无法动摇。

3.2　中国商业银行发展与监督能力

随着中国银行业改革的深入，商业银行已经从政府行政单位发展成为自负盈亏的企业法人，银行的监督能力也有了显著的提高，无论是事前选择、日常监控还是事后监督都更加遵守市场化的原则，银行业改革开放的质量不断提高，银行业公司治理状况明显改善，风险管控能力显著提高。

3.2.1　中国商业银行的发展

中国商业银行业的发展大致可以分为三个阶段。

第一阶段：1948～1978 年。1948 年 12 月 1 日，中国人民银行在河北省石家庄市宣布成立，并发行了第一批人民币，从此，中国银行业在新中国开始了曲折的成长历程。新中国成立初期，银行业实行信用集中管理，接纳了其他公私合营的银行，形成了"大一统"的银行体系，人民银行编制的信贷计划纳入国家经济计划。这一时期的银行业推动了建设社会主义社会的快速发展。

第二阶段：1978～1992 年。1978 年改革开放后，党的工作重点转移到社会主义现代化建设上来，银行业开始了长达 30 余年的改革。为了加强对农村经济的扶持和适应对外开放和国际金融业务发展的新形势，中国农业银行、中国银行、中国工商银行和中国建设银行成立。至此，中国人民银行的商业性业务基本剥离，正式成为中央银行，银行体系基本形成了中央银行以及四大国有专业银行的格局，打破了一家国有银行统一天下的局面（田利辉，2005）。中国人民银行和四大专业银行的经营网点在全国各地迅速铺开，但是此时的四大专业银行的政策指令性非常强。1985 年，中央明确提出要建成多元化银行垄断竞争的金融格局。随后我国商业银行进入了快速发展的阶段，各大股份制银行纷纷成立，我国银行业进入了全面竞争时代。

第三阶段：1993 年至今。为了使四大专业银行真正成为商业银行，我国于 1994 年成立了国家开发银行、中国农业发展银行和中国进出口银行，负责剥离和接收四大专业银行的政策性业务。为了使商业银行运营走向法治化，1995 年颁布的《中国人民银行法》和《商业银行法》明确规定了国有独资商业银行要自负盈亏作为我国银行业改革的基本原则，明确规定将四大专业银行改造为四大商业银行。财政部向四大国有商业银行注资，并成立了资产管理公司收购不良资产。

为了改变四大国有银行的经营模式，使国有银行真正适应市场化的需求，银行业引入了海外的战略投资者。2003 年后的股份制改革彻底厘清了中国国有商业银行的产权关系，改善了其财务状况，构建了公司治理的架构，盈利能力大大提升。同年 3 月，中国银行业监督管理委员会正式成立，引领我国银行业实现了跨越式的发展，整体发生了历史性变化，标志着加入世贸组织承诺的全面兑现。经过改革后的中国银行业正式步入了市场化和多元化经营的阶段。

3.2.2　中国商业银行的监督和风险管控能力

银行贷款是企业债务融资中的主要方式，而银行作为专门的金融机构在获取和处理借款人的私人信息上成本更低，可以发挥"大贷款人的监督"的作用（Diamond，1984）。而中国银行业是否可以起到这种监督和风险管理的功能却一直受到质疑，但目前越来越多的学者认为，中国银行业随着社会主义市场经济的建立和改革的推进，商业银行已经可以专注存贷储备，已经可以成为真正的监督主体（胡奕明和谢诗蕾，2005）。事实上，我国商业银行的改革主要分为两方面，一方面是增加银行业的竞争。我国商业银行业改革的第一阶段就是建立完善的银行业市场结构，通过不断的努力，银行业已经形成了大型国有银行、股份分行、民营银行和外资银行多层次竞争的局面。银行业的激烈竞争必然会加重商业银行的风险，因此，银行业的风险管控意识和监督意识有了明显的增加。另一方面，银行业的股份制改革通过引入战略投资者，接受资本市场投资者的监督和建立现代企业制度迅速提升了银行的经营理念、管理经验，使商业银行贷款定价决策越来越有效率，商业银行行为日渐趋于市场化。事实上，商业银行在事前选择、日常监控等方面已经有了明显的进步。事前选择主要是在放贷前商业银行对贷款人的了解，通过筛选客户，商业银行可以更好地控制信贷风险。目前，商业银行进行贷款决策前在对企业的销售收入、长短期贷款、资产负债率和流动性指标方面关注的基础上，也更加关注公司治理水平等非财务信息（饶艳超和胡奕明，2005）。江伟和李斌（2006）同样认为，我国商业银行事前筛选环节是有效的。日常监控是指在商业银行收回贷款前对贷款的管理。我国学者沈红波等（2007）发现，我国上市公司在获得银行贷款后，投资者普遍对该上市公司有更好的预期，这从侧面证实了我国商业银行的监督能力已经得到了认可。

3.3　中国资本市场发展

我国经济自改革开放开始便处于新兴加转轨的阶段，因此，经济体制中的一切都不可缺少地带有浓重的政府干预的烙印。同样，我国资本市场的发展也与我国中央政府主导的国有企业改革有着千丝万缕的关系，我国国有企业自 1979 年开始改革，经过了放权让利、两权分离和建立现代企业制度等阶段后，仍然面临着严重的融资问题，为了彻底地解决这一问题，也为了使国有企业的股份制改革能够顺利进行，我国政府于 1984 年在北京天桥百货商场宣布向社会募股集资，是我国股票市场开始发育的重要标志，自此，我国股票市场开始不断地发展并成熟，大致可以分为三个阶段。

第一阶段：初步兴起。改革开放使中国被多种思想充斥着，虽然中央政府仍主张公有制为主导的改革，但对于国有产权的低效率的问题却有着共识，如何解决这个问题为股票市场提供了发展的机会。国有企业虽经过不断的改革逐渐发展起来，但是其低效率问题和巨额的财政补贴使政府不得不找到解决这一问题的方式。股票市场的融资功能使国有企业的高负债和资金困难的问题得以解决，中央政府开始思考中国股票市场的发展问题。虽然这一问题受到质疑，但邓小平同志对股票市场的肯定态度终于使中国的股票市场发展计划列入中国发展的日程表中。1984 年，北京市天桥百货股份公司和上海飞乐股份有限公司第一次向社会发行股票。1990 年和1991 年，上海证券交易所和深圳证券交易所的成立标志着中国股票正式交易制度的建立，"深发展"等五只股票，"飞乐音响"等八只股票分别在深交所和上交所挂牌上市。但是由于当时股票交易市场制度的不健全、监管环境的模糊性和投资者对股票交易的不了解使股票市场的发展非常缓慢。

第二阶段：快速发展阶段。邓小平同志的南方谈话及中共十四大颁布的《我国经济体制改革的目标是建立社会主义市场经济体制》、1993 年颁布的《公司法》《商业银行法》和《人民银行法》的实施使股票市场终于得到了社会的认可，并以飞快的速度发展起来。

虽然这一时期的股票市场发展较快，可是其发展更多是政府主导的，市场因素作用非常有限。从融资方来说，这时股票市场的主要职能仍然是为国有企业融资，上市交易的企业多为国有企业；从投资者来说，这时的投资者更多的是跟风投机性投资，没有基本的投资意识，只是在寻求机会获得投机利益；从政府监管来看，《证券法》并没有正式颁布，股票交易制度，对上市公司的监督制度等并没有正式建立。

第三阶段：规范时期。1997年的亚洲金融危机的爆发使中共中央认识到资本市场的巨大风险，促使中央政府开展了规范证券经营机构，清理非法股票交易场所、证券交易中心和投资基金的工作。随后，中国第一部《证券法》于1998年底获准通过，为证券市场的发展提供了坚实的法律准绳。但是，这一时期投资者对股票市场的发展规律认识不足和证券市场监管能力较弱等问题使中央政府决定的国有股减持和股份全流通的政策颁布后，我国股票市场大跌。2001年6月，国务院发布使《减持国有股筹集社会保障资金管理暂行办法》引起股市行情大跌，2001年10月22日，中国证监会经报告国务院，决定在具体操作办法出台前，停止执行这一办法，但是这一举动使中国股市走入长达4年的熊市。2004年2月，国务院颁布了《关于推进资本市场改革开放和稳定发展的若干意见》，这便是"国九条"，"国九条"中明确指出，要积极稳妥解决股权分置改革问题，要稳步解决目前上市公司中不能流通股份的流通问题，要尊重市场规律，有利于市场的稳定和发展，保护投资者特别是社会公众投资者的合法权益。2005年4月，证监会同国务院有关部门正式启动了股权分置改革试点，按照"统一组织、分散决策"的工作思路和"试点先行、协调推进、分布解决"的操作步骤，积极推进股权分置改革工作，得到了全社会的广泛认可，也得到了市场行情的显著回应，从此我国股票市场走向了正规的发展道路。

3.4 本章小结

本章梳理了与本书研究有关的制度环境，从高管权力来源的制度背景介绍，我们可以明确，国有企业的改革使高管掌握了经营决策权，这是我国国有企业改革的成功之处，但同时高管的双重身份和"所有者"缺位的问题却造成了高管的权力过大，造成了高管可以利用手中的权力为自己谋取私利的机会主义行为频繁出现，同时，由于民营企业多是由朋友与家族的创业而发展起来，这就使高管多是控股股东的朋友或亲人，高管拥有着绝对的权力，使其同样有能力利用权力为自己谋取私利的机会。因此，我们可以看到中国的上市公司普遍存在着高管权力过大的问题。我国的银行业的发展使银行业已经具备了监督和风险管理的能力，银行在进行贷款决策时所考虑的因素将更加全面，包括上市公司的公司治理情况。经过近二十年的发展，我国股票市场已经初具规模，随着法律法规的颁布，股票市场逐步规范。

第 4 章

高管权力与银行贷款

4.1 引　　言

高管是企业投资、融资和其他战略决策的关键决定因素，他们的特征和意见无疑会对公司的实践和产出产生深远影响（Liu and Jiraporn, 2010）。高管权力反映了高管在企业中的决策权大小，当高管权力大时，高管对公司的各项经营决策和战略决策具有更多的话语权，企业的各项后果往往更多反映高管的个人意志。细究中国企业高管权力过大的原因，主要有二：一是中国权力文化历史悠久，无形中诱发了高管对权力的诉求。李锡海（2007）指出，中国的权力文化存在三个基本特征，首先是强烈的功利意识；其次是权力本位意识突出；最后是严格的等级制度，具体到企业，由于管理者权力大可以获取更多的收入、更高的社会地位和声望等私人利益，企业高管追求权力的动机强烈。二是公司治理制度的不完善导致高管权力无法受到约束。对于国有企业，随着放权让利的改革，高管逐步获得了包括生产经营权、投资、融资和人事方面的自主权，权力不断膨胀（卢锐，2007），并且国有企业的所有者缺位使得高管权力常常超越于公司治理机制之上，没有得到有效监督和制衡（杨兴全等，2014）。而非国有企业，特别是民营企业，管理层和大股东身份往往重合，加之受到政府部门的影响小，因而比国有企业享有更大的权力，为高管实施利益侵占提供了绝佳的便利条件（卢锐等，2008）。《2013 年中国企业家犯罪（媒体样本）研究报告》显示：2009 年，我国可统计的落马企业家有 95 位；2010 年，这个数字上升到 155 位；2011 年，这一数字突破了 220 位；2012 年，突破 245 位；2013 年，这一数字则达到 357 位。这份报告指出，导致中国企业高管犯罪率不断上升的重要原因在于高管权力过大。因此，从高管权力视角研究中国公司财务问题具有更为重要的理论意义和现实意义。

　　高管权力对公司财务决策的影响是当前财务学的一大研究热点。从既有文献来看，目前的研究主要围绕高管权力与高管薪酬契约、风险承担、公司治理、股利政策、现金持有和公司业绩等的关系展开研究，如贝布邱克和弗里德（2002，2004）认为，高管会使用权力来俘获董事会，制定对自己有利的薪酬，从而降低公司价值。权小锋等（2010）还发现，高管会利用权力进行过度在职消费。卡鲁纳（Karuna，2009）的研究表明，高管使用权力减弱了公司的治理与外部监督机制的作用。刘星等（2012）研究了高管权力与公司治理效率的关系，发现高管权力导致高管被替换的可能性降低。安德森和加林斯基（2006）认为权力加强了高管风险意识，在公司决策上更为冒险。哈若托和乔（Harjoto and Jo，2009）的研究表明，公司进入成熟阶段后，高管权力与公司绩效呈负向关系。王茂林等（2014）发现，高管权力大小与现金股利支付率高低显著负相关。杨兴全等（2014）的研究则表明，高管权力显著提高了现金持有水平，但由高管权力导致的高额现金持有产生了负面的价值效应。由此可以发现，目前尚未有文献研究高管权力对企业银行贷款的影响。融资政策一直以来是公司财务的重点研究范畴。就我国而言，资本市场发展尚处初级阶段，债券市场尚不发达，因此，银行贷款是中国上市公司的主要融资方式。[①] 那么，高管权力是否影响银行贷款规模？高管权力是否影响银行贷款的期限结构？企业的产权性质不同是否会影响高管权力与银行贷款的关系？

　　鉴于以上问题，本章研究了高管权力对银行贷款的影响，以检验银行贷款决策是否考虑企业高管权力大小，并将银行贷款分为短期贷款和长期贷款，分析和检验银行在给予企业贷款时，是否因为企业高管权力大小的不同，而作出不同期限结构的贷款决策。最后，基于中国的特殊制度背景，考察了企业产权对高管权力与银行贷款关系的影响。研究结果显示：（1）高管权力大小与银行贷款规模显著负相关；（2）相较于长期贷款，银行更愿意给高管权力大的企业短期短款；（3）企业的国有属性可以减弱高管权力大小与银行贷款的负相关关系。在实证过程中，我们还进一步研究

---

　　① 1990～2008 年，总的银行贷款占 GDP 平均年度比率为 82.4%，1995 年为 61.6%，2003 年达到了顶峰，为 108%。相比银行贷款提供的数量，股票市场的融资规模较小。1990～2008 年，其总融资额占 GDP 的年度平均比例仅为 0.81%。在这个时期，公司的债券市场滞后于股票市场的发展。公司债券市场的融资额占 GDP 的年度平均比率在 1990～2008 年仅为 0.76%（陈德球等，2013）。

了经济周期和我国香港上市对高管权力与银行贷款关系的影响，发现在经济下行期时，高管权力与银行贷款的负相关关系更为显著，当企业在香港上市时，高管权力与银行贷款的负相关关系消失。上述结论表明，高管权力也会通过影响企业的风险和公司治理水平进而影响银行贷款规模和贷款期限结构，因此，银行在执行贷款决策时，除了考虑企业的业绩、风险和公司治理等传统指标外，不可忽视高管权力这一更为根本的重要因素。故本章的研究对银行贷款决策具有重要的启示作用。

本章剩余部分安排如下：4.2 节是理论分析与研究假设；4.3 节是研究设计；4.4 节是实证结果与分析，主要检验假设和分析实证结果，并围绕研究主题，做了进一步研究；4.5 节是稳健性检验；是本章小结，对本章进行总结。

4.2　理论分析与研究假设

4.2.1　高管权力与银行贷款

拉贝（Rabe，1962）把高管权力界定为朝高管想达到的方向而去做的意愿和能力。玛茨（March，1966）认为，权力是长期压制不一致意见的能力。普费弗（Pfeffer，1997）同样认为，权力是高管为了证明其控制力和影响力而压制反对意见的能力。权小锋等（2010）认为，高管权力是管理层执行自身意愿的能力，这种能力体现在剩余控制权的扩张特性。可见，不同学者对高管权力的定义基本一致，高管权力正是高管实现自己意愿的能力，而无论是否有其他管理人员的反对意见。因此，我们可以认为权力型高管的公司的决策权较为集中，高管可以压制其他管理人员而决定公司的关键决策，将个人的意志和决策的判断性误差带入公司的决策判断中，董事会的决策成为高管的个人决策，而非集体决策。事实上，相比集体决策，个人更容易作出极端决策，高管个人的判断性误差将无法分散，随之将使公司的业绩波动性增大（Adams et al.，2005；Liu and Jiraporn，2010；权小锋与吴世农，2010）。正如萨和斯蒂格利茨（1986，1991）所述，由于集体中其他人员的反对与不同意见，集体在进行决策时会体现出意见的多元化，因此，集体所作出的最终决策将是集体成员不同意见的妥协。他们的研究还发现，在进行集体决策时，只有所有的成员都认为项目是可行的，项目才能被接受，因此，集体决策更容易拒绝事实上不可行的项目。同样，集体决策接受较好项目的可能性也降低。因此，集体决策时，公司的业绩较平滑，不会有较大幅度的波动。而正如前所述，当高管的权力较大时，公司董事会的决策成为个人决策，这将增加公司的业绩波动性。亚当斯等人（2005）的研究就发现，公司 CEO 的权力程度越大，公司业绩的波动性也越大。我国学者权小锋与吴世农（2010）的实证结果表明，高管权力的增大降低了外部监督机制作用的发挥，使得公司业绩波动性增加。业绩波动性是公司财务风险的重要度量方式，当公司的业绩波动性较大时，公司的财务风险也较大。作为债权人的银行在进行信贷决策和制定贷款契约时应该充分考虑各种风险因素，进而决定是否发放贷款。当公司的财务风险大时，公司的融资能力将降低，影响公司获取银行贷款的规模（姚立杰等，2010）。

　　此外，当高管权力过大时，公司治理将受到影响。为了解决自身与管理者的代理问题，股东主要会从激励与监督两方面实施公司治理，而当高管权力较大时，这两种重要的公司治理机制将受到严重的挑战。首先，最优契约论（optimal contracting approach）认为，通过合理有效的契约将会使高管的薪酬与股东的财富紧密地联系起来，这将有利于改善高管偷懒及自利的行为，有助于激励高管以股东利益为目标行事（Jensen and Meck-ling，1976）。然而，高管权力理论（managerial power approach）认为，当高管权力（包括决策权、监督权以及执行权）过大时，高管与董事会谈判的能力将大大增强，而使高管直接可以影响其薪酬（Bebchuk and Fried，2002，2004）。可以说，高管权力导致薪酬契约不但没有解决公司的代理冲突，反而使薪酬契约本身变为一种代理问题（权小锋等，2010）。也可以说，高管权力的存在影响了激励机制发挥应有的作用。其次，当高管权力过大时，高管对董事的聘任及其薪酬有较大的影响力，董事会成员将会为高管实施权力提供便利通道，正如克里斯特尔（1991）所述的，"当你的 CEO 薪酬较高时，你就会发现高薪董事。这并不是偶然现象。"此时，高管将对董事会有较大的影响力。一项调查表明，99% 以上的 CEO 拥有对董事会施加影响的大量非正式影响力（Lorsch and MacIver，1989）。因此，我们认为，当公司的高管权力过大时，董事会对其的监督机制将受到严重影响，事实上，董事会对高管的监督是保护股东利益的有效的公司治理机制，而高管权力过大的事实却使董事会的治理机制大打折扣。监督机制的失灵还体现在高管不会因为较差的公司业绩而被解聘。艾伦和帕尼安（Allen and Panian，1982）、伯克尔（Boeker，1992）的研究表明，即使董事会发现公司的业绩较差而决定解聘高管时，如果高管的权力足够大，高管与董事会谈判能力增强，高管将不可能由于业绩的原因而被解雇。刘星等（2012）研究发现，中国总体上公司业绩差会增加高管变更的可能性，但高管权力的增加却降低了这种负向关系。基于以上分析，我们认为，高管权力过大将严重影响公司治理，而公司治理信息是公司最基础、最稳定的信息，是降低公司经营风险的重要机制。现有研究表明，良好的公司治理还可以改善公司的信息质量，降低银行与公司间的信息不对称（王斌和梁欣欣，2008），是银行在签约之前考虑的重要因素，成为影响公司获得银行贷款规模与成本的重要因素（姚立杰等，2010）。

根据以上分析，高管权力将使公司的业绩波动性增加，且会严重影响公司的治理水平，银行将给予更少的银行贷款，故提出假设4-1。

假设4-1：高管权力越大，公司获得的银行贷款规模越小。

4.2.2 高管权力与银行贷款期限

债权人提供不同期限的债务所面临的风险差异较大。第一，债务期限越长，未来的不确定性越高，风险越大，债权人在提供贷款时会更加慎重（Myers，1977）。由于短期贷款期限较短，公司得到的短期贷款多用于流动性较强的资产，有利于债权人对债务人的控制。而期限较长的债务契约对外部履约机制的依赖性较强，债务被违约的观测成本较大，债务更容易被违约（Diamond，1991，1993）。当企业出现破产清算时，短期银行贷款更容易被银行收回（Rajan，2001）。因此，债权人提供短期贷款时所面临的信用风险较小。第二，短期债务在监督债权人方面较长期债务有更明显的作用。相对于长期债务，短期债务使得债权人能及时地获取债务人的经营信息（Diamond，1991），使短期债务的提供者以较低的成本对债务人进行监督。斯图兹（Stulz，2000）同样认为，短期债务更有助于解决债权人内部代理问题。正是因为短期债务较强的监督能力，短期债务可以缓解债权人与债务人之间的信息不对称，保证债权人可以及时收回本金，减少违约风险（肖作平，2011）。第三，短期债务在公司治理方面也有较强的优势。詹森（1986）提出自由现金流假说，该假说认为公司高管会倾向于构建自己的企业帝国，投资于有损于股东财富的项目。短期债务契约的归还期限较短，使高管随时面对着还款压力，可以有效地约束高管的过度投资行为。哈特和莫尔（1995）的研究也表明，短期债务需及时偿还的特性减少了公司的现金流，因此可以减少公司内部人建造企业帝国的可能性。黄乾富和沈红波（2009）的研究同样表明，短期债务契约可以有效地监督公司的过度投资行为，有利于公司价值的提升，更加有利于公司按时还款，减少了公司的违约风险，使债权人所面临的风险降低。基于以上分析，可以说短期债务在监督与公司治理方面存在较强的优势，可以减少债权人所面临的信用风险，因此，我们认为，当公司高管权力而造成公司风险增加及治理水平较差的情况下，银行更倾向于向公司提供风险较小、有较强治理作用的短期贷款。由此，我们提出假设 4 - 2。

假设 4 - 2：高管权力越大，公司获得的短期贷款越多。

4.2.3　企业产权、高管权力与银行贷款

由于我国经济发展正处在转型阶段，法律及制度的不健全使国有企业相对于民营企业享受着多种优势，如能够获取更多土地、补助等稀缺资源。除此之外，由于我国的金融系统仍然以四大国有银行为主导，同为政府控制的银行会为国有企业提供更多的贷款，国有企业能够享受到更多的信贷优惠政策，这便产生了普遍认同的"信贷歧视"现象（陆正飞等，2009；江伟、李斌，2007）。民营企业在获取银行贷款方面较国有企业存在劣势的原因主要有：第一，民营企业大多数为中小型企业，先天就比国有企业面临更多的风险。中央银行不支持政府或企业为债务人提供担保，因此提供抵押便成为民营企业贷款的唯一渠道，但民营企业的规模一般较小，并没有能力为贷款提供足够的抵押，几乎 2/3 的民营企业认为抵押是获得银行贷款的主要问题（俞小江，2003）。第二，我国银行多为国有银行，追求利润的动力先天不足，且我国银行改革的重点在于清理不良贷款，因此，银行更注重的是避免损失，对于民营企业的高风险贷款更加谨慎。另外，"贷款终身责任制"也加剧了对民营企业的"信贷歧视"。第三，国有企业一般由政府选派官员成为高管，因此，国企高管与政府有千丝万缕的关系，政府会对国有企业多方面的照顾，包括产品市场、要素市场方面的优待，这无形中降低了国有企业的经营风险（Loury，1998），而且当国有企业陷入财务困境时，政府会更多地原谅国有企业（孙铮等，2005）。因此，我们认为，同样是高管权力较大，但国有企业相对民营企

业可以得到更多的贷款，缓解了高管权力对银行贷款的负面影响。

但与此同时，也应该注意到，由于国有企业的"所有权缺位"和政府官员担任企业高管的问题更加严重，因此，国有企业的高管权力更大，产生的恶劣后果也更加严重（权小锋和吴世农，2010；赵息和许宁宁，2013；徐细雄和刘星，2013）。银行为高管权力过大的国有企业提供的银行贷款将更少。故提出竞争性假设4-3a和假设4-3b。

假设4-3a：企业的国有属性将减弱高管权力与银行贷款的负相关关系；

假设4-3b：企业的国有属性将加强高管权力与银行贷款的负相关关系。

4.2.4　经济周期的影响

在经济下行期，公司的经营受到经济形势的影响，经营环境恶化，银行在借贷关系中面临的违约风险大大增加（胡泽等，2013），因此银行在向企业提供贷款时会更加谨慎，这将增加高管权力对银行贷款的负向影响。事实上，虽然银行具有在经济下行期刺激经济的作用，但是银行的信贷行为同样有顺周期性，往往在经济形势较好时，银行会对公司的经营前景较为乐观，因此会较容易向公司提供贷款，但是在经济下行期时，由于银行预期到公司的经营业绩将下滑，银行收回贷款的风险将增加，银行出于风险的考虑会更收缩向企业提供贷款决策。同时在经济下行期时，银行在经济形势较好时为公司提供的银行贷款可能无法收回，给银行造成了较大的损失，银行的资本充足率大幅度下降。因而，在资本充足率无法达到监管要求时，即使人民银行想通过减少准备金率的影响而扩张向公司提供的银行贷款也不太可能实现。因此，在经济下行期时，公司在获取银行贷款方面存在较多困难，高管权力对银行贷款间的负向影响将加剧。

基于此，本章提出假设4-4。

假设4-4：经济周期将加强高管权力与银行贷款的负相关关系。

4.2.5　在香港上市的影响

随着我国经济的发展，我国的上市公司已经开始在香港等地上市。由于香港资本市场历史更久，发展更加完善，在香港上市可以提高我国内地上市公司的公司治理水平与公司价值。科菲（Coffee，1999，2002）提出的"绑定假设"认为，由于发达国家资本市场的监管与披露标准更为严格，发展较落后的国家或地区的公司在较发达的国家或地区交叉上市，公司的治理水平和公司价值均可以显著提高。香港的资本市场发展水平已接近国际资本市场。第一，香港的监管要求更为严格。在香港上市的公司的财务报告必须接受国际四大会计师事务所的审计（Gul et al.，2010），较之于国内的会计师事务所，国际四大会计师事务所的审计更独立、执业标准更高，王艳艳和陈汉文（2006）的研究表明，国际四大审计与财务报告信息质量显著正相关，而且国际四大审计能更有效地监督公司内部人。另外，香港地区的法律环境更好（La Porta et al.，1998；Allen et al.，2005），对高管权力的约束作用更强。由上可知，在香港交叉上市的公司其公司治理水平更高，能对高管的非伦理行为进行更有效的监督。因此，我们提出假设 4 - 5。

假设 4 - 5：在香港上市将减弱高管权力对银行贷款的负向影响。

4.3　研　究　设　计

4.3.1　样本选择

由于数据库中高管的信息资料从 1999 年开始，所以本章以我国沪深股市 1999 ~ 2012 年所有 A 股上市公司为初始研究样本。数据筛选和处理过程如下：（1）剔除金融行业公司；（2）剔除数据有缺失的样本；（3）对连续变量上下 1% 进行了 Winsorize 处理。最终获取与高管权力相关的观测记录 17010 条。所用数据除企业产权信息从 CCER 数据库中获得外，其他数据来源于 CSMAR 数据库。

4.3.2　变量定义

（1）高管权力。参考权小锋和吴世农（2010）等文献，本章将高管限定为掌握企业实际经营决策权的总经理、总裁或 CEO。综观已有的国内外文献，刻画高管权力主要有两种思路：一是将反映高管权力各个维度的指标值进行综合加总；二是对反映高管权力的几个分指标进行主成分分析，形成高管权力综合指数。一般来说，当反映高管权力维度的分指标较多时采用主成分分析，若分指标较少则采用几个分指标加总。限于数据的可获得性，借鉴芬克尔斯坦（1992）、王烨等（2012）、卢锐等（2008）和王茂林等（2014）等文献做法，我们主要采用以下四个广泛采用的分指标加总求和得到高管权力的度量指标（Power）。为了使结论更为稳健，将在后文采用四个指标的主成分分析得到的综合指标进行稳健性检验。

高管与董事长是否两职合一（Dual）：这一指标反映了高管的结构权力，反映了高管所具备的职位的权力，当高管同时担任董事长时，高管便掌握了企业的实际控制权，权力势必增加，这一指标已经成为目前对高管权力所度量的最重要的指标。因此，当高管与董事长合一时，该指标取1，否则取0。

高管任期（Ceotenure）：高管在公司任职时间越长，则其个人威信越高，职位越稳固，对董事会成员的影响力越大，控制力也越强。已有文献表明，高管在公司任职期限越长，高管越有可能在公司内部构建利益团体，使其被替换的可能性降低，强化其在公司的权力地位。因此，当高管任期超过行业中位数时，该指标取1，否则取0。

高管持股比例（Ceosharerate）：当高管所拥有的公司的股权较多时，高管同时担任了公司股东的身份，这将增加高管在董事会决策中的话语权，强化其在公司中的权力。因此，当高管持有公司股份数超过行业中位数时，该指标取1，否则取0。

高管是否是内部董事（Inside）。当高管本身也是董事会成员时，其影响力将增大，而且被监督的可能性也降低，这势必会导致高管的权力增加。因此，当高管同时是内部董事时，该指标取1，否则该指标取0。

（2）银行贷款。借鉴余明桂和潘红波（2008）等文献，银行贷款规模等于银行贷款总额（包括短期贷款和长期贷款）与总资产的比值，用短期贷款与银行贷款总额的比值刻画银行贷款期限。

（3）控制变量。借鉴以往关于银行贷款的研究（Rajan and Zingales，1995；Fan et al.，2007；余明桂和潘红波，2008），我们控制了企业规模（Size）、现金流（Cfo）、企业账面价值与市场价值的比值（Bm）、盈利能力（Roa）、固定资产比重（Liquid）等影响银行贷款的公司特征变量，此外还控制了第一大股东持股比例（Top1）、董事会规模（Lnboardnum）、独立董事比例（Independentrate）等公司治理变量。变量的具体定义如表 4 - 1 所示。

表 4 - 1　　　　　　　　　　　　变量定义

变量	变量定义
Dual	两职合一，高管与董事长为同一人时，该变量取值为1，否则为0
Ceotenure	高管任期，当高管任期高于行业中位数时，该变量取值为1，否则为0
Ceosharerate	高管持股比例高于行业中位数，该变量取值为1，否则为0
Inside	当高管同时兼任公司董事时，该变量取值为1，否则为0
Power	以上四个变量之和为高管权力综合指标
Bank	银行贷款，等于长期贷款与短期贷款的和与期末总资产的比值
Shortloan	短期贷款，等于短期贷款占总贷款的比值
SOE	企业为国有控股时取值为1，否则为0
Size	期末总资产自然对数
Cfo	企业经营现金流
Bm	企业账面价值与市场价值的比值
Roa	息税前利润除以期末总资产
Liquid	固定资产净值与总资产的比值
Top1	第一大股东持股比例
Lnboardnum	董事会规模的自然对数
Independentrate	独立董事比例
Ceoage	总经理年龄

4.3.3　研究模型

采用 OLS 回归模型（4 - 1）和模型（4 - 2）检验高管权力对银行贷款、贷款期限的影响：

$$Bank = \alpha_0 + \beta_1 Power + \beta_2 ControlVariables + \varepsilon \qquad (4-1)$$

$$\text{Shortloan} = \alpha_0 + \beta_1 \text{Power} + \beta_2 \text{ControlVariables} + \varepsilon \qquad (4-2)$$

检验企业产权性质对高管权力与银行贷款关系的影响时，我们引入 SOE 和 Power × SOE 的交叉变量：

$$\text{Bank} = \alpha_0 + \beta_1 \text{Power} + \beta_2 \text{Power} \times \text{SOE} + \beta_3 \text{SOE} + \beta_4 \text{ControlVariables} + \varepsilon$$

$$(4-3)$$

以上模型变量定义参见表 4 -1，其中 ControlVariables 为包括行业和年度虚拟变量等在内的控制变量，若在模型（4 -1）中发现 β_1 显著小于 0，则说明高管权力显著降低了银行贷款规模；若在模型（4 -2）中发现 β_1 显著大于 0，表明银行对高管权力大的企业倾向于给予短期贷款；若在模型（4 -3）中发现 β_1 显著小于 0，β_2 显著大于 0，则可以认为企业的国有属性降低了高管权力与银行贷款的负相关关系。

4.4 实证结果与分析

4.4.1 描述性统计、相关性分析及单变量分析

表 4 -2 提供了高管权力四个分指标的描述性统计情况和四个分指标与最后加总的综合指标的 Pearson 相关性系数。由表 4 -2 可知，大约 15% 的公司为两职合一，超过一半的公司的总经理任期达到 2 年，高管持股比例的均值达到 13.5%，中位数为 0.01%，大部分公司的总经理担任了内部董事职位。四个分指标与高管权力综合指标的相关系数分别为 0.583、0.254、0.398 和 0.426，且在 1% 水平以上显著，说明我们构建的高管权力综合指标较为合理。表 4 -3 列出了本章主要变量的描述性统计结果。Power 的均值为 1.667，中位数为 2，说明平均而言我国上市公司至少存在一个维度高管权力过大的现象；Bank 的均值为 0.24，中位数为 0.225，说明我国公司的银行贷款规模达到了总资产的 20% 以上的水平；Shortloan 的均值为 0.751，中位数为 0.884，75% 和 95% 分位甚至为 1，说明我国企业的银行贷款以短期贷款为主。其他控制变量取值分布情况如表 4 -3 所示。

表4-2　　　　高管权力四个分指标分布及与综合指标的关系

变量	N	Mean	5%	25%	Median	75%	95%	Std	Power
Dual	17010	0.152	0	0	0	0	1	0.359	0.583***
Ceotenure	17010	1.957	0	1	2	3	4	1.070	0.254***
Ceosharerate	17010	0.135	0	0	0.0001	0.002	0.685	0.626	0.398***
Inside	17010	0.860	0	1	1	1	1	0.347	0.426***

注：***、** 和 * 分别表示回归系数在1%、5%和10%的水平上显著。

表4-3　　　　　　　　描述性统计

变量	N	Mean	5%	25%	Median	75%	95%	Std
Power	17010	1.667	0	1	2	2	3	0.817
Bank	17010	0.240	0.019	0.120	0.225	0.335	0.512	0.156
Shortloan	17010	0.751	0.079	0.576	0.884	1	1	0.301
SOE	17010	0.649	0	0	1	1	1	0.477
Size	17010	21.444	19.768	20.666	21.312	22.088	23.593	1.173
Cfo	17010	0.050	−0.106	0.002	0.047	0.101	0.206	0.098
Bm	17010	0.742	0.298	0.558	0.762	0.935	1.122	0.257
Roa	17010	0.023	−0.115	0.010	0.031	0.056	0.113	0.080
Liquid	17010	0.287	0.027	0.147	0.259	0.410	0.626	0.182
Top1	17010	0.390	0.150	0.260	0.370	0.514	0.682	0.164
Lnboardnum	17010	2.214	1.172	2.197	2.197	2.398	2.565	0.222
Independentrate	17010	0.298	0	0.308	0.333	0.364	0.429	0.133
Ceoage	16498	46.391	36	42	46	51	58	6.739

　　表4-4为主要变量的相关性分析，银行贷款（Bank）与高管权力（Power）的相关系数为-0.102，显著水平达到了1%，初步说明高管权力对银行贷款有负向影响，即高管权力越大，银行给予的银行贷款规模越小；短期贷款（Shortloan）与高管权力（Power）的相关系数为0.044，显著水平达到了1%，初步说明高管权力与短期贷款是正向的关系，即当公司的高管权力较大时，银行会倾向于向公司提供短期贷款；银行贷款（Bank）与国有产权性质（SOE）的相关系数为0.053，这说明国有企业的产权性质可以帮助其获得更多的银行贷款。

表4-4

主要变量的相关性分析

变量		(1)	(2)	(3)	(4)	(5)	(6)	(7)	(8)	(9)	(10)	(11)	(12)
Bank	(1)	1.000											
Power	(2)	-0.102***	1.000										
Shortloan	(3)	-0.068***	0.044***	1.000***									
SOE	(4)	0.053***	-0.175***	-0.109***	1.000***								
Size	(5)	0.046***	-0.033***	-0.311***	0.249***	1.000							
Cfo	(6)	-0.173***	0.000	-0.105***	0.114***	0.136***	1.000						
Bm	(7)	0.117***	-0.006	-0.111***	0.057***	0.383***	-0.049***	1.000					
Roa	(8)	-0.393***	0.095***	-0.106***	-0.062***	0.117***	0.279***	-0.070***	1.000				
Liquid	(9)	0.215***	-0.081***	-0.173***	0.209***	0.061***	0.233***	0.086***	-0.083***	1.000			
Top1	(10)	-0.058***	-0.110***	-0.095***	0.264***	0.167***	0.097***	0.204***	0.126***	0.098***	1.000		
Lnboardnum	(11)	0.027***	-0.064***	-0.076***	0.186***	0.273***	0.063***	0.141***	0.028***	0.101***	-0.000	1.000	
Independentratre	(12)	-0.054***	0.045***	-0.046***	-0.207***	0.189***	0.013*	0.091***	0.020**	-0.062***	-0.142***	-0.115***	1.000

注：括号内为T值，***、**和*分别表示回归系数在1%、5%和10%水平上显著。

表4-5为单变量分析，我们比较了不同的高管权力（Power）的上市公司获得的银行贷款规模（Bank）的差异。从表4-5中可见，当上市公司的高管权力（Power）为0时，上市公司获得的银行贷款（Bank）的平均数为0.259，中位数为0.242；当上市公司的高管权力（Power）为1时，上市公司获得的银行贷款（Bank）的平均数为0.245，中位数为0.229；当上市公司的高管权力（Power）为2时，上市公司获得的银行贷款（Bank）的平均数为0.239，中位数为0.226；当上市公司的高管权力（Power）为3时，上市公司获得的银行贷款（Bank）的平均数为0.221，中位数为0.204；当上市公司的高管权力（Power）为4时，上市公司获得的银行贷款（Bank）的平均数为0.174，中位数为0.143；可见，上市公司的银行贷款（Bank）随着高管权力（Power）的增加而减少，而且高管权力（Power）为0和4时，上市公司可获得的银行贷款（Bank）的平均值的差为0.138，达到了1%的显著水平，中位数的差为0.100，同样达到了1%的显著水平，这说明高管权力（Power）影响了上市公司可获得的银行贷款的能力，这些结果都初步证明了假设4-1。

表4-5　　　　　　　　　　　　单变量分析

Power	Bank	
	Mean	Median
Power = 0　　（N = 930）	0.259	0.242
Power = 1　　（N = 6400）	0.245	0.229
Power = 2　　（N = 7353）	0.239	0.226
Power = 3　　（N = 2063）	0.221	0.204
Power = 4　　（N = 264）	0.174	0.143
Difference = (0) - (4)	0.138 ***	0.100 ***

注：***、**和*分别表示回归系数在1%、5%和10%的水平上显著。

图4-1描绘了高管权力（Power）与银行贷款（Bank）的关系。从图4-1中可发现，银行贷款（Bank）随着高管权力（Power）的增加而逐渐降低，且当高管权力（Power）从3变为4时，上市公司可获得的银

行贷款（Bank）减少的速度最大，这说明当高管权力（Power）较大时，银行贷款（Bank）减少得最多，高管权力（Power）越大，对上市公司获取银行贷款（Bank）能力的负向影响越大。

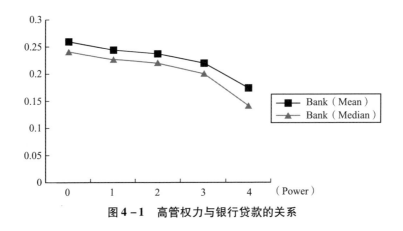

图 4 - 1　高管权力与银行贷款的关系

4.4.2　高管权力与银行贷款

表 4 - 6 报告了高管权力与银行贷款的 OLS 回归结果。回归（1）、回归（2）和回归（3）检验了高管权力（Power）对银行贷款（Bank）的影响，其中回归（1）没有加入控制变量，从回归（1）可以发现，高管权力（Power）与银行贷款（Bank）的系数为 - 0.008，显著水平达到 1%，从经济意义上来分析，上市公司的高管权力（Power）增加 1 个单位，上市公司可获得的银行贷款（Bank）减少 0.008 个单位。回归（2）加入了影响银行贷款的公司特征控制变量，其中高管权力（Power）与银行贷款（Bank）的回归系数为 - 0.003，显著水平达到 1%，从经济意义上来分析，上市公司可获得的银行贷款（Bank）减少 0.003 个单位。为了进一步控制公司治理的影响，在回归（3）加入了第一大股东持股比例（Top1）、董事会规模（Lnboardnum）和独立董事比例（Independentrate）三个控制变量，可以发现，高管权力（Power）与银行贷款（Bank）的系数为 - 0.005，显著水平达到了 1%，从经济意义上来分析，上市公司可获得的银行贷款（Bank）减少 0.005 个单位。以上结果说明高管权力（Power）越大，获得的银行贷款（Bank）越少。假设 4 - 1 得到支持。

表4-6　　　　　　　　　高管权力与银行贷款的OLS回归结果

变量	回归（1）	回归（2）	回归（3）
	Bank	Bank	Bank
Power	-0.008 *** (-5.08)	-0.003 ** (-2.38)	-0.005 *** (-3.35)
Size		0.020 *** (16.44)	0.022 *** (17.85)
Cfo		-0.217 *** (-18.27)	-0.214 *** (-18.11)
Bm		-0.054 *** (-8.94)	-0.047 *** (-7.83)
Roa		-0.691 *** (-48.02)	-0.677 *** (-47.00)
Liquid		0.111 *** (15.47)	0.112 *** (15.64)
Top1			-0.070 *** (-9.98)
Lnboardnum			-0.018 *** (-3.45)
Independentrate			0.021 (1.13)
Constant	0.267 *** (27.44)	-0.116 *** (-4.80)	-0.098 *** (-3.95)
行业和年度	Yes	Yes	Yes
Adj - R^2	0.071	0.236	0.241
N	17010	17010	17010

注：括号内为T值，*** 、** 和 * 分别表示回归系数在1%、5%和10%的水平上显著。

　　在控制变量上，上市公司规模（Size）越大，其可获得的银行贷款（Bank）越多，说明银行在贷款决策时会考虑上市公司的规模，规模大的公司有较高的信誉，信息透明度也较高，在获取银行贷款（Bank）方面有优势；经营性现金流（Cfo）越大，银行贷款（Bank）越少，这说明当上市公司的经营现金流（Cfo）较好时，可以用内部资金融资，不再需要银行贷款（Bank）；账面价值与市场价值的比（BM）与银行贷款（Bank）为负向关系，这说明当公司的发展机会较多时，上市公司会更多地依赖银行贷款进行融资；资产收益率（Roa）与银行贷款（Bank）的关系也为负，这说明上市公司的盈利能力较强时，企业更有可能通过内部资源来进行融资（Myers，1984）；固定资产比重（Liquid）与银行贷款（Bank）的关系为正，这是因为上市公司的固定资产较多时，向银行提供的抵押资产也多，银行更有可能向上市公司提供银行贷款；第一大股东持股比例（Top1）、董事会规模（Lnboardnum）与银行贷款（Bank）的关系为负，这可能与大股东侵占公司资源和董事会规模较大影响上市公司的董事会效率有关；最后，独立董事比例（Independentrate）与银行贷款（Bank）的关系为正，但不显著，说明银行在提供贷款时并没有考察公司独立董事的多少。

4.4.3 高管权力与银行贷款期限

表 4 – 7 为高管权力（Power）与短期银行贷款与总贷款的比重（Shortloan）的 OLS 回归结果。回归（1）、回归（2）和回归（3）检验了高管权力与短期银行贷款比重的关系，其中回归（1）没有加入控制变量，高管权力与短期银行贷款比重的关系为 0.004，接近显著；回归（2）加入了影响银行贷款规模的常用控制变量，高管权力与银行贷款比重的回归系数为 0.006，统计上达到了 5% 的显著水平（t = 2.20），从经济意义上来分析，高管权力增加 1 个单位，短期银行贷款比重增加 0.006 个单位；回归（3）中又加入了公司治理变量，高管权力与短期银行贷款比重的回归系数为 0.006，统计上达到了 5% 的显著水平（t = 2.10）。以上结论说明高管权力较大时，银行在贷款决策时会倾向于短期贷款，支持假设 4 – 2。

表 4 – 7　　　高管权力与短期银行贷款与总贷款的比重的回归结果

变量	回归（1）	回归（2）	回归（3）
	Shortloan	Shortloan	Shortloan
Power	0.004 (1.58)	0.006 ** (2.20)	0.006 ** (2.10)
Size		− 0.068 *** （− 29.21）	− 0.068 *** （− 28.44）
Cfo		− 0.101 *** （− 4.39）	− 0.101 *** （− 4.41）

续表

变量	回归（1）Shortloan	回归（2）Shortloan	回归（3）Shortloan
Bm		0.001 (0.07)	−0.000 (−0.00)
Roa		−0.150 *** (−5.38)	−0.152 *** (−5.43)
Liquid		−0.213 *** (−15.32)	−0.214 *** (−15.36)
Top1			0.008 (0.62)
Lnboardnum			0.008 (0.80)
Independentrate			−0.013 (−0.37)
Constant	0.850 *** (47.43)	2.296 *** (49.08)	2.287 *** (47.49)
行业和年度	Yes	Yes	Yes
Adj – R²	0.160	0.237	0.237
N	17010	17010	17010

注：括号内为 T 值，*** 、** 和 * 分别表示回归系数在 1%、5% 和 10% 的水平上显著。

　　在控制变量方面，上市公司的规模越大，银行贷款中短期贷款的比重越小，这是因为当公司的规模越大时，上市公司的信誉更高，信息不对称程度较低，上市公司可以采用长期贷款进行融资；经营现金流（Cfo）与短期银行贷款比重（Shortloan）的关系为负，这可能是因为公司的经营现金流较好，银行更倾向于向上市公司提供长期银行贷款；资产收益率（Roa）与短期银行贷款比重的关系为负，这同样可能是因为公司的盈利能力较强，银行会向公司提供较多的长期贷款；同样，当上市公司的清算价值（Liquid）较高时，银行也更可能会向公司提供长期贷款；三个公司治理变量与短期贷款与总贷款的关系并不显著，说明银行在作贷款期限决策时并未看重公司的治理水平。

4.4.4　企业产权、高管权力与银行贷款

为了检验公司的所有权性质（SOE）对高管权力与银行贷款关系的影响，我们在模型中加入了 SOE 和 Power×SOE 交叉项，模型的 OLS 回归结果如表 4-8 所示。表 4-8 中的回归（1）、回归（2）和回归（3）检验了上市公司的企业产权性质对高管权力与银行贷款关系的影响，其中回归（1）中没有加入控制变量，高管权力与银行贷款的回归系数为 -0.015，在统计上达到了 1% 的显著水平，Power×SOE 这一交叉项的系数为 0.012，统计上达到了 1% 的显著水平；回归（2）中加入了公司特征控制变量，高管权力与银行贷款的回归系数为 -0.007，在统计上达到了 1% 的显著水平，Power×SOE 这一交叉项的系数为 0.005，统计上达到了 5% 的显著水平；回归（3）中加入了公司治理控制变量，高管权力与银行贷款的回归系数为 -0.008，在统计上达到了 1% 的显著水平，Power×SOE 这一交叉项的系数为 0.004，统计上达到了 10% 的显著水平。以上结论均说明上市公司的国有产权性质减弱了高管权力与银行贷款间的负向关系，假设 4-3a 得到验证。

表 4-8　　　企业产权、高管权力与银行贷款的 OLS 回归结果

变量	回归（1）Bank	回归（2）Bank	回归（3）Bank
Power	-0.015*** (-6.58)	-0.007*** (-3.56)	-0.008*** (-3.80)
Power×SOE	0.012*** (3.98)	0.005** (2.03)	0.004* (1.70)
SOE	-0.033*** (-5.90)	-0.033*** (-6.45)	-0.027*** (-5.32)
Size		0.022*** (18.24)	0.024*** (19.00)
Cfo		-0.217*** (-18.37)	-0.215*** (-18.21)
Bm		-0.055*** (-9.10)	-0.049*** (-8.11)

续表

变量	回归（1）	回归（2）	回归（3）
	Bank	Bank	Bank
Roa		- 0. 695 *** （ - 48. 34）	- 0. 683 *** （ - 47. 34）
Liquid		0. 116 *** （16. 08）	0. 116 *** （16. 11）
Top1			- 0. 060 *** （ - 8. 41）
Lnboardnum			- 0. 017 *** （ - 2. 67）
Independentrate			0. 016 （0. 88）
Constant	0. 289 *** （28. 00）	- 0. 146 *** （ - 5. 96）	- 0. 127 *** （ - 5. 03）
行业和年度	Yes	Yes	Yes
Adj - R^2	0. 073	0. 241	0. 244
N	17010	17010	17010

注：括号内为 T 值，***、** 和 * 分别表示回归系数在 1%、5% 和 10% 的水平上显著。

4.4.5　经济周期和在香港上市的影响

为了检验经济周期对高管权力与银行贷款间关系的影响，我们将总样本分为经济上行期与经济下行期两组，区分的标准借鉴吴娜（2013）对经济上行及下行周期的方法，按照"谷—谷"法划分，我们将 1999 ~ 2007 年划分为经济周期上行期，将 2008 ~ 2012 年划分为经济周期下行期。我们对两组样本分别进行了高管权力与银行贷款的 OLS 回归分析，回归结果如表 4 - 9 第（1）列和第（2）列所示。从回归分析结果来看，在经济周期上行期，高管权力对银行贷款的关系并不显著，但在经济周期下行期，高管权力与银行贷款的系数为 - 0. 008，统计上达到了 1% 的显著水平，这个回归结果说明高管权力在经济周期下行期时对银行贷款的负向影响更加显著。

为了检验在香港上市对高管权力与银行贷款关系的影响，我们根据上市公司是否同时在香港上将总样本分为两组子样本，并分别检验了高管权力对银行贷款的影响。回归结果如表4-9中第（3）列和第（4）列所示，从回归结果来看，在香港上市的上市公司高管权力与银行贷款间系数不显著为正，而只在内地上市的公司样本中，高管权力对银行贷款的系数为-0.009，显著水平达到了1%，这说明在香港上市将减弱高管权力对银行贷款的负向影响。

表4-9　　　　　　　　　　　　拓展性检验

变量	（1）	（2）	（3）	（4）
	经济周期下行期	经济周期上行期	在香港上市	非香港上市
	Bank	Bank	Bank	Bank
Power	-0.008 *** (-4.15)	-0.003 (-1.00)	0.010 (1.37)	-0.009 *** (-6.61)
Size	0.020 *** (12.34)	0.016 *** (4.83)	-0.007 (-1.52)	0.016 *** (13.71)
Cfo	-0.230 *** (-13.39)	-0.183 *** (-9.81)	-0.110 * (-1.78)	-0.192 *** (-16.00)
Bm	-0.023 *** (-3.33)	-0.035 *** (-3.33)	0.004 (0.15)	-0.010 ** (-2.16)
Roa	-0.610 *** (-24.00)	-0.683 *** (-23.08)	-0.645 *** (-8.23)	-0.693 *** (-47.13)
Liquid	0.161 *** (14.27)	0.090 *** (4.80)	0.045 (1.46)	0.133 *** (18.03)
Top1	-0.034 *** (-3.02)	-0.088 *** (-4.84)	0.053 (1.32)	-0.060 *** (-8.38)
Lnboardnum	-0.010 (-1.04)	-0.019 * (-1.90)	-0.074 *** (-3.07)	-0.006 (-1.27)
Independentrate	-0.049 (-1.43)	0.031 ** (2.30)	-0.123 ** (-2.47)	-0.030 *** (-3.46)
Constant	-0.133 *** (-3.49)	0.032 (0.46)	0.558 *** (4.83)	-0.036 (-1.45)
行业和年度	Yes	Yes	Yes	Yes
Adj-R^2	0.252	0.235	0.435	0.227
N	7124	9886	548	16462

注：括号内为T值，*** 、 ** 和 * 分别表示回归系数在1%、5%和10%的水平上显著。

4.5　稳健性检验

我们主要进行了两项稳健性检验。

（1）考虑内生性问题。为了解决模型（4-1）中可能存在的内生性问题，采用了两阶段回归法（2SLS）进行了回归。在第一阶段，借鉴吉拉蓬等（Jiraporn et al.，2012）的做法，选取了公司高管权力的行业中位数（Median Power）与总经理的年龄（Ceoage）两个工具变量。一个公司的高管是否追求权力和权力大小会受同行业其他公司高管的影响，但银行贷款基本对一个行业的高管权力水平无法产生影响，即使公司的某些因素既会影响高管权力也会影响银行贷款，但无法对行业层面的高管权力产生影响，因此，高管权力的行业中位数是外生的。而总经理年龄越大，威望越高，权力可能越大，但对银行贷款可能无法产生影响，因此，总经理年龄也可能是良好的工具变量。当然，这两个工具变量是否合适还需要相关的检验。在第二阶段，将第一阶段估计的高管权力（Power_hat）与银行贷款进行回归。表 4-10 的第（1）列和第（2）列报告了 2SLS 回归结果。从第一阶段回归结果来看，两个工具变量均与高管权力显著相关，结合 F-statistic 和 Hansen J-statistic 的值分析，我们所选工具变量符合要求。而且估计高管权力（Power_hat）与银行贷款的系数为 -0.021，在 5% 水平上显著，说明考虑内生性问题后，高管权力与银行贷款间的负向关系依然存在。为了进一步减轻内生性问题，我们将当期的高管权力及控制变量与下期的银行贷款进行了 OLS 回归，回归结果如表 4-10 第（3）列所示，可以发现，高管权力与下期银行贷款的系数为 -0.005，显著水平达到了 1%，这一结果同样说明，高管权力会对银行贷款产生负向影响，结果稳健。

（2）改变高管权力的度量方法。用主成分分析的方法将四个指标（Dual、Ceotenure、Ceosharerate 和 Inside）构建新的代表高管权力的指标（Compower），并将 Compower 与银行贷款进行了 OLS 回归，结果如表 4-10 第（4）列所示，Compower 与银行贷款间的系数为 -0.008，显著水平达到了 5%，说明本章的结论较为稳健。此外，高管持股比例（Ceosharerate）和高管任期（Ceotenure）除了可以表征高管的权力外，高管持股比例还可能表示高管激励强度，高管任期还可能表示高管可靠、能力更强。为此，本章剔除了这两个分指标，采用两职合一（Dual）、高管兼任公司董事（In-side）两个分指标加总构成新的权力指数以及这两个分指标单独作为高管权力的替代变量，进行多元回归，发现高管权力依然与银行贷款显著负相关，表明"高管权力增大，银行贷款减少"的结论很稳健，限于篇幅，该实证结果未作列示。

表4－10 稳健性检验

变量	（1）	（2）	（3）	（4）
	第一阶段	第二阶段		
	Power	Bank	Nextbank	Bank
MedianPower	0. 213 *** (2. 79)			
Ceoage	0. 016 *** (17. 75)			
Power_hat		－ 0. 021 ** （－2. 10）		
Power			－ 0. 005 *** （－3. 65）	
Compower				－ 0. 008 ** （－2. 88）
Size	0. 016 ** (2. 28)	0. 022 *** (16. 06)	0. 026 *** (19. 24)	0. 022 *** (17. 76)
Cfo	－ 0. 046 （－0. 68）	－ 0. 223 *** （－17. 72）	－ 0. 220 *** （－17. 54）	－ 0. 215 *** （－18. 14）
Bm	－ 0. 031 （－0. 88）	－ 0. 047 *** （－7. 07）	0. 002 （0. 25）	－ 0. 047 *** （－7. 82）
Roa	0. 659 *** (7. 57)	－ 0. 656 *** （－28. 05）	－ 0. 561 *** （－35. 76）	－ 0. 679 *** （－47. 17）
Liquid	－ 0. 104 *** （－2. 60）	0. 115 *** (13. 61)	0. 089 *** (11. 38)	0. 112 *** (15. 62)
Top1	－ 0. 524 *** （－13. 33）	－ 0. 076 *** （－8. 61）	－ 0. 096 *** （－12. 45）	－ 0. 070 *** （－9. 93）
Lnboardnum	－ 0. 076 *** （－2. 63）	－ 0. 017 *** （－3. 19）	－ 0. 009 （－1. 62）	－ 0. 018 *** （－3. 54）

续表

变量	（1）	（2）	（3）	（4）
	第一阶段	第二阶段		
	Power	Bank	Nextbank	Bank
Independentrate	−0.297*** （−2.71）	0.019 （0.99）	0.010 （0.51）	0.022 （1.19）
Constant	0.767*** （4.40）	−0.087*** （−2.80）	−0.205*** （−7.43）	−0.100*** （−4.02）
行业和年度	Yes	Yes	Yes	Yes
Adj−R^2	0.149	0.234	0.217	0.241
N	16498	16498	16486	17010
Predictive power of excluded instruments				
Partial−R^2	0.020			
Robust F-statistic（instruments）	165			
F-statistic p-value	0.000			
Test of overidentifying restrictions				
Hansen J-statistic		2.9e−17		
p−Value		1.000		

注：括号内为 T 值，*** 、** 和 * 分别表示回归系数在 1%、5% 和 10% 的水平上显著。由于总经理年龄（Ceoage）数据缺失程度较其他变量缺失程度多，故 2SLS 中回归的样本量小于 17010。

4.6　本章小结

管理者特征是否影响以及如何影响公司财务后果是近年来研究的重点话题。基于中国的权力文化背景，本章选择高管的权力特征视角来研究银行贷款决策，主要研究了高管权力对银行贷款规模、银行贷款期限结构的影响以及企业产权性质是否影响高管权力与银行贷款的关系三个重点问题，并进一步考察了经济周期和香港上市对高管权力与银行贷款关系的影响。以 1999~2012 年中国 A 股上市公司非金融行业为研究样本，通过实证检验，本章得到如下研究结论：（1）高管权力越大，获得的银行贷款规模越小；（2）高管权力越大，相比长期贷款，获得的短期贷款越多；（3）企业若为国有企业，高管权力与银行贷款的负相关关系减弱；（4）当经济处于下行期时，高管权力与银行贷款的负相关关系更为显著；（5）若企业同时在香港上市，高管权力与银行贷款的负相关关系消失。

本章的研究结论表明，高管权力是银行贷款决策的重要考虑因素，不可忽视高管权力导致的公司风险加大和公司治理变差引致的银行贷款降低。本章的研究结论一方面丰富了高管权力和银行贷款方面的理论研究，另一方面对企业获取融资和银行信贷决策具有重要启示。对于企业而言，应当重视高管权力膨胀带来的恶劣后果，加强公司治理机制建设，监督和制衡高管权力的增大，从而获得更大的融资规模和长期贷款额度。民营企业受到的信贷歧视更为严重，更应该考虑高管权力大导致的银行贷款降低的问题。当经济处于下行期时，银行信贷紧缩，更有必要审视企业高管权力是否过大，约束高管权力的寻租行为，才有可能获得银行的垂青，降低融资约束，渡过难关；对于银行而言，在制定信贷合约时，除了考量公司的经营和财务状况外，应当将高管的权力特征纳入借贷考核指标体系中，重点考察企业的高管权力大小，完善银行贷款的评价指标，以降低信用风险，减少不良贷款。当然，本章的研究结论对监管机构也有一定的政策含义，信贷市场的良性发展和解决企业融资困难问题困扰监管层已久，制定政策强化银行对高管权力的考察以及完善市场监管体系制约高管权力，对于银行和实体企业的良性互动、微观企业和金融市场的健康发展具有重要帮助。

第 5 章

高管权力与商业信用

5.1 引　　言

　　权力大的高管可以俘获董事会，制定对自己有利的薪酬契约，也会利用权力获取尽可能多的在职消费，当然，权力也能给高管带来"荣耀"和"威望"等心理满足感。对于高管，权力的获得能够攫取更多的私人收益。但对整个公司和国民经济，高管权力的增大却带来许多不利影响。权力增大破坏了公司治理的有效性，其一，由于权力过大，高管可以自定薪酬，作为激励高管努力工作的薪酬契约失效，无法降低管理者的代理问题，从而不利于股东价值最大化目标的实现；其二，高管权力的增大容易形成"一言堂"现象，使公司董事会的决策完全体现总经理或董事长的意志，无法吸纳其他对公司有利的意见，导致公司决策机制的低效；其三，高管权力越大，公司监督机制无法对其产生约束，导致其恣意妄为，即使公司业绩变得很糟糕，也无法对其解聘。因此，高管权力的增大降低了公司业绩。而徐细雄和刘星（2013）则发现 CEO 权力强度越大，高管腐败越严重。腐败无疑对国民经济的增长具有破坏作用。由于高管权力会带来恶劣的后果，故研究高管权力的经济后果具有重要的理论意义和现实意义。商业信用是企业的一种重要的融资方式，甚至可以替代银行贷款，获取商业信用可以缓解融资约束、促进企业成长和提高企业效率。因此，哪些因素会影响商业信用的获取已得到各界的广泛关注。综观已有研究成果，并未有文献研究高管权力与商业信用的关系。那么高管权力导致的恶劣后果是否得到供应商的关注？供应商是否因为高管权力会带来不良后果而提供更少的商业信用？对此问题的回答，不仅有利于我们认识高管权力在非正规融资方面的后果，也对企业更好地获取商业信用、缓解融资约束，进而提高资源配置效率具有重要帮助。

本章采用委托代理理论、高管权力理论和社会心理学等相关理论深入考察高管权力对商业信用的影响。我们认为可以从两方面分析高管权力与商业信用的关系，一方面，高管权力增大会带来风险的增加、业绩波动性的增大、公司治理的失效和信息质量的降低，供应商若给予高管权力大的公司商业信用，将有收不回货物款项的风险，因此会降低商业信用的供给；另一方面，供应商可以及时高效地获取客户信息，还可以通过停止供货等手段迫使客户遵守合约，对客户具有较强的控制力。高管为了进一步享有权力带来的好处，进一步扩大权力，倾向于不选择商业信用这种监督作用强的融资方式。因此，高管权力越大，商业信用越少。那么，这一理论预期是否能得到实证证据支持呢？

本章选择1999～2012年中国A股非金融行业上市公司作为研究样本，对上述理论预期进行了实证检验，并结合中国制度背景，考察了企业产权性质对高管权力与商业信用的关系，进一步分析和检验了经济周期、市场地位和企业成长性对高管权力与商业信用关系的影响。实证结果表明：（1）高管权力的增大会导致商业信用的减少；（2）企业的国有产权属性会减弱高管权力与商业信用的负向关系；（3）高管权力与商业信用的负向关系在经济下行期更为显著；（4）企业的市场地位会减弱高管权力与商业信用的负向关系；（5）公司成长性越好，高管权力与商业信用的负向关系越弱。以上研究发现说明高管权力会对企业的商业信用融资产生重要影响，这一影响会因企业的产权性质、宏观经济周期、企业所处市场地位和成长性的不同而有差异。

余章安排如下：5.2节是理论分析和假设提出；5.3节是研究设计；5.4节是实证结果与分析；5.5节是稳健性检验最后一节是结论与启示，给出了本章结论，并提出了现实启示。

5.2 理论分析与研究假设

5.2.1 高管权力与商业信用

权力从一般意义上被定义为个体支配与控制的能力。玛茨（1966）就将权力定义为压制不一致意见的能力。当我们将权力引入到财务学的研究中时，权力的定义仍然和支配与控制相关。无论在国外还是在国内，高管权力普遍被定义为是高管执行自身意愿的能力。可见，权力大的高管掌握着企业资源的支配权与控制权。

社会心理学理论认为，个体在进行决策时存在两种行为模式：趋近行为模式和抑制趋近模式。当个人掌握的权力较大，拥有更多的资源和较少的约束时，个体的心理决策过程会发生转变，更容易选择趋近行为模式。这时，个体更关注决策可能产生的积极作用，而会忽视消极作用，也可以说个体在进行决策时更关注决策可能带来的收益，却会忽视决策带来的风险。安德森和加林斯基（2006）使用案例研究表明，当个体的权力较大时，承担风险的动机更强，这种承担风险的动机将使其对公司决策产生认识性误差，使公司承担过度的风险。可见，当高管的权力过大，支配与控制的资源较多时，高管本身对公司决策的判断存在误差的可能性更大，这将使公司的风险增加。同时，当高管权力过大时，由于高管具有较大的支配权与控制权，这将压制公司其他管理人员对决策的影响能力，而将高管个人的意志与对公司决策的判断性误差带入公司的决策判断中，使董事会的决策成为高管的个人决策，董事会对高管的过度承担风险的行为无法进行约束。事实上，相比个人决策，集体决策由于在进行决策时会体现出意见的多元化，因此，集体所作出的决策吸收了更多的意见，这就大大减少了决策的风险性，使公司的业绩较平滑。权小锋和吴世农（2010）以业绩波动性为切入点进行了实证研究，结果发现，高管权力将个人的判断性误差带入企业的决策中，使公司的业绩波动性加大。经过上述分析，我们认为，一方面，高管权力过大时，较多的资源支配权与对公司的控制权力将使高管承担过多的风险；另一方面，高管权力较大时，公司董事会无法约束高管的冒险行为，董事会的决策将受高管个人认识偏差的严重影响，使公司决策风险较大。作为债权人的供应商，在考虑是否向企业提供商业信用时，更多的是考虑是否可以将赊销货款按时收回，而公司业绩的波动将使供应商无法准确估计公司是否可以及时收回赊销货款，因此，我们认为，当高管权力较大时，供应商将较少地提供商业信用。

除了会增加公司的经营风险外，高管权力过大还会影响公司的会计信息质量。现有研究表明，在高管权力较大时，为了获取私有收益及自由决策权，高管有动机和能力进行盈余管理并弱化各种监督机制，从而降低了公司的信息透明度。一方面，为了获取高额的薪酬（包括货币薪酬和股权激励等）和在职消费，较强的支配权与控制权将使高管有动机和能力进行盈余管理。高管权力论认为，尽管高管有较大的权力可以为自己争取有利的薪酬，但是由于外部愤怒（outrage）成本的存在，为了避免与公司其他利益相关者的冲突，高管更倾向于采取伪装策略（camouflage）来弱化薪酬过高的事实。这种盈余管理无疑会降低公司的会计信息质量。另一方面，高管权力论认为，外部缺乏相应的制度约束和内部较弱的公司治理机制是高管利用权力为自身寻租的重要条件。因此，获取私有收益与更高的自由裁量权使高管有降低监督（包括内部控制水平及外部审计师的选择等）的动机。程等（2011）的研究表明，当高管的权力较大时，为了获取更多的私有收益与自由裁量权，高管降低了审计师的选择标准，严重影响了公司财务报告的信息质量。另外，内部控制是对公司高管权力制约及会计信息影响的关键的且不可被直接观察的过程，这就为高管影响内部控制提供了动机与可能性。赵息和许宁宁（2013）的研究表明，高管在进行获取私有收益等机会主义行为时，会利用其对公司的控制与支配权来影响内部控制缺陷的披露，进而影响内部控制。外部监督机制与内部控制是决策会计信息质量的重要因素，这将严重影响公司的会计信息质量。而供应商在与企业进行谈判并提供商业信用时，会考虑企业是否值得信任这一重要因素，可以说信任在企业与供应商的长期购销关系中发挥重要的作用，而当企业的会计信息质量存在问题时，供应商与企业间的信息不对称性增加，影响了双方的信任程度。陆正飞和杨德明（2011）认为，供应商同银行一样，都会对企业进行监督，对"信贷政策"进行调整。当公司的会计信息质量较差时，这种信任程度将会降低，进而影响供应商所提供的商业信用。

此外，从高管对融资方式的选择角度分析，权力大的高管也倾向于规避商业信用融资。商业信用融资是债务融资的一种。债务融资需要到期偿还款，这就使高管有还款的压力而减少对资金的侵占，权力大的高管倾向于选择低的负债率来保护其非多元化的人力资本。李和约奥（Lee and Yeo，2007）的研究表明，高管权力大小与资产负债率呈负相关关系。大量的研究表明，商业信用较银行贷款更具有监督作用，原因有三点：一是供应商和购买者之间存在紧密的合约关系，供应商更有优势获取信息；二是获得商业信用的基本上是下游企业，作为提供商业信用的上游企业能够对客户产生较强的控制力；三是银行与供应商行为最为根本的差异在于企业挪用存货比拖欠银行贷款更加困难。因此，公司的高管权力越大，为了避免供应商的约束，继续利用权力寻租或扩大势力范围，更有动机规避商业信用融资。

基于以上分析，我们提出本章的第一个假设。

假设 5 - 1：公司的高管权力越大，公司可以获得供应商的商业信用越少。

5.2.2 企业产权对高管权力与商业信用关系的影响

由于我国特殊的制度背景，国有企业与民营企业无论从发展历程还是经营管理都存在诸多差异，因此，国有企业与民营企业在融资问题中也存在显著差异。首先，国有企业在新中国成立之初就已经成立，得到国家多方面的支持，无论在资源、资金、政策和补助等方面都有先天的优势。民营企业的成立应该追溯在改革开放初期，尽管政府鼓励民营企业，但在政策支持方面远不如国有企业。尽管民营企业近些年发展迅速，已经成为我国上市公司整体不可或缺的一部分，但相对国有企业，民营企业得到政府政策支持的可能性较小，其经营风险仍然较高，债权人与借款企业的信息不对称加重了民营企业在融资方面的困难。其次，国有企业的高管一般由政府委派，因此，相对于民营企业，国有企业存在更多的政治关联，这将使国有企业得到更多的政策支持与帮助，包括产品市场、要素市场方面的优待，这无形中降低了国有企业的经营风险，也增加了国有企业获取债权人提供借款的可能性。最后，由于民营企业起步较晚，目前民营企业仍然以中小企业为主，抵押物较少，获取银行贷款等方面存在诸多劣势，使民营企业的现金流比较脆弱，进一步加重了民营企业的融资困难。综上所述，由于民营企业在政策支持和规模等方面存在的劣势，使其经营风险较高，按时还款风险较大。而作为债权人的供应商与企业间存在信息不对称，这将使供应商对民营企业的信任降低，进而降低了供应商向民营企业提供商业信用的可能性。

但是，较之民营企业，由于国有企业的"所有权缺位"和高管的政府官员身份，国有企业的高管权力将更大，国有企业高管权力产生的恶劣后果更为严重（权小锋和吴世农，2010；赵息和许宁宁，2013；徐细雄和刘星，2013）。如果从这个角度分析，国有产权属性将增强高管权力对商业信用的负向影响。因此，我们提出如下竞争性假设。

假设 5 - 2a：企业的国有产权属性将减弱高管权力对商业信用的负向影响；

假设 5 - 2b：企业的国有产权属性将增强高管权力对商业信用的负向影响。

5.2.3　高管权力影响商业信用的情境分析

企业的商业信用融资除了受到高管异质性的影响外，企业的特征和内外部环境也不可忽视，特别是出于转型期的中国，各项制度均不完善，任何对经济的冲击都会因市场缺陷的存在而被放大（罗琦和张克中，2007）。为此，我们进一步选择经济周期、企业所处市场地位以及企业的成长性三个宏观、中观和微观角度分别分析其对高管权力与商业信用关系的影响。

（1）经济周期的影响。经济周期一直是企业不可避免的外部冲击来源，也是企业无法控制的外生因素。随着我国加入世贸组织的深入，我国企业受全球经济形势影响的可能性和受影响程度都有上升趋势。因此，经济周期成为影响企业经营的重要外部因素。一方面，在经济下行期，由于外部经营环境的恶化，银行面临的企业的违约风险增加，出于对风险的考虑，银行会收缩向企业提供的贷款。虽然银行具有在经济下行期刺激经济的作用，但银行贷款仍然有同经济周期一样的顺周期性，在经济形势较好时，银行看好公司的经营前景，会提供给更多的银行贷款，但在经济下行期，由于银行预期到公司的经营业绩将下滑，银行收回贷款的风险将增加，因此会减少对企业的贷款。同样的，供应商也会减少商业信用的提供。另一方面，在经济下行期时，企业经营环境恶化，使公司更容易陷入困境。裴（Bae，2002）以亚洲金融危机为背景，证明了经济状况通过银企关系等加大了公司财务困境的可能性。因此，无论是由于供应商本身可获取的银行贷款减少，还是为了控制面对的信用风险，供应商在提供商业信用时也会更加谨慎。因此，在经济下行期，高管权力所产生的恶劣的经济后果会得到供应商更多的关注，因此，我们提出本章的第三个假设。

假设5-3：经济下行期将加重高管权力对商业信用的负面影响。

（2）市场地位的影响。商业信用使企业购买商品时可以延期支付货款，从而企业可以占用供应商的资金创造价值，越来越多的学术研究认为，商业信用已经成为银行贷款的一种有效的替代融资方式。尽管商业信用可以解决企业的融资约束问题，但并不是所有的企业都可以从供应商得到预期的商业信用来解决融资约束。由于商业信用的来源是供应商，那么企业与供应商的议价能力在商业信用获取方面就尤为重要。可以说，当企业相对于供应商具有较高的市场地位时，企业将采用延期付款和预收货款等方式促使供应商提供更多的商业信用。菲斯曼和拉图里（2004）认为，供应商在其所在行业获取市场地位十分重要，只有供应商具有较高的市场地位，在销售商品时才可以有更强的谈判能力，即使不提供商业信用也不会流失客户，因为客户寻找其他供应商的成本较高。而当企业的市场地位较高时，企业会通过延期付款等方式得到更多的商业信用来创造价值，或供应商不提供商业信用，市场地位较高的企业就会通过施加威胁（停止供货或更换供应商）来获取商业信用。市场地位在企业获取商业信用方面的积极作用在金融市场和法律体系不完善情形下更大。张新民等（2012）的研究表明，商业信用和银行贷款存在替代关系，且这种替代关系在市场地位较强的企业中更加明显。基于以上分析，我们认为，市场地位高的企业的谈判能力可以减弱高管权力对商业信用的负面影响，因此，提出第四个假设。

假设5－4：企业市场地位的提高会减弱高管权力与商业信用的负向关系。

（3）企业成长性的影响。随着我国融入全球经济的步伐加快，我国企业面临着日益激烈的竞争格局和复杂多变的市场环境，企业逐渐认识到与上下游企业的关系不应该仅仅是竞争敌对的关系，而是应该加强与上下游企业的合作，实现双赢，这不仅有利于企业在竞争中立于不败之地，更有利于企业的成本控制与长远发展。贾森（Jason，2012）的研究表明，通过与上下游企业的合作可以使资源得到优化配置，从而促进企业绩效的提升。对于成长型企业，商业信用对企业的价值提升作用将更大。一方面，随着我国各个行业竞争的日益激烈，供应商与其同行业的企业进行竞争来获取与下游企业的谈判能力，更愿意选择与下游企业的互利合作，建立稳定的战略合作关系，以实现高效的产品流、服务流和信息流。当下游企业的成长性较好时，考虑到未来的盈利性和发展前景，供应商更希望与其形成战略联盟关系。另一方面，对于成长性较好的企业来说，由于其成长性良好的企业，其有更好的发展前景，更希望与提供原材料的供应商建立稳定的合作关系。因此，我们认为，当企业的成长性较好时，供应商与企业本身都更希望建立合作关系，可以说，供应商与企业之间的关系就更为牢固，且信任程度也更高。那么，供应商就更加愿意给企业提供商业信用。基于此，我们认为当下游企业的成长性较好时，高管权力对商业信用的负向影响更弱，故提出第五个假设。

假设5－5：成长性越好的企业，高管权力对商业信用的负向影响越弱。

5.3 研 究 设 计

5.3.1 样本选择

由于数据库中高管的信息资料从 1999 年开始，所以本章选择我国沪深股市 1999～2012 年所有 A 股上市公司作为初始研究样本。数据筛选和处理过程如下：（1）剔除金融行业公司；（2）剔除数据有缺失的样本；（3）对连续变量上下 1% 进行了 Winsorize 处理。最终获得观测记录 18109 条。所用数据除企业产权信息从 CCER 数据库中获得外，其他数据来源于 CSMAR 数据库。

5.3.2 变量定义

（1）高管权力（Power）。既有国内外高管权力的研究对高管范围的界定并不统一，参考权小锋和吴世农（2010）等文献，本章将高管限定为掌握企业实际经营决策权的总经理、总裁或 CEO。综观已有的国内外文献，刻画高管权力主要有两种思路：一是将反映高管权力各个维度的指标值进行综合加总；二是对反映高管权力的几个分指标进行主成分分析，形成高管权力综合指数。一般来说，当反映高管权力维度的分指标较多时采用主成分分析，若分指标较少则采用几个分指标加总。限于数据的可获得性，借鉴芬克尔斯坦（1992）、王烨等（2012）、卢锐等（2008）和王茂林等（2014）等文献做法，我们主要采用以下四个广泛采用的分指标加总求和得到高管权力的度量指标（Power）。为了使结论更为稳健，将在后文采用四个指标的主成分分析得到的综合指标进行稳健性检验。

CEO 与董事长是否两职合一（Dual）：这一指标反映了高管的结构权力，反映了高管所具备的职位的权力，当高管同时担任董事长时，高管便掌握了企业的实际控制权，权力势必增加，这一指标已经成为目前对高管权力度量的最重要的指标。因此，当高管与董事长合一时，该指标取 1，否则取 0。

高管任期（Ceotenure）：高管在公司任职时间越长，则其个人威信越高，职位越稳固，对董事会成员的影响力越大，控制力也越强。已有文献表明，高管在公司任职期限越长，高管越有可能在公司内部构建利益团体，使其被替换的可能性降低，强化其在公司的权力地位。因此，当高管任期超过行业中位数时，该指标取1，否则取0。

高管持股比例（Ceosharerate）：当高管所拥有的公司的股权较多时，高管同时担任了公司股东的身份，这将增加高管在董事会决策中的话语权，强化其在公司中的权力。因此，当高管持有公司股份数超过行业中位数时，该指标取1，否则取0。

高管是否是内部董事（Inside）：当高管本身也是董事会成员时，其影响力将越大，而且被监督的可能性也降低，这势必会导致高管的权力增加。因此，当高管同时是内部董事时，该指标取1，否则取0。

（2）商业信用（Credit）。借鉴陆正飞和杨德明（2011）、吴和弗思（Wu and Firth，2013）对商业信用的度量，采用应付账款、应付票据和预收账款的和与总资产的比值表征获取商业信用规模的程度。

（3）经济周期（Cycle）。借鉴吴娜（2013）对经济上行及下行周期的方法，按照"谷—谷"法划分，我们将1999~2007年划分为经济周期上行期，将2008~2012年划分为经济周期下行期。

（4）市场地位（Marketposition）。借鉴张新民等（2012）的做法，采用企业的市场占有率衡量市场地位，市场占有率为企业销售收入占所属行业所有企业的销售收入总额的比重，该变量值越大，市场地位越高。

（5）控制变量。借鉴以往关于商业信用的研究，我们选择公司规模（Size）、固定资产比例（Fixed）、企业账面价值与市场价值的比值（Bm）、盈利能力（Roa）、公司成立年限（Age）和银行贷款与总资产的比值（Bank）作为控制变量。变量的具体定义如表5–1所示。

表5–1　　　　　　　　　　　　变量定义

变量	变量定义
Dual	两职合一，总经理与董事长为同一人时，该变量取值为1，否则为0
Ceotenure	总经理任期，当总经理任期高于行业中位数时，该变量取值为1，否则为0
Ceosharerate	高管持股比例高于行业中位数时，该变量取值为1，否则为0
Inside	当总经理同时兼任公司董事时，该变量取值为1，否则为0
Power	以上四个变量求和作为高管权力度量指标
Credit	商业信用，等于（应付账款＋应付票据＋预收账款）/总资产

变量	变量定义
Size	期末总资产自然对数
Fixed	固定资产净值与总资产的比值
Bm	企业账面价值与市场价值的比值
Roa	息税前利润除以期末总资产的比值
Age	上市公司上市年限
Bank	银行贷款，等于长期贷款与短期贷款的和与期末总资产的比值
SOE	企业为国有控股时取值为1，否则为0
Cycle	经济周期，经济下行期时，Cycle = 1，否则为0
Marketposition	市场地位，等于该公司销售额占该行业总的销售额的比值
Growth	成长性，等于销售收入增长率

5.3.3　研究模型

采用 OLS 回归模型（5 – 1）检验高管权力对商业信用的影响：

$$Credit = \alpha_0 + \beta_1 Power + \beta_2 Size + \beta_3 Fixed + \beta_4 Bm + \beta_5 Roa + \beta_6 Age$$
$$+ \beta_7 Bank + Industry + Year + \varepsilon \tag{5 – 1}$$

为了检验企业产权性质、经济周期、市场地位和成长性对高管权力与商业信用关系的影响，我们引入了 Power × X 的交叉变量和 X 变量：

$$Credit = \alpha_0 + \beta_1 Power + \beta_2 Power \times X + \beta_3 X + \beta_4 Size + \beta_5 Fixed + \beta_6 Bm$$
$$+ \beta_7 Roa + \beta_8 Age + \beta_9 Bank + Industry + Year \tag{5 – 2}$$

其中，X 代表 SOE（国有企业）、Cycle（经济周期）、Marketposition（市场地位）和 Growth（成长性），Industry 和 Year 为行业和年度虚拟变量，其他变量定义见表 5 – 1。

5.4　实证结果与分析

5.4.1　描述性统计与相关性分析

表 5 – 2 列出了本章的主要变量的描述性统计结果。高管权力（Power）的均值为 1.694，中位数为 2，表明中国大部分公司均存在至少一个维度的高管权力过大的问题①，高管权力（Power）的标准差达到 0.834，说明各个企业高管权力大小差异程度较大。商业信用（Credit）的均值为 0.154，说明公司的应付账款、应付票据和预收账款总和占到总资产的 15.4%，与陆正飞和杨德明（2011）中该变量均值 13.7% 较为接近，可见商业信用融资已成为中国上市公司融资的重要方式。SOE 的均值为 0.632，中位数为 1，这说明我国国有企业依然占绝大比例。Bank 的均值为 0.217，表明银行贷款占总资产的比例为 21.7%，略高于商业信用的比重。其他控制变量取值情况如表 5 – 2 所示，不再赘述。

表 5 – 2　　　　　　　　　　　　　描述性统计

变量	样本量	均值	最小值	最大值	中位数	标准差
Power	18709	1.694	0	4	2	0.834
Credit	18709	0.154	0.002	0.566	0.122	0.122
SOE	18709	0.632	0	1	1	0.482
Size	18709	21.395	18.697	25.596	21.254	1.167
Fixed	18709	0.281	0.001	0.762	0.250	0.182
Bm	18709	0.731	0.139	1.401	0.749	0.262
Roa	18709	0.027	– 0.389	0.208	0.032	0.079
Age	18709	6.494	0	18	6	4.654
Bank	18709	0.217	0	0.753	0.203	0.163

　　表 5 – 3 为主要变量的相关性分析，商业信用（Credit）和高管权力（Power）的相关系数为 – 0.015，达到了 1% 的显著水平，表明高管权力越大，获得的商业信用规模越小，与研究假设 5 – 1 的预期一致。商业信用（Credit）与国有产权性质（SOE）的相关系数为 0.082，在 1% 水平上显著，说明国有企业获得了更多的商业信用，与谭伟强（2006）的结论一致，说明国有企业由于政府的担保，信用风险较低，供应商愿意给予更多的信用额度。其他变量间的相关系数与已有研究基本一致。

----

　　①　这里的维度指前文变量定义中的两职合一、长期在位、担任内部董事、持股较高。

表 5 - 3

Person 相关性系数

变量		(1)	(2)	(3)	(4)	(5)	(6)	(7)	(8)	(9)
Credit	(1)	1.000								
Power	(2)	-0.015***	1.000							
SOE	(3)	0.082***	-0.175***	1.000						
Size	(4)	0.223***	-0.033***	0.249***	1.000***					
Fixed	(5)	0.117***	-0.006	0.209***	0.061***	1.000				
Bm	(6)	-0.212***	0.081***	0.057***	0.383***	0.086***	1.000			
Roa	(7)	0.065***	-0.005***	-0.062***	0.117***	-0.083***	-0.070***	1.000		
Age	(8)	-0.073***	-0.059***	0.140***	0.215***	-0.028***	-0.130***	-0.113***	1.000	
Bank	(9)	0.185***	-0.102***	0.053***	0.046	0.214***	0.117***	-0.393***	0.081***	1.0000

注：***、**和*分别表示回归系数在 1%、5% 和 10% 的水平上显著。

5.4.2　企业产权、高管权力与商业信用

表 5-4 报告了企业产权、高管权力与商业信用的 OLS 的回归结果。回归（1）和回归（2）分别检验了高管权力（Power）对商业信用（Credit）的影响，其中，回归（1）没有加入控制变量，从回归（1）可以发现，高管权力（Power）与商业信用（Credit）的系数为 -0.005，显著水平达到了 10%，从经济意义上分析，上市公司的高管权力（Power）增加 1 个单位，上市公司可获得的商业信用（Credit）减少 0.005 个单位。回归（2）加入了影响银行贷款的控制变量，其中高管权力（Power）与商业信用（Credit）的系数为 -0.005，显著水平达到了 5%，以上结果说明高管权力（Power）越大，获得的商业信用（Credit）越少，假设 5-1 得到支持。为了检验企业产权（SOE）对高管权力与商业信用的关系影响，我们在模型中加入了 SOE 和 Power×SOE 交叉项，模型的 OLS 回归结果如表 5-4 中的列（3）所示。高管权力与商业信用的回归系数为 -0.011，在统计上达到了 1% 的显著水平，Power×SOE 这一交叉项的系数为 0.011，统计上达到了 1% 的显著水平，说明上市公司的国有产权属性减弱了高管权力与商业信用间的负向关系，假设 5-2a 得到了验证。

在控制变量上，上市公司的规模（Size）越大，获得的商业信用（Credit）越多，说明在上市公司规模较大时，供应商更加信任上市公司，提供的商业信用也更多；上市公司的固定资产比例（Fixed）越高，供应商所提供的商业信用越少，这可能是因为当公司的固定资产比例较高时，公司可以获得更多的银行贷款来融资（Williamson，1988），所以会较少地应用商业信用进行融资。盈利能力（Roa）与商业信用（Credit）显著负相关，这可能是由于当公司的盈利能力较好时，公司会采用内部资金或银行贷款进行融资，减少对商业信用的依赖；公司成立年限（Age）与商业信用（Credit）的关系显著为正，这说明当公司成立年限较长时，有更好的信誉，因此更容易得到供应商提供的商业信用。银行贷款（Bank）与商业信用（Credit）显著负相关，这说明当公司可以更多地获取银行贷款时，应用商业信用会较少，符合替代性融资理论的解释。具体如表 5-4 所示。

表5-4 企业产权、高管权力与商业信用

变量	回归（1）Credit	回归（2）Credit	回归（3）Credit
Power	-0.005 * （-1.83）	-0.005 ** （-2.34）	-0.011 *** （-4.49）
Power×SOE			0.011 *** （3.69）
SOE			-0.011 （-1.44）
Size		0.026 *** （9.25）	0.025 *** （9.13）
Fixed		-0.106 *** （-8.00）	-0.108 *** （-8.33）
Bm		-0.005 （-0.36）	-0.005 （-0.35）
Roa		-0.195 *** （-7.09）	-0.192 *** （-7.17）
Age		0.001 * （1.67）	0.001 （1.21）
Bank		-0.090 *** （-6.55）	-0.088 *** （-6.46）
Constant	0.034 *** （4.05）	-0.446 *** （-8.71）	-0.423 *** （-8.40）
Industry	Yes	Yes	Yes
Year	Yes	Yes	Yes
Adj-R^2	0.221	0.293	0.295
N	18709	18709	18709

注：括号内为 T 值，***、** 和 * 分别表示回归系数在 1%、5% 和 10% 的水平上显著。

5.4.3 高管权力影响商业信用的情境分析

表5-5提供了宏观、中观和微观不同情境因素对高管权力与商业信用关系影响的实证结果。为了验证公司的经济周期、市场地位与成长性对高管权力与商业信用的影响，我们在模型中加入了 Power×Cycle、Power×

Marketposition 和 Power×Growth 交叉项和代表经济周期、市场地位和成长性的三个变量 Cycle、Marketposition 和 Growth。列（1）检验了市场地位对高管权力与商业信用关系的影响，高管权力与商业信用的回归系数为－0.016，在统计上达到了 1% 的显著水平，Power×Marketposition 这一交叉项的系数为 0.025，统计上达到 1% 的显著水平，说明在市场地位较高的企业中，高管权力对商业信用的负向关系减弱。列（2）检验了经济周期对高管权力与商业信用的影响，Power×Cycle 这一交叉项的系数为－0.008，统计上达到了 1% 的显著水平，这一结果说明在经济下行期，企业的高管权力对商业信用的负向影响加重。列（3）检验了公司成长性对高管权力与商业信用的影响，高管权力与商业信用的回归系数为－0.005，在统计上达到了 10% 的显著水平，Power×Growth 这一交叉项的系数为 0.000，统计上达到了 1% 的显著水平，说明在成长性较高的企业中，高管权力对商业信用的负向关系减弱。上述回归结果支持了假设 5-3、假设 5-4 和假设 5-5。

表5-5　　　　　　　　　高管权力与商业信用：不同情境下的结果

变量	(1)	(2)	(3)
	Credit	Credit	Credit
Power	-0.016 *** (-7.18)	-0.002 (-1.09)	-0.005 ** (-2.34)
Power×Marketposition	0.025 *** (10.39)		
Marketposition	0.221 *** (3.09)		
Power×Cycle		-0.008 *** (-2.88)	
Cycle		0.015 (1.45)	
Power×Growth			0.000 *** (5.29)
Growth			-0.000 *** (-4.81)
Size	0.010 ** (3.08)	0.026 *** (11.01)	0.026 *** (9.25)

变量	(1)	(2)	(3)
	Credit	Credit	Credit
Fixed	− 0. 111 *** (− 8. 68)	− 0. 010 *** (− 7. 81)	− 0. 106 *** (− 8. 00)
Bm	0. 001 (0. 05)	0. 005 (0. 40)	− 0. 005 (− 0. 37)
Roa	− 0. 213 *** (− 7. 93)	− 0. 192 *** (− 6. 61)	− 0. 195 *** (− 7. 10)
Age	0. 001 (1. 33)	0. 002 *** (3. 68)	0. 001 (1. 67)
Bank	− 0. 086 *** (− 6. 27)	− 0. 090 *** (− 6. 64)	− 0. 090 *** (− 6. 55)
Constant	− 0. 128 * (− 2. 14)	− 0. 423 *** (− 10. 11)	− 0. 446 *** (− 8. 71)
Industry	Yes	Yes	Yes
Year	Yes	Yes	Yes
$Adj - R^2$	0. 319	0. 274	0. 293
N	18709	18709	18709

注: 括号内为 T 值, *** 、 ** 和 * 分别表示回归系数在 1% 、 5% 和 10% 的水平上显著。

5.5 稳健性检验

为了使回归结果更加稳健, 我们进行了如下稳健性检验:

(1) 改变高管权力的度量方法。用主成分分析的方法将四个指标 (Dual、Ceotenure、Ceosharerate 和 Inside) 构建新的代表高管权力的指标 Compower, 并将 Compower 与商业信用进行 OLS 回归, 回归结果如表 5 − 6 第 (1) 列所示, 从回归结果来看, 高管权力 (Compower) 与商业信用 (Credit) 的系数为 − 0. 007, 在统计上达到了 5% 的显著水平, 说明 "高管权力越大, 获得的商业信用越少" 这一结论稳健地成立。

(2) 进一步控制公司治理的影响。在回归模型中加入了第一大股东持股比例 (Top1)、董事会规模 (Lnboardnum) 和独立董事比例 (Independentrate), 回归结果如表 5 − 6 中第 (2) 列所示, 可以发现高管权力

（Power）的回归系数为 – 0.004，在统计上达到了 5% 的显著水平，说明控制了公司治理因素影响后，高管权力依然与商业信用显著负相关。

表5 – 6　　　　　　改变高管权力度量方法和控制公司治理因素

变量	(1)	(2)
	Credit	Credit
Power		– 0.004 ** (– 2.06)
Compower	– 0.007 ** (– 2.08)	
Size	0.026 *** (9.26)	0.025 *** (8.72)
Fixed	– 0.106 *** (– 7.98)	– 0.107 *** (– 8.02)
Bm	– 0.005 (– 0.36)	– 0.00712 (– 0.50)
Roa	– 0.195 *** (– 7.07)	– 0.198 *** (– 7.02)
Age	0.001 * (1.67)	0.001 * (1.84)
Bank	– 0.090 *** (– 6.54)	– 0.087 *** (– 6.27)
Top1		0.000 ** (2.47)
Lnboardnum		0.008 (1.08)
Independentrate		– 0.0205 (– 1.01)
Constant	– 0.449 *** (– 8.75)	– 0.452 *** (– 8.85)
Industry	Yes	Yes
Year	Yes	Yes
Adj – R^2	0.294	0.295
N	18709	18709

注：括号内为 T 值，*** 、** 和 * 分别表示回归系数在 1% 、5% 和 10% 的水平上显著。

（3）解决内生性问题。高管权力与商业信用可能存在内生性问题，为了解决内生性问题，我们采用了两阶段回归分析法（2SLS）进行回归。在第一阶段，借鉴权小锋等（2010）的做法，选取了同行业其他公司的上市公司高管权力的平均数与无形资产占总资产的比例作为工具变量；在第二阶段将第一阶段估计出来的高管权力与商业信用进行回归，结果如表5-7中的第（1）列所示。高管权力与商业信用的系数为 - 0.075，显著程度达到了5%，说明表5-4中的高管权力与商业信用间的负向关系结果稳健。为了进一步减轻内生性问题，我们将当期的高管权力及控制变量与下期的商业信用进行了 OLS 回归，回归结果如表5-7中的第（2）列所示，高管权力与商业信用的回归系数显著为负，这一结果同样说明，高管权力增大，获取的商业信用减少，可见，研究结论稳健。

表5-7　　　　　　　两阶段回归分析法（ZSLS）进行回归

变量	（1）	（2）
	Credit	$Credit_{t+1}$
Power	- 0.075 ** (- 2.33)	- 0.004 * (- 1.97)
Size	0.027 *** (25.25)	0.021 *** (6.71)
Liquid	- 0.110 *** (- 17.94)	- 0.110 *** (- 8.30)
Bm	- 0.0127 * (- 2.16)	0.0176 (1.03)
Roa	- 0.165 *** (- 8.91)	- 0.164 *** (- 7.57)
Age	- 0.000 (- 0.23)	0.001 (0.65)
Bank	- 0.096 *** (- 14.49)	- 0.069 *** (- 4.72)
Constant	- 0.351 *** (- 7.43)	- 0.358 *** (- 6.15)
Industry	Yes	Yes
Year	Yes	Yes
$Adj - R^2$	0.096	0.270
N	18709	16408

注：括号内为 T 值，***、** 和 * 分别表示回归系数在1%、5%和10%的水平上显著。

5.6 本 章 小 结

高管对企业重要经营、财务和战略决策具有重要影响，其影响程度取决于其权力大小。当高管权力过大时，企业的决策基本上体现了高管的个人意志，使其利用权力寻租实现个人货币性收益和非货币性收益的最大化，这一行为不仅会导致企业业绩的降低，也会对整个国民经济产生极为恶劣的影响。但是对高管权力会导致什么具体的财务后果，现有研究依然缺乏充足的实证证据。商业信用已成为企业的重要融资渠道，特别是对于转型期的中国来说，存在金融市场不发达、正规金融机构发展滞后和银行信贷歧视严重等问题，企业获得银行贷款难度较大，商业信用的使用更为常见。那么，高管权力大是否会影响企业获得商业信用呢？或者说权力过大的高管是否会选择商业信用这一融资方式？对这些问题的回答，不仅理论上重要，对实务部门也具有重要意义。基于此，本章研究了高管权力与商业信用的关系，考察了企业的产权性质对高管权力与商业信用关系的影响，并进一步分析和检验了经济周期、市场地位和公司成长性三个宏观、中观、微观角度的因素对高管权力与商业信用关系的影响。通过 1999 ~ 2012 年中国 A 股非金融行业上市公司的研究样本，本章的实证研究发现：公司高管权力越大，获得的商业信用越少；企业的国有产权降低了高管权力与商业信用的负向关系；在经济周期下行期，高管权力与商业信用的负向关系更为显著；当企业的市场地位比较高时，高管权力与商业信用的负向关系得到减弱；当公司成长性好时，高管权力与商业信用的负向关系也会减弱。以上研究结论说明，高管权力在商业信用融资方面也会导致恶劣后果，高管权力大小是影响商业信用的一个重要因素，对于处于不同的经济周期、行业地位和成长阶段的企业，高管权力对商业信用的影响程度不同。

本章的研究除了具有重要的理论意义外，还具有重要的现实启示作用。

（1）对于企业而言，需要建立有效的公司治理机制和培育健康的权力文化来约束高管的权力寻租行为。本章的研究表明，高管权力越大，获得的商业信用规模越少，特别是对于民营企业，高管权力与商业信用的负向关系更为显著。商业信用融资是企业的一种重要的融资方式，特别是对于民营企业，由于受到信贷歧视，民营企业更多地求助于商业信用融资，而如果不对高管权力过大的现象加以抑制，民营企业更难获得融资，陷入有良好投资机会而无资金的困难局面。我们认为，导致高管权力过大的主要原因有两点：一是公司治理机制薄弱。对于国有企业，随着放权让利的改革，高管逐步获得了包括生产经营权、投资、融资和人事方面的自主权，权力不断膨胀，而非国有企业，特别是民营企业，管理层和大股东身份往往重合，加之受到政府部门的影响小，因而比国有企业享有更大的权力。二是中国权力文化历史悠久，无形中诱发了高管对权力的诉求。因此，在抑制高管权力膨胀时，可以考虑从完善公司治理机制和建立正确的权力观两个角度入手。

（2）对于供应商而言，在制定赊销政策时需要考察高管权力大小，并在收回款项前密切关注高管权力的变化，避免信用风险的加大。供应商应收账款带来的风险已成为企业需要控制的主要风险。我国企业每年因为信用缺失而导致的直接和间接经济损失高达5855亿元（孟庆福，2006）。目前中国主要采用传统的信用风险管理模型，对企业的信用评级包括定量和定性指标。对于采用哪些定量指标已取得了基本共识，但是对使用哪些定性指标远未达成一致看法。特别是对于高管权力这一指标，据我们了解，现有信用评级模型尚未加以考虑。而本章的研究显示高管权力与商业信用显著负相关，因此，今后的信用风险管理模型可以考虑将高管权力指标作为一个定性指标加以考察，这将有助于降低应收账款带来的信用风险，进而保证国民经济的稳定快速发展，以防国民经济陷入艰难困境。

（3）高管权力在不同的情境下会对商业信用产生不同程度的影响，因此，供应商在制定赊销政策时，需要结合不同的情境综合考察高管权力大小。本章的研究发现，在经济下行期、客户所处的市场地位较低、成长性较差时，高管权力与商业信用的负向关系更为显著。因此，在经济不景气、企业的行业地位处于弱势、成长性不高时，对于高管权力大的企业，供应商应给予更严格的赊销政策，而企业本身若想获得更多的商业信用，必须采取措施控制高管权力的膨胀和高管利用权力寻租获取私人收益的行为，从而解决企业的"融资难"问题。

第6章

高管权力与股权融资

6.1 引　言

　　股权融资成本是影响资本市场规模和资源配置效率的关键因素，是企业融资方式选择和投资决策的重要考量指标，也是股权价值估值中的重要参数。特别是在中国的特殊制度背景下，西方的融资优序理论（先内部融资，后债务融资，最后是股权融资）在中国并不适用，中国上市公司普遍偏好股权融资，大部分学者认为，根源在于股权融资成本较债务融资成本低（黄少岗和张岗，2001；蔡祥等，2003）。基于此，股权融资成本的研究成为国内外财务学研究中经久不衰的经典课题之一（游家兴和刘淳，2011），尤其是探究哪些因素会影响股权融资成本和如何降低股权融资成本，具有重要的理论意义和现实意义。

　　目前，关于股权融资成本影响因素的研究主要围绕信息披露质量和公司治理两个方面展开。在信息披露质量方面，国外的学者近年来发现管理者盈余预测质量、自愿信息披露和盈余透明度有助于降低股权融资成本（Baginski and Rakow，2012；Cheynel，2013；Barth et al.，2013），国内文献上，汪炜和蒋高峰（2004）采用公司临时公告数量和季报数量综合作为衡量公司自愿信息披露水平的指标最早发现公司自愿信息披露能够降低股权融资成本的结论，随后，曾颖和陆正飞（2006）采用信息披露总体质量和盈余披露质量度量信息披露质量，黄娟娟和肖珉（2006）使用收益激进度、收益平滑度和总收益不透明度三个指标度量信息披露质量，支晓强和何天芮（2010）利用是否发生财务重述度量强制信息披露质量、自己构建的自愿信息披露指数度量自愿信息披露质量等，均支持信息披露质量与股权融资成本呈显著负相关关系的研究结论。在公司治理方面，已有研究不管是使用单一的公司治理机制，还是构建综合公司治理指数，研究公司治理对股权融资成本的影响，无一例外地发现公司治理水平越好，股权融资成本越低（Chen et al.，2003；Ashbaugh et al.，2004；Reverte，2009；蒋琰和陆正飞，2009；蒋琰，2009）。

上述研究中，不管是信息披露质量还是公司治理，其实均会受到公司决策者的影响，也就是说，现有研究中股权融资成本影响因素中的信息披露和公司治理可能并不是最为根本的因素，最为根本和直接的影响因素应该是公司的决策者，而公司高管就是公司最为重要的决策者。导致现有研究缺乏考虑高管异质性的原因在于这些研究的理论基础为新古典主义经济理论和代理理论，而这两种理论均假设高管是同质的，认为高管异质性不会影响公司行为。而新近的研究表明，高管的异质性会对公司决策产生重要影响（Bertrand and Schoar，2003）。因此，有必要考虑高管异质性对股权融资成本的影响，以弥补现有股权融资成本内部影响因素理论研究的缺陷，更新我们对股权融资成本影响因素的认知。

权力是高管决策的基础，已有研究发现高管权力过大，会采取不透明的方式谋取私利或操纵会计信息披露使寻租行为合法化，权力大的高管在公司中具有至高无上的权威，也会通过俘获董事会成员或选拔自己的亲信担任公司要职，从而使公司治理失效，那么，投资者是否会采用价格机制来减轻可能遭受的潜在损失？国有企业和民营企业在所有权结构、收益分配和高管是否具有政治身份等方面的差别导致它们的高管权力大小和经济后果程度均存在差异，那么，企业产权是否会影响高管权力与股权融资成本的关系？"依法反腐"是党的十八大以来"依法治国"的重要方面，法律环境的差异既会影响高管权力也会影响股权融资成本，那么，法律环境是否影响高管权力与股权融资成本的关系？对具有新兴加转轨特征的中国市场而言，信任这一非正式制度在影响高管行为方面发挥了重要作用，那么，信任是否影响高管权力与股权融资成本的关系？

鉴于上述疑问，本章选择1999～2012年中国沪深A股所有非金融行业上市公司作为研究样本对上述问题进行了研究，通过一系列实证检验，本章得到以下研究结论：（1）高管权力越大，股权融资成本越高；（2）较之于民营企业，国有企业高管权力与股权融资成本的正相关关系更强；（3）公司所处地区的法律环境越好，高管权力与股权融资成本的正相关关系越弱，在法律环境特别好的地区，民营企业的高管权力与股权融资成本甚至为负相关关系；（4）公司所处地区的信任水平越高，民营企业高管权力与股权融资成本的正相关关系越弱，在信任水平特别高的地区，民营企业的高管权力甚至有助于降低股权融资成本，但是信任对国有企业高管权力与股权融资成本的关系没有显著影响。以上结论说明高管权力是影响股权融资成本不可忽略的重要影响因素，不同产权性质企业的高管权力在股权融资成本方面的经济后果存在差异，法治在遏制国有和民营企业高管权力的恶劣后果、信任在遏制民营企业高管权力的恶劣后果方面具有重要作用。

　　本章的剩余部分安排如下：6.2 节是理论分析和研究假设，以高管权力理论和管理者特征理论为主要理论基础，具体阐述了高管权力与股权融资成本的逻辑关系，分析了企业产权、法律环境和信任对高管权力与股权融资成本关系的影响，据此提出了本章的研究假设；6.3 节是研究设计，介绍了样本选择过程、变量定义和研究模型；6.4 节是实证结果与分析，报告了描述性统计、相关性分析、多元线性回归和稳健性检验结果；6.5节是稳健性检验；总结了本章内容，并给出了研究启示。

6.2　理论分析与研究假设

6.2.1　高管权力与股权融资成本

　　高管权力是近年来社会各界关注的重要话题，该话题之所以在中国成为焦点，既有现实背景，也有理论根基。从现实背景来看，自从党的十八大以来，中国进行了一系列的反腐运动，大批的政府官员和企业高管的腐败问题浮出水面，引起监管层、媒体和学者们的高度重视，在众多影响企业高管腐败的因素中，高管权力过大是公认的最为重要的诱因。从理论根基来看，中国的学者意识到"高管权力论"和"管理者特征论"对生长在中国土壤的微观企业的经济后果具有充分的解释力。高管权力论起源于高管薪酬的研究中，该理论认为，高管会利用手中权力操纵自己的薪酬获取私人收益的最大化，从而损害企业价值（Bebchuk and Fried，2002，2003；Bebchuk et al.，2004），随后，高管权力论的思想运用到解释高管权力带来的恶劣后果方面。而管理者特征论则认为公司高管特征是公司决策的关键决定因素（Bertrand and Schoar，2003），即公司决策会因为管理者个人偏好、风险规避程度、技能水平或意见的不同而不同（李小荣和刘行，2012）。在中国，权力是高管特征的一个重要维度（Liu and Jiraporn，2010）。根据高管权力和股权融资成本的相关研究，我们主要从风险、信息披露、公司治理三个方面具体阐述高管权力是如何影响股权融资成本的。

第一，高管权力越大，公司风险越高，投资者要求的投资回报率越高，从而资本成本越高。高管的话语权取决于权力的大小，当高管权力大时，高管能主导公司决策，从而将个人的判断和行为偏好植入到公司的经营过程中，囿于个人的才识，公司的决策往往出现过好或过差的局面，导致公司未来业绩的不稳定，经营风险增大，而不像集体决策那样吸收多人意见从而使公司平稳发展。亚当斯等（2005）、权小锋和吴世农（2010）研究发现，高管权力越大，公司业绩波动性风险增加。高管权力的增大也会促使高管选择趋近行为模式，过分关注公司决策带来的潜在收益，忽视公司决策存在的潜在风险（Anderson and Berdahl，2002；Lewellyn and Muller – Kahle，2012）。此外，权力大的高管为了进一步巩固其在公司的绝对领导地位或进一步扩大自身权力，设置各种障碍影响内部有能力的继任者升迁，导致有能力的继任者另谋出路，流失人才。即使内部继任者继任成功，由于权力大的高管长期的压制，没有得到足够的锻炼和培养机会，需要花大量成本提高技能，如果内部继任者匮乏，公司还可能需要从外部选择高成本、高风险的继任者（雷霆和周嘉南，2014），由此，高管权力增大，将导致继任风险的增加（Chen et al.，2013）。已有研究认为，投资者要求的投资回报率与预测风险大小显著正相关，未来收益不确定性越高，投资者要求的报酬率也就越高（曾颖和陆正飞，2006）。因此，高管权力增大引起的公司风险增加势必会带来股权融资成本的增加。

第二，高管权力越大，公司的信息披露越不透明，从而股权融资成本越高。权力大的高管追求私人收益的动机更强，为了使其追逐私人收益的行为不被人发现或者合法化，倾向于少披露信息或者操纵公司信息，使得公司内部信息环境较差。邓恩（Dunn，2004）利用财务报告违规与非违规的配比样本进行实证检验，发现财务报告违规行为主要集中在内部人权力大的公司。权小锋等（2010）发现，随着管理层权力的增大，管理层会利用盈余操纵获取绩效薪酬。代彬等（2011）研究表明，高管的控制权越强，会计信息的透明度越低。贝克等人（Baker et al.，2014）发现 CEO（总经理）权力与盈余管理显著正相关。而信息披露质量是影响股权融资的重要决定因素。已有研究认为，信息披露质量主要通过两种路径影响股权融资成本，其一是信息披露可以降低投资者与管理者之间的信息不对称程度，从而降低投资者对公司未来收益水平预测的估计风险，对公司投资要求的回报率也就下降了；其二是信息披露减弱了投资者之间的信息不对称程度，增加了股票的流动性，交易成本降低，进而降低了股权融资成本。巴金斯基和拉科（Baginski and Rakow，2012）发现，管理者盈余预测的质量与股权融资成本显著负相关。谢内尔（Cheynel，2013）通过建立模型进行推导，认为较之于未披露信息的公司，自愿披露信息的公司股权融资成本更低。巴斯等人（Barth et al.，2013）的实证结果表明，盈余透明度越高，股权融资成本越低。虽然中国资本市场成立时间尚短，各种机制还不成熟，但是信息披露质量的提高有助于降低股权融资成本的结论则得到一致的认同和广泛经验证据的支持（如汪炜和蒋高峰，2004；曾颖和陆正飞，2006；黄娟娟和肖珉，2006；支晓强和何天芮，2010）。由此可以看出，高管权力的增大会通过影响信息披露质量而增大股权融资成本。

第三，高管权力大，公司治理机制失效，导致股权融资成本越高。高管权力大一方面表明高管本身的代理问题加重，另一方面也意味着高管对企业的公司治理结构安排和各种人事安排具有主导决策权。为了实现自身利益最大化，权力大的高管完全可能安排自己的亲信在董事会、薪酬委员会和审计委员会等内部公司治理机构中担任要职，也可能利用自己的影响力，游说股东或内部董事选择对自己有利的外部董事、机构投资者和审计师等外部公司治理机制，从而使公司治理作用失效。此外，高管权力过大时，由于其拥有足够的与董事会的谈判能力，即使经营业绩较差，也难以被解聘（Allen and Panian，1982；Boeker，1992；刘星等，2012）。当公司高管缺乏足够的控制和有效的监督时，理性的投资者会针对预期的代理成本采取价格保护，提高股权融资成本（Ashbaugh et al.，2004）。陈等人（Chen et al.，2003）利用亚太新兴市场国家的数据作为样本，发现公司治理机制是降低股权融资成本的重要因素。阿什博等人（2004）使用美国的数据发现，独立的审计委员会和董事会的独立性等公司治理因素能降低股权融资成本。雷韦特（Reverte，2009）采用西班牙公司作为研究样本，发现公司治理更强的公司的股权融资成本更低。蒋琰和陆正飞（2009）以我国深圳和上海证券市场连续四年具有配股资格的 A 股上市公司为研究对象，结果表明董事会治理机制能降低股权融资成本。蒋琰（2009）进一步构建了一个代表中国公司综合治理水平的 G 指数，发现上市公司综合治理水平的提高可以降低股权融资成本。可见，高管权力的增大可以通过影响公司治理的路径提高股权融资成本。

综上分析，我们提出假设6-1。

假设6-1：高管权力越大，公司的股权融资成本越高。

6.2.2 企业产权、高管权力与股权融资成本

企业产权性质的差异将导致高管权力争斗程度的不同和权力后果的差异。国有企业的所有者名义为全国人民，但是分散的全国人民实际上并没有参与到企业的经营决策中，也没有条件和动机监督企业高管，使得高管掌握了企业的控制权。特别是随着国有企业的市场化改革，政府逐步将经营权交给企业，使得国有企业的高管权力得到空前加强（Fan et al.，2013）。正是由于国有企业的所有者缺位问题导致国企高管极端决策行为的监督并未像非国有企业那样清晰和明确，而民营控股的公司理论上可以有效解决所有者和管理者间的代理问题，从而能对高管实行较好的监管（权小锋和吴世农，2010）。在收益分配上，国有企业存在薪酬管制，高管从货币收益中攫取私有收益的空间相对较少，更没有动机和精力放在提升企业的效益和效率上。而民营企业的高管可能更多为控股股东、家族成员或职业经理人，在相对有效的公司治理机制下，可能更多将时间放在提高企业价值上，从而获得合法的货币收益，因为公司本身就是自己的或家族的，提升效益而非谋取私有收益可能为占优策略，权力斗争和权力带来的恶劣后果相对较轻。张维迎（2000）指出，国有企业内部权力斗争比西方股份公司内部的权力斗争要严重得多。而中国的民营企业更为接近西方的股份公司。国有企业的高管还拥有政治身份。国企高管的政治身份也增强了其在企业中的权力，为其获取私有收益提供了保障和渠道。相关学术文献也提供了国企高管权力比民企高管权力带来的经济后果更为严重的经验证据。例如，权小锋和吴世农（2010）发现，国有企业的 CEO 权力强度与公司业绩波动性风险的正相关性强于民营企业 CEO 权力强度与公司业绩波动性的正相关性；赵息和许宁宁（2013）研究表明，相对于非国有企业，国有企业倾向于隐瞒内部控制缺陷；徐细雄和刘星（2013）发现，国有企业高管的腐败概率比民营企业高。由此，并结合假设6-1中的理论分析，较之民营企业，国有企业高管权力更大，带来的经济后果更为恶劣，投资者要求的报酬率更高，从而导致股权融资成本更高。

此外，从企业产权对股权融资成本的影响分析，徐浩萍和吕长江（2007）从"可预期效应"和"保护效应"两方面分析了政府角色对股权融资成本的影响，提供了较好的分析框架。"可预期效应"是指政府干预降低提高了企业经营行为和经营环境的可预期性，表现在企业目标变得单一，政治风险的降低，这提高了股权融资成本参数估计的准确度和降低了未来的不确定性，因而会导致股权融资成本的减小；"保护效应"指政府干预的降低表示政府保护（市场准入的限制、资金补贴和融资便利等）的减少，提高了投资者对风险的评价，增加了股权融资成本。肖浩和夏新平（2010）认为，现有的实证结果大多支持政府干预给企业带来的负面效应大于正面效应。较之民营企业，国有企业受到更多的政府干预，因此，国有企业的股权融资成本高于民营企业。

综上分析，我们提出第二个假设。

假设 6 - 2：较之于民营企业，国有企业的高管权力与股权融资成本的正相关关系更强。

6.2.3 法律环境、高管权力与股权融资成本

党的十八大以来，依法治国的理念得到前所未有的强调，特别是在反腐的过程中，法治发挥了重要作用。那么，公司所处的法律环境的不同是否会导致高管权力影响资本成本程度的差异？可以从两个方面来分析，一是法律环境影响高管权力的膨胀和经济后果的严重程度；二是法律环境影响股权融资成本的高低。

当公司所处地区的法律环境较好时，权力租金受到限制，一切行为均依照法律和相关规定执行，高管预期权力收益下降，追逐权力的欲望减弱，使得权力的分配较为均衡，严重畸形的高管权力膨胀局面较难出现。法律环境越好，法律对高管权力引致的非伦理行为的威慑作用和惩罚力度越强，受害者的维权意识也更强。德丰和黄（De Fond and Huang，2004）研究表明，法律环境较好时，高管的非伦理行为更容易被发现并且更会遭受起诉。因此，即使高管掌握了足够的权力，也不敢肆无忌惮地谋取私利。大量研究表明，法律环境的改善能够产生积极正面的经济后果。例如，张冀和马光（2005）认为，公司所处地区的法律系统发展越完善，公司发生丑闻的可能性越小；刘启亮等（2011）发现新法律实施后，综合真实盈余管理显著下降。

法律环境好的地区，投资者保护程度也较好，一批文献发现投资者保护程度与股权融资成本显著负相关。关于法律环境与股权融资成本的这类研究认为，投资者法律保护越好，内部人可以充分地分散风险资本投资，降低其承担的可分散风险（Himmelberg et al.，2002），管理者的控制权私利降低，控股股东与中小股东的代理冲突降低，信息披露要求更为严格，信息不对称程度降低，投资者监督成本下降，因而股权融资成本降低。已有文献从法的建立、法的实施和跨境上市三个视角研究了法律环境对股权融资成本的影响。沈艺峰等（2005）使用建立的中小投资者法律保护指数验证了法律建立有利于降低股权融资成本。肖珉（2008）进一步从法的实施角度证明了投资者法律保护对股权融资成本的显著降低作用。肖珉和沈艺峰（2008）比较了赴港跨地上市公司与其他公司股权融资成本的差异，发现赴港跨地上市公司的股权融资成本较其他公司显著更低。姜付秀等（2008）则在调查问卷的基础上，兼顾宏观与微观因素设计了我国投资者利益保护指数，结果也支持了投资者法律保护有助于降低股权融资成本的结论。

综上分析，我们提出第三个假设。

假设6－3：公司所处地区的法律环境越好，高管权力与股权融资成本的正相关关系越弱。

6.2.4 信任、高管权力与股权融资成本

遏制腐败的路径有两条：一条是道德路径，即通过限制私欲来限制权力的滥用；另一条是法律的途径，即通过约束权力来限制私欲的膨胀（刘金国，2000）。而信任就是道德路径的一种，信任是人们在长期的交往中重复博弈形成的理性选择，是历史文化的一种积淀。如果高管的信任水平较高，即使权力大，也会使自己的行为在合理的范围之内，洁身自好，避免滥用权力引起自身信誉度的下降。张维迎和柯荣住委托"中国企业家调查系统"于2000年对全国的一些企业和企业领导人进行了问卷调查形成了中国各个地区的信任度指数。学者们运用该指数进行了一些实证研究，发现信任在影响企业或高管的行为上产生了显著的正面效果。张冀和马光（2005）发现，公司所在地区的信任水平越高，公司发生丑闻的可能性越小；刘凤委等（2009）研究表明，公司所在地区间信任度越低，企业的签约成本越高；戴亦一等（2009）发现，在信任度高的地区，企业更容

易获得负债和长期负债，可以使用较少的抵押物获得债务融资；潘越等（2009）研究表明，信任度高的地区或省份，当地企业更倾向对外投资、更愿意与其他企业组成共同控制的合营企业、多元化投资的意愿更强；潘越等（2010）发现，企业所在地区的信任度水平越高，越不可能进行 IPO 盈余管理；曾亚敏和张俊生（2011）研究表明，信任水平高的地区，所属企业可控应计越低、会计盈余的信息含量越高；吴等人（Wu et al.，2014）发现，处于信任水平高的地区的公司，供应商提供给它更多的商业信用，它给客户提供的商业信用也更多，应收账款收回更快，支付应付账款也更快；昂等人（Ang et al.，2014）研究表明，外资高科技企业在中国投资时，为了避免知识产权的侵占风险，选择高信任地区的企业进行投资。

综上分析，我们认为公司所在地区的信任水平越高，一方面高管权力的滥用受到限制，权力的恶劣后果降低，股权融资成本降低；另一方面，信任促进了公司披露质量的提高、交易成本的降低和掠夺风险的降低，投资者要求的投资回报率降低，从而使股权融资降低。故提出第四个假设。

假设 6 - 4：公司所处地区的信任水平越高，高管权力与股权融资成本的正相关关系越弱。

6.3 研 究 设 计

6.3.1 样本选择

本章选择 1999 ~ 2012 年中国沪深股市所有 A 股上市公司作为初始研究样本，样本期间始于 1999 年，是由于数据库中高管的信息资料从这一年开始披露。在初始样本的基础上，我们进行了如下数据处理过程：（1）剔除金融行业样本；（2）剔除股权融资成本计算异常的样本（合理的股权融资成本应该介于 0 ~ 1 之间，不在此范围内的股权融资成本为异常样本）；（3）剔除所需变量有缺失的样本；（4）对所有连续变量进行上下 1% 的缩尾（Winsorize）处理，以消除变量极端值对实证结果的影响。最终获得观测记录 14459 条。公司的产权属性的信息来源于 CCER 数据库，其他数据均来自 CSMAR 数据库。

6.3.2 研究变量

（1）高管权力（Power）。既有国内外高管权力的研究对高管范围的界定并不统一，参考权小锋和吴世农（2010）等文献，本章将高管限定为掌握企业实际经营决策权的总经理、总裁或 CEO。纵观已有的国内外文献，刻画高管权力主要有两种思路：一是将反映高管权力各个维度的指标值进行综合加总；二是对反映高管权力的几个分指标进行主成分分析，形成高管权力综合指数。一般来说，当反映高管权力维度的分指标较多时采用主成分分析，若分指标较少则采用几个分指标加总。限于数据的可获得性，借鉴芬克尔斯坦（1992）、王烨等（2012）、卢锐等（2008）和王茂林等（2014）等文献做法，我们主要采用以下四个广泛采用的分指标加总求和得到高管权力的度量指标（Power）。为了使结论更为稳健，将在后文采用四个指标的主成分分析得到的综合指标进行稳健性检验。

高管与董事长是否两职合一（Dual）：这一指标反映了高管的结构权力，反映了高管所具备的职位的权力，当高管同时担任董事长时，高管便掌握了企业的实际控制权，权力势必增加，这一指标已经成为目前对高管权力所度量的最重要的指标。因此，当高管与董事长合一时，该指标取值为 1，否则取值为 0。

高管任期（Ceotenure）：高管在公司任职时间越长，则其个人威信越高，职位越稳固，对董事会成员的影响力越大，控制力也越强。已有文献表明，高管在公司任职期限越长，高管越有可能在公司内部构建利益团体，使其被替换的可能性降低，强化其在公司的权力地位。因此，当高管任期超过行业中位数时，该指标取值为 1，否则取值为 0。

高管持股比例（Ceosharerate）：当高管所拥有的公司的股权较多时，高管同时担任了公司股东的身份，这将增加高管在董事会决策中的话语权，强化其在公司中的权力。因此，当高管持有公司股份数超过行业中位数时，该指标取值为 1，否则取值为 0。

高管是否是内部董事（Inside）。当高管本身也是董事会成员时，其影响力将增大，而且被监督的可能性也降低，这势必会导致高管的权力增加。因此，当高管同时是内部董事时，该指标取值为 1，否则取值为 0。

（2）股权融资成本（R）。现有文献对股权融资成本度量采用了不同的方法，其中，格布哈特等（2001）提出的 GLS 模型（剩余收益模型）

是国内外学者们使用最多的一种度量方法，说明该模型得到大量学者的普遍认同，具有更高的准确性和科学性，为此，我们采用这种方法来度量股权融资成本。该方法的股权融资成本为使未来属于股东的现金流折现值等于当前股价的内含报酬率。模型（6-1）中求出的 R 即为本章度量的股权融资成本。

$$P_t^* = B_t + \sum_{i=1}^{T-1} \frac{(FROE_{t+i} - R) \times B_{t+i-1}}{(1+R)^i} + \frac{(FROE_{t+T} - R) \times B_{t+T-1}}{R(1+R)^{T-1}}$$

$$(6-1)$$

其中，P_t^* 为股权再融资的潜在价格，本章采用第 t 期的期末收盘价进行计算；B_t 为第 t 期的每股净资产，采用第 t 期期末每股净资产加上第 t 期的每股股利减去第 t 期的每股收益计算获得；一般认为，该模型的预测期间不少于 12 期（Gebhardt et al.，2001），借鉴陈等人（Chen et al.，2013）、陆正飞和叶康涛（2004）、沈艺峰等（2005）和沈洪涛等（2010）文献的做法，我们的预测期为 12 期，即 T = 12；FROE 为净资产收益率（ROE）的预测值，鉴于我国分析师预测数据相对较少（陆正飞和叶康涛，2004；李伟和曾建光，2012），前三期的 FROE 以实际的净资产收益率替代，假设第 t+4 期至第 t+11 期的 ROE 与行业 ROE 中位数直线回归，第 t+12 期和第 12 期后的 ROE 维持在行业平均水平上；当公式（6-1）中的 i > 4 时，$B_{t+i-1} = B_{t+i-2} + (1-g) \times EPSME$，g 表示股利支付率，等于公司历年股利支付率的中位数，EPSME 为公司历年每股收益的中位数。

（3）法律环境（Lawindex）。采用樊纲等（2011）提供的地区法律环境指数表征公司所在地区的法律环境好坏，该指数越大，表示法律环境越好。需要说明的是樊纲等（2011）的法律环境指数只到 2009 年，借鉴大部分文献做法，2010~2012 年的法律环境指数以 2009 年的代替。

（4）社会信任（Trust）。张维迎和柯荣住（2002）委托"中国企业家调查系统"于 2000 年在全国范围进行了问卷调查，测度了全国 31 个省、自治区和直辖市的信任度，该信任指数被广泛用于社会信任相关的学术研究中，为此，本章以该信任指数刻画公司所在地区的信任程度。

（5）控制变量。借鉴陈等（2013）和沈洪涛等（2010）等文献，我们选取了公司规模（Size）、资产负债率（Lev）、总资产收益率（Roa）、账面市值比（Bm）、贝塔系数（Beta）、非系统性风险（Irisk）、价格惯性（Mmt）、换手率（Turnover）等变量作为控制变量，还控制了第一大股东持股比例（Top1）、董事会人数的自然对数（Lnboardnum）和独立董事比例（Ind）等公司治理变量以及行业、年度虚拟变量。具体变量定义如表6-1所示。

表6-1　　　　　　　　　　　　　　变量定义

变量	变量定义
R	股权融资成本，详细计算过程参见正文
Power	四个反映高管权力的分指标加总求和，具体参见正文论述
SOE	国有企业取值为1，民营企业取值为0
Lawindex	法律环境指数，来源于樊纲等（2011），2010~2012年的值以2009年的替代
Trust	社会信任程度，来源于张维迎和柯荣住（2002）
Size	公司规模，期末总资产的自然对数
Lev	资产负债率，期末总负债/期末总资产
Roa	总资产收益率，息税前利润/期末总资产
Bm	企业账面价值与市场价值的比值
Beta	贝塔系数，各股票当年周数据计算的回归系数
Irisk	非系统性风险，周收益率与市场收益率的回归模型中残差的标准差
Mmt	价格惯性，上年股票收益率加1的自然对数
Turnover	换手率，年交易股数/期初期末平均流通股股数
Top1	第一大股东持股比例
Lnboardnum	董事会人数的自然对数
Ind	独立董事比例

6.3.3　研究模型

本章采用模型（6-2）检验高管权力与股权融资成本的关系，分全样本、国有企业样本和民营企业样本分别考察高管权力对权益成本的影响，以检验假设6-1和假设6-2是否成立。若模型（6-2）中的β_2显著为正，则表明高管权力越大，股权融资成本越高。

$$R = \alpha_0 + \beta_1 Power + \beta_2 Size + \beta_3 Lev + \beta_4 Roa + \beta_5 Bm + \beta_6 Beta$$
$$+ \beta_7 Irisk + \beta_8 Mmt + \beta_9 Turnover + \beta_{10} Top1 + \beta_{11} Lnboardnum$$
$$+ \beta_{12} Ind + \sum Industry + \sum Year + \varepsilon \qquad (6-2)$$

为了考察法律环境对高管权力与股权融资成本关系的影响，我们设置了Highlaw这个虚拟变量，法律环境指数高于行业中位数取值为1，否则为 0，在模型（6 - 2）的基础上加入 Highlaw 和 Power × Highlaw 两项，使用模型（6 - 3）进行多元线性回归。若模型（6 - 3）中的 β_2 为负，则表明法制环境的改善有助于减弱高管权力对股权融资成本的负面影响。

$$R = \alpha_0 + \beta_1 Power + \beta_2 Power \times Highlaw + \beta_3 Highlaw + \beta_4 Size + \beta_5 Lev$$
$$+ \beta_6 Roa + \beta_7 Bm + \beta_8 Beta + \beta_9 Irisk + \beta_{10} Mmt + \beta_{11} Turnover$$
$$+ \beta_{12} Top1 + \beta_{13} Lnboardnum + \beta_{14} Ind + \sum Industry + \sum Year + \varepsilon$$
$$(6 - 3)$$

同样，为了考察社会信任对高管权力与股权融资成本关系的影响，我们设置了 Hightrust 这个虚拟变量，社会信任指数高于行业中位数取值为 1，否则为 0，在模型（6 - 2）的基础上加入 Hightrust 和 Power × Highgtrust 两项，使用模型（6 - 4）进行多元线性回归。若模型（6 - 4）中的 β_2 显著为负，则表明社会信任的提高有助于减弱高管权力对股权融资成本的负面影响。

$$R = \alpha_0 + \beta_1 Power + \beta_2 Power \times Hightrust + \beta_3 Hightrust + \beta_4 Size + \beta_5 Lev$$
$$+ \beta_6 Roa + \beta_7 Bm + \beta_8 Beta + \beta_9 Irisk + \beta_{10} Mmt + \beta_{11} Turnover$$
$$+ \beta_{12} Top1 + \beta_{13} Lnboardnum + \beta_{14} Ind + \sum Industry + \sum Year + \varepsilon$$
$$(6 - 4)$$

模型（6 - 2）、模型（6 - 3）和模型（6 - 4）中的变量含义如表 6 - 1 所示。

6.4 实证结果与分析

6.4.1 描述性统计和相关性分析

表 6 - 2 列示了描述性统计结果。从中可以发现，股权融资成本（R）的平均值为 4.539，最小值为 0.264，最大值为 23.461，标准差为 3.857，说明公司间的股权融资成本差异较大。高管权力（Power）的均值为 1.645，中位数为 2，表明我国上市公司平均而言存在一个维度的高管权力过大的情况。SOE 的均值为 0.688，说明本章研究样本中 68.8% 为国有企业，这与中国的国有企业占比最大的事实相符。各地区的法律环境指数和信任指数标准

差分别达到 5.038 和 70.978，表明中国各地区的法制环境和信任度水平存在较大差异。其他变量分布情况均在合理范围内，如表 6 - 2 所示。

表 6 - 2　　　　　　　　　描述性统计

变量	样本量	均值	中位数	最小值	最大值	标准差
R（%）	14459	4.549	3.567	0.264	23.461	3.857
Power	14459	1.645	2.000	0.000	4.000	0.788
SOE	14459	0.688	1.000	0.000	1.000	0.463
Lawindex	14459	8.299	6.610	0.000	19.89	5.038
Trust	14459	78.61	49.900	2.700	218.9	70.978
Size	14459	21.504	21.381	18.697	25.596	1.146
Lev	14459	0.505	0.509	0.050	1.893	0.202
Roa	14459	0.025	0.030	− 0.389	0.208	0.073
Bm	14459	0.746	0.769	0.139	1.401	0.258
Beta	14459	1.098	1.091	0.163	1.961	0.321
Irisk	14459	0.047	0.045	0.017	0.112	0.019
Mmt	14459	0.064	− 0.033	− 1.306	1.499	0.607
Turnover	14459	4.985	3.881	0.034	32.438	3.814
Top1	14459	0.392	0.374	0.090	0.770	0.164
Lnboardnum	14459	2.218	2.197	1.099	2.944	0.222
Ind	14459	0.299	0.333	0.000	0.556	0.13

　　表 6 - 3 为变量间的 Person 相关性系数。由表 6 - 3 可知：（1）高管权力（Power）与股权融资成本（R）的相关性系数为 0.017，显著水平为 5%，说明高管权力与股权融资成本是显著正相关关系，与我们的假设 6 - 1 相符；（2）法律环境指数（Lawindex）和信任指数（Trust）与股权融资成本（R）的相关性系数分别为 − 0.022 和 − 0.073，显著程度达到了 1%，表明法律环境越好、信任水平越高，投资者要求的报酬率越低，这与现有理论预期和相关研究结果一致（沈艺峰等，2005；肖珉，2008；肖珉和沈艺峰，2008；姜付秀，2008；游家兴和刘淳，2011）；（3）SOE 和股权融资成本（R）的相关性系数不显著，说明国有企业和民营企业的股权融资成本不存在差异，但这并不意味着不同产权性质的高管权力引致的股权融资成本不存在差异，有待进一步的实证检验。

表6-3 变量间的相关性系数

变量	(1)	(2)	(3)	(4)	(5)	(6)	(7)	(8)	(9)	(10)	(11)	(12)	(13)	(14)	(15)	(16)
R (1)	1.000															
Power (2)	0.017**	1.000														
SOE (3)	0.008	-0.048***	1.000													
Lawindex (4)	-0.022***	0.090***	-0.152***	1.000												
Trust (5)	-0.073***	0.036***	0.006	0.653***	1.000											
Size (6)	0.172***	0.041***	0.170***	0.248***	0.101***	1.000										
Lev (7)	-0.094***	-0.062***	0.004	0.020**	-0.027***	0.202***	1.000									
Roa (8)	-0.029***	0.053***	0.010	0.086***	0.045***	0.217***	-0.432***	1.000								
Bm (9)	0.392***	-0.012	0.105***	-0.059***	0.017**	0.371***	0.186***	-0.101***	1.000							
Beta (10)	-0.009	0.017**	-0.022***	0.083***	-0.020**	0.038***	0.058***	-0.104***	0.044***	1.000						
Irisk (11)	-0.204***	-0.071***	-0.104***	0.098***	-0.017***	-0.116***	0.141***	-0.077***	-0.301***	0.123***	1.000					
Mmt (12)	-0.068***	-0.060***	0.003	0.007	0.001	0.033***	-0.014*	0.128***	-0.162***	-0.056***	0.230***	1.000				
Turnover (13)	-0.179***	-0.053***	-0.083***	0.139***	-0.049***	-0.092***	0.050***	-0.030***	-0.294***	0.159***	0.628***	0.058***	1.000			
Top1 (14)	0.072***	-0.111***	0.263***	-0.078***	0.054***	0.171***	-0.069***	0.122***	0.200***	-0.060***	-0.141***	-0.022***	-0.159***	1.000		
Lnboardnum (15)	0.052***	-0.007	0.160***	-0.056***	0.004	0.200***	0.026***	0.046***	0.115***	-0.055***	-0.079***	-0.011	-0.093***	0.010	1.000	
Ind (16)	0.100***	-0.031***	-0.140***	-0.376***	-0.010	0.251***	0.112***	0.006	0.108***	0.134***	0.174***	-0.070***	0.199***	-0.125***	-0.102***	1.000

注：括号内为T值，***、 **和 *分别表示回归系数在1%、5%和10%的水平上显著。

6.4.2　企业产权、高管权力与股权融资成本

表6-4是对假设6-1和6-2检验的结果。前三列为控制了常见的控制变量的回归结果，可以发现，在全样本的回归结果中，高管权力（Power）的回归系数显著为正，说明高管权力越大的企业，股权融资成本越高，表明投资者针对高管权力可能带来的信息不透明、公司治理失效和风险的增加采取了价格保护机制，要求更高的投资回报率，假设6-1得到支持，在国有企业样本中，高管权力（Power）的回归系数也显著为正，并且回归系数0.145高于全样本中的回归系数0.082，但是在民营企业样本中，高管权力（Power）的回归系数不再显著，说明在国有企业中高管权力增大将更能导致股权融资的增加，假设6-2得到验证。后三列是进一步控制了第一大股东持股比例（Top1）、董事会规模的自然对数（Lnboardnum）和独立董事比例（Ind）三个常见的公司治理变量的回归结果，这一做法的目的在于现有高管权力的度量在一定程度上可能反映了公司治理，而公司治理是影响股权融资成本的重要因素，为了说明高管权力本身能对股权融资成本也能产生影响，有必要控制公司治理因素的影响。由（4）、（5）和（6）的结果可知，在控制公司治理因素，高管权力依然与股权融资成本显著正相关，且主要在国有企业中存在，说明高管权力确是影响股权融资成本的重要因素，而产权安排的差异将导致高管权力在股权融资成本方面的经济后果的轻重。

在控制变量上，账面市值比（Bm）的回归系数显著为正、总资产收益率（Roa）的回归系数显著为负，说明投资者对成长性好的、盈利能力强的公司要求更低的投资报酬率，从而资本成本更低，这与现有研究结论一致；反映流动性的指标换手率（Turnover）显著为负，说明流动性好的股票的资本成本越低，这与布伦南（Brennan et al., 1998）的结果一致；价格惯性（Mmt）的系数基本显著为负，与陈等（2013）结论相同；系统性风险（Beta）的系数不显著，非系统性风险（Irisk）的系数显著为负，公司规模（Size）的系数显著为正，资产负债率（Lev）的回归系数显著为负，这些结果虽然与理论预期不符，但与基于中国资本市场的诸多研究结论一致（如王春飞等，2013；王亮亮等，2013），这可能与中国资本市场的一些独特特征有关。

表 6 - 4　　　　　　　　　企业产权、高管权力与股权融资成本

变量	（1） 全样本 R	（2） 国有 R	（3） 民营 R	（4） 全样本 R	（5） 国有 R	（6） 民营 R
Power	0.082 *** （2.73）	0.145 *** （4.31）	- 0.046 （- 0.76）	0.058 * （1.92）	0.119 *** （3.53）	- 0.036 （- 0.59）
Size	0.181 *** （6.39）	0.152 *** （4.81）	0.400 *** （6.53）	0.213 *** （7.29）	0.171 *** （5.26）	0.418 *** （6.78）
Lev	- 2.815 *** （- 20.57）	- 2.980 *** （- 19.26）	- 2.792 *** （- 10.52）	- 2.866 *** （- 20.94）	- 3.049 *** （- 19.70）	- 2.791 *** （- 10.51）
Roa	- 5.402 *** （- 14.33）	- 5.865 *** （- 13.59）	- 5.453 *** （- 7.69）	- 5.232 *** （- 13.86）	- 5.698 *** （- 13.21）	- 5.557 *** （- 7.78）
Bm	4.932 *** （35.66）	5.110 *** （31.62）	4.279 *** （16.81）	5.033 *** （36.17）	5.193 *** （32.09）	4.184 *** （15.95）
Beta	- 0.094 （- 1.22）	- 0.101 （- 1.21）	0.123 （0.78）	- 0.109 （- 1.42）	- 0.118 （- 1.41）	0.112 （0.71）
Irisk	- 13.275 *** （- 7.11）	- 15.238 *** （- 7.16）	- 12.965 *** （- 3.66）	- 12.666 *** （- 6.79）	- 14.833 *** （- 6.99）	- 13.410 *** （- 3.76）
Mmt	- 0.158 ** （- 2.01）	- 0.186 ** （- 2.12）	- 0.158 （- 1.03）	- 0.150 * （- 1.91）	- 0.184 ** （- 2.09）	- 0.175 （- 1.15）
Turnover	- 0.046 *** （- 4.93）	- 0.038 *** （- 3.39）	- 0.032 * （- 1.95）	- 0.048 *** （- 5.19）	- 0.041 *** （- 3.60）	- 0.033 * （- 1.96）
Top1				- 0.979 *** （- 6.50）	- 1.025 *** （- 6.30）	0.449 （1.31）
Lnboardnum				- 0.161 （- 1.50）	0.144 （1.24）	- 0.497 ** （- 2.12）
Ind				- 0.627 （- 1.57）	- 0.729 * （- 1.73）	- 0.511 （- 0.57）
行业和年度	Yes	Yes	Yes	Yes	Yes	Yes
Constant	- 4.156 *** （- 6.57）	- 2.251 *** （- 3.34）	- 8.603 *** （- 6.96）	- 3.887 *** （- 5.91）	- 2.351 *** （- 3.38）	- 8.011 *** （- 6.21）
Adj - R²	0.520	0.557	0.506	0.522	0.559	0.507
N	14459	9947	4512	14459	9947	4512

注：括号内为 T 值，*** 、** 和 * 分别表示回归系数在 1% 、5% 和 10% 的水平上显著。

6.4.3 法律环境、高管权力与股权融资成本

表6－5列示了对假设6－3的检验结果。由表6－5可知，法律环境的高低虚拟变量（Highlaw）与高管权力（Power）的交叉项（Power × Highlaw）的回归系数显著为负，显著程度达到了5%或1%，说明企业所处地区的法律环境越好，高管权力与股权融资成本的正相关关系越弱，假设6－3得到支持，表明在中国法治是可以遏制高管权力恶劣后果的利器。有趣的是，在民营企业样本中，高管权力（Power）的回归系数由原来表6－4中的不显著变得显著。说明民营企业高管权力是否能影响股权融资成本，很大程度上取决于法律环境的好坏，在法律环境差的地区的民营企业，投资者会预期高管权力会带来谋取私利等行为，从而要求高的投资回报率，但是处于法律环境特别好的地区的民营企业，高管权力甚至导致股权融资成本的降低（在表6－5中的（3）和（6）中 Power 和 Power × Highlaw 的回归系数相加为负），可能是因为民营企业大部分为家族企业，家族企业中的高管权力可能表示家族权威，而家族权威能够驱动各家族成员关注企业的长期发展、提高员工的执行效率，同时也有助于形成一个以业主为核心的强凝聚力的团队，进而使企业在较低的管理交易成本下运作（贺小刚和连燕玲，2009），而一些研究也发现家族权威可以改进组织的经营效率，降低代理成本，提高企业市场价值（Holland and Boulton，1984；Johannisson and Huse，2000；王明琳和周生春，2006）。

表6－5 法律环境、高管权力与股权融资成本

变量	（1）全样本 R	（2）国有 R	（3）民营 R	（4）全样本 R	（5）国有 R	（6）民营 R
Power	0. 243 *** (5. 91)	0. 221 *** (5. 07)	0. 262 *** (2. 92)	0. 222 *** (5. 37)	0. 199 *** (4. 55)	0. 278 *** (3. 08)
Power × Highlaw	－ 0. 316 *** （－ 5. 49）	－ 0. 163 ** （－ 2. 50）	－ 0. 516 *** （－ 4. 55）	－ 0. 322 *** （－ 5. 58）	－ 0. 171 *** （－ 2. 62）	－ 0. 523 *** （－ 4. 60）
Highlaw	0. 324 *** (3. 04)	－ 0. 048 （－ 0. 40）	0. 720 *** (3. 39)	0. 344 *** (3. 23)	－ 0. 018 （－ 0. 15）	0. 731 *** (3. 43)

续表

变量	（1） 全样本 R	（2） 国有 R	（3） 民营 R	（4） 全样本 R	（5） 国有 R	（6） 民营 R
Size	0.189 *** （6.64）	0.172 *** （5.43）	0.405 *** （6.62）	0.219 *** （7.52）	0.191 *** （5.83）	0.424 *** （6.88）
Lev	− 2.862 *** （− 20.92）	− 3.027 *** （− 19.57）	− 2.841 *** （− 10.72）	− 2.913 *** （− 21.28）	− 3.094 *** （− 19.99）	− 2.841 *** （− 10.72）
Roa	− 5.370 *** （− 14.26）	− 5.821 *** （− 13.51）	− 5.486 *** （− 7.75）	− 5.203 *** （− 13.80）	− 5.658 *** （− 13.13）	− 5.600 *** （− 7.86）
Bm	4.932 *** （35.71）	5.074 *** （31.43）	4.300 *** （16.93）	5.033 *** （36.22）	5.158 *** （31.90）	4.200 *** （16.05）
Beta	− 0.110 （− 1.43）	− 0.125 （− 1.49）	0.126 （0.80）	− 0.124 （− 1.62）	− 0.140 * （− 1.68）	0.115 （0.73）
Irisk	− 13.282 *** （− 7.13）	− 15.270 *** （− 7.19）	− 12.920 *** （− 3.65）	− 12.680 *** （− 6.81）	− 14.872 *** （− 7.01）	− 13.412 *** （− 3.77）
Mmt	− 0.158 ** （− 2.01）	− 0.192 ** （− 2.19）	− 0.154 （− 1.01）	− 0.149 * （− 1.90）	− 0.189 ** （− 2.15）	− 0.172 （− 1.13）
Turnover	− 0.044 *** （− 4.76）	− 0.037 *** （− 3.27）	− 0.032 * （− 1.91）	− 0.047 *** （− 5.01）	− 0.039 *** （− 3.48）	− 0.032 * （− 1.91）
Top1				− 0.976 *** （− 6.49）	− 1.007 *** （− 6.19）	0.482 （1.40）
Lnboardnum				− 0.169 （− 1.57）	0.124 （1.08）	− 0.494 ** （− 2.11）
Ind				− 0.533 （− 1.33）	− 0.648 （− 1.54）	− 0.251 （− 0.28）
行业和年度	Yes	Yes	Yes	Yes	Yes	Yes
Constant	− 4.441 *** （− 7.01）	− 2.618 *** （− 3.87）	− 9.263 *** （− 7.46）	− 4.191 *** （− 6.37）	− 2.703 *** （− 3.88）	− 8.700 *** （− 6.71）
Adj − R^2	0.522	0.558	0.509	0.523	0.560	0.509
N	14459	9947	4512	14459	9947	4512

注：括号内为 T 值，***、** 和 * 分别表示回归系数在1%、5%和10%的水平上显著。

6.4.4 信任、高管权力与股权融资成本

表6-6报告了对假设6-4的检验结果。由表6-6可以发现，高管权力（Power）和信任水平高低程度虚拟变量（Hightrust）的交乘项 Power × Hightrust 在全样本和民营样本中显著为负，但是在国有企业样本中该交乘项不显著，说明信任这一非正式制度能影响民营企业高管权力与股权融资的关系，但并不能影响国有企业高管权力与股权融资成本的关系，假设6-4得到部分支持。出现这一结果的可能原因是，与国有企业相比，民营企业更愿意花精力建立关系网络，更加信任关系网络中的其他实体，以期获得正式制度中得不到的支持与保护（Xin and Pearce, 1996），因此，信任在民营企业中对遏制高管权力的恶劣后果作用更大。在表6-6中第（3）列和第（6）列的回归中，Power 和 Power × Hightrust 的回归系数相加为负，说明处于高信任地区的民营企业，高管权力会降低股权融资成本，导致这一结果的原因可能与表6-5结果的原因一致，民营企业中的投资者对家族权威给企业价值带来的正面作用给予了正面评价。

表6-6			信任、高管权力与股权融资成本			
变量	（1） 全样本 R	（2） 国有 R	（3） 民营 R	（4） 全样本 R	（5） 国有 R	（6） 民营 R
Power	0.191 *** （4.66）	0.172 *** （3.89）	0.188 ** （2.20）	0.168 *** （4.10）	0.150 *** （3.37）	0.202 ** （2.36）
Power × Hightrust	−0.216 *** （−3.79）	−0.051 （−0.78）	−0.429 *** （−3.94）	−0.219 *** （−3.85）	−0.057 （−0.87）	−0.437 *** （−3.99）
Hightrust	0.262 ** （2.50）	−0.186 （−1.58）	0.818 *** （3.96）	0.277 *** （2.65）	−0.163 （−1.39）	0.829 *** （3.99）
Size	0.187 *** （6.57）	0.171 *** （5.41）	0.394 *** （6.41）	0.218 *** （7.44）	0.190 *** （5.81）	0.414 *** （6.68）
Lev	−2.846 *** （−20.77）	−3.033 *** （−19.59）	−2.828 *** （−10.65）	−2.896 *** （−21.13）	−3.099 *** （−20.00）	−2.826 *** （−10.64）
Roa	−5.391 *** （−14.31）	−5.844 *** （−13.56）	−5.517 *** （−7.79）	−5.223 *** （−13.85）	−5.680 *** （−13.18）	−5.617 *** （−7.88）

续表

变量	（1） 全样本 R	（2） 国有 R	（3） 民营 R	（4） 全样本 R	（5） 国有 R	（6） 民营 R
Bm	4. 929 *** （35. 66）	5. 085 *** （31. 50）	4. 294 *** （16. 90）	5. 030 *** （36. 17）	5. 168 *** （31. 96）	4. 204 *** （16. 05）
Beta	− 0. 101 （ − 1. 31）	− 0. 120 （ − 1. 43）	0. 138 （0. 87）	− 0. 115 （ − 1. 50）	− 0. 135 （ − 1. 61）	0. 127 （0. 80）
Irisk	− 13. 311 *** （ − 7. 14）	− 15. 057 *** （ − 7. 09）	− 13. 038 *** （ − 3. 68）	− 12. 711 *** （ − 6. 82）	− 14. 673 *** （ − 6. 92）	− 13. 457 *** （ − 3. 78）
Mmt	− 0. 161 ** （ − 2. 04）	− 0. 193 ** （ − 2. 20）	− 0. 151 （ − 0. 99）	− 0. 152 * （ − 1. 94）	− 0. 190 ** （ − 2. 17）	− 0. 168 （ − 1. 10）
Turnover	− 0. 045 *** （ − 4. 86）	− 0. 039 *** （ − 3. 43）	− 0. 032 * （ − 1. 93）	− 0. 048 *** （ − 5. 12）	− 0. 041 *** （ − 3. 63）	− 0. 032 * （ − 1. 95）
Top1				− 0. 978 *** （ − 6. 49）	− 1. 007 *** （ − 6. 19）	0. 423 （1. 23）
Lnboardnum				− 0. 170 （ − 1. 58）	0. 129 （1. 11）	− 0. 512 ** （ − 2. 19）
Ind				− 0. 575 （ − 1. 44）	− 0. 669 （ − 1. 59）	− 0. 210 （ − 0. 23）
行业和年度	Yes	Yes	Yes	Yes	Yes	Yes
Constant	− 4. 394 *** （ − 6. 92）	− 2. 571 *** （ − 3. 80）	− 8. 842 *** （ − 7. 12）	− 4. 124 *** （ − 6. 25）	− 2. 655 *** （ − 3. 81）	− 8. 235 *** （ − 6. 34）
Adj − R^2	0. 521	0. 558	0. 508	0. 522	0. 560	0. 509
N	14459	9947	4512	14459	9947	4512

注：括号内为 T 值，*** 、** 和 * 分别表示回归系数在 1%、5% 和 10% 的水平上显著。

6.5 稳健性检验

为了使本章的研究结论更加可靠，我们还进行了以下几项稳健性检验：

（1）改变高管权力的度量方法。将前文构建高管权力的四个指标（Dual、Ceotenure、Ceosharerate 和 Inside）使用主成分分析的方法构建新的代表高管权力的指标 Power_new，将 Power_new 代替 Power 重新放入模型（6-2）中进行多元线性回归。实证结果如表 6-7 所示，可以发现，在全样本和国有企业样本中，高管权力（Power_new）依然与股权融资成本（R）显著负相关，在民营企业样本中，高管权力（Power_new）的回归系数不显著，这与文中表 6-4 的研究结论一致。

表 6-7   稳健性检验一：改变高管权力度量

变量	（1） 全样本 R	（2） 国有 R	（3） 民营 R	（4） 全样本 R	（5） 国有 R	（6） 民营 R
Power_new	0.165 *** (2.99)	0.212 *** (3.48)	-0.023 (-0.20)	0.125 ** (2.25)	0.169 *** (2.76)	-0.002 (-0.01)
Size	0.181 *** (6.40)	0.154 *** (4.88)	0.395 *** (6.45)	0.212 *** (7.29)	0.174 *** (5.35)	0.414 *** (6.70)
Lev	-2.814 *** (-20.57)	-2.979 *** (-19.25)	-2.780 *** (-10.47)	-2.865 *** (-20.93)	-3.051 *** (-19.70)	-2.779 *** (-10.46)
Roa	-5.408 *** (-14.35)	-5.860 *** (-13.57)	-5.447 *** (-7.69)	-5.238 *** (-13.88)	-5.691 *** (-13.19)	-5.557 *** (-7.78)
Bm	4.930 *** (35.67)	5.102 *** (31.57)	4.293 *** (16.89)	5.032 *** (36.18)	5.187 *** (32.05)	4.195 *** (16.01)
Beta	-0.094 (-1.23)	-0.100 (-1.19)	0.124 (0.79)	-0.110 (-1.43)	-0.117 (-1.39)	0.113 (0.71)
Irisk	-13.288 *** (-7.12)	-15.336 *** (-7.21)	-12.859 *** (-3.63)	-12.668 *** (-6.79)	-14.911 *** (-7.02)	-13.325 *** (-3.73)
Mmt	-0.159 ** (-2.02)	-0.191 ** (-2.17)	-0.159 (-1.04)	-0.151 * (-1.92)	-0.187 ** (-2.13)	-0.176 (-1.15)
Turnover	-0.046 *** (-4.92)	-0.039 *** (-3.45)	-0.033 ** (-1.99)	-0.048 *** (-5.18)	-0.041 *** (-3.65)	-0.033 ** (-1.99)
Top1				-0.975 *** (-6.48)	-1.044 *** (-6.42)	0.467 (1.36)

续表

变量	（1） 全样本 R	（2） 国有 R	（3） 民营 R	（4） 全样本 R	（5） 国有 R	（6） 民营 R
Lnboardnum				− 0. 164 （− 1. 52）	0. 136 （1. 17）	− 0. 499 ** （− 2. 13）
Ind				− 0. 640 （− 1. 60）	− 0. 767 * （− 1. 82）	− 0. 503 （− 0. 56）
行业和年度	Yes	Yes	Yes	Yes	Yes	Yes
Constant	− 4. 157 *** （− 6. 57）	− 2. 203 *** （− 3. 27）	− 8. 589 *** （− 6. 94）	− 3. 883 *** （− 5. 91）	− 2. 293 *** （− 3. 30）	− 7. 993 *** （− 6. 19）
Adj − R²	0. 520	0. 556	0. 506	0. 522	0. 558	0. 507
N	14459	9947	4512	14459	9947	4512

注：括号内为 T 值，*** 、** 和 * 分别表示回归系数在 1% 、5% 和 10% 的水平上显著。

（2）改变股权融资成本的度量方法。股权融资成本的估计容易受到股权再融资价格变量选择的影响（游家兴和刘淳，2011），为此，我们还选择上年期初期末平均收盘价作为公式（6－1）中 P_t^* 的替代变量重新计算，获得新的股权融资成本（R_new）代入模型（6－2）重新进行多元线性回归。实证结果如表6－8所示，可以发现前文的研究结论基本不变，说明本章的研究结论较为稳健。

表6－8　　　　　稳健性检验二：改变股权融资成本度量①

变量	（1） 全样本 R_new	（2） 国有 R_new	（3） 民营 R_new	（4） 全样本 R_new	（5） 国有 R_new	（6） 民营 R_new
Power	0. 058 * （1. 88）	0. 129 *** （3. 93）	− 0. 105 （− 1. 60）	0. 044 （1. 41）	0. 112 *** （3. 40）	− 0. 083 （− 1. 26）
Size	0. 195 *** （6. 82）	0. 226 *** （7. 38）	0. 329 *** （5. 11）	0. 211 *** （7. 17）	0. 236 *** （7. 45）	0. 341 *** （5. 25）

① 由于上年期初末股价数据缺失程度不同，所以该表样本量有所不同。

续表

变量	(1) 全样本 R_new	(2) 国有 R_new	(3) 民营 R_new	(4) 全样本 R_new	(5) 国有 R_new	(6) 民营 R_new
Lev	-2.435 *** (-17.70)	-2.500 *** (-16.68)	-2.440 *** (-8.72)	-2.462 *** (-17.88)	-2.548 *** (-16.97)	-2.484 *** (-8.88)
Roa	-1.545 *** (-4.11)	-2.083 *** (-4.99)	-1.481 ** (-2.02)	-1.463 *** (-3.89)	-1.984 *** (-4.75)	-1.782 ** (-2.41)
Bm	3.963 *** (27.95)	3.581 *** (22.93)	4.001 *** (14.00)	4.013 *** (28.14)	3.635 *** (23.23)	3.788 *** (12.96)
Beta	-0.415 *** (-5.36)	-0.404 *** (-4.96)	-0.238 (-1.43)	-0.422 *** (-5.45)	-0.415 *** (-5.09)	-0.248 (-1.48)
Irisk	2.145 (1.15)	-4.035 ** (-1.96)	8.411 ** (2.26)	2.526 (1.35)	-3.676 * (-1.79)	6.952 * (1.86)
Mmt	0.187 ** (2.34)	0.094 (1.10)	0.211 (1.28)	0.190 ** (2.38)	0.097 (1.13)	0.183 (1.11)
Turnover	-0.019 ** (-1.97)	0.033 *** (3.01)	-0.067 *** (-3.67)	-0.020 ** (-2.13)	0.031 *** (2.84)	-0.061 *** (-3.31)
Top1				-0.522 *** (-3.42)	-0.666 *** (-4.18)	1.213 *** (3.25)
Lnboardnum				-0.048 (-0.44)	0.177 (1.54)	-0.228 (-0.93)
Ind				-0.654 (-1.62)	-0.645 (-1.57)	-0.794 (-0.84)
行业和年度	Yes	Yes	Yes	Yes	Yes	Yes
Constant	-4.107 *** (-6.40)	-5.634 *** (-8.88)	-6.370 *** (-4.54)	-3.915 *** (-5.86)	-5.919 *** (-9.13)	-6.186 *** (-4.07)
Adj - R^2	0.467	0.513	0.452	0.468	0.515	0.453
N	12975	9057	3918	12975	9057	3918

注:括号内为 T 值，*** 、 ** 和 * 分别表示回归系数在 1% 、5% 和 10% 的水平上显著。

（3）控制公司固定效应。虽然前文的所有回归均控制了影响股权融资成本常见控制变量和公司治理变量，但依然还可能存在某些遗漏变量，既影响高管权力又影响股权融资成本，为了减轻遗漏变量可能对本章实证结果造成的计量偏差，我们还控制了公司固定效应，实证结果如表 6-9 所示。由表 6-9 可知，在控制了公司固定效应后，高管权力与股权融资成本的显著正相关关系在全样本和国有样本中依然存在，而在民营样本中，高管权力与股权融资成本的关系依然不显著，与前文结果一致。

表 6-9　　　　　　　　稳健性检验三：公司固定效应

变量	（1） 全样本 R	（2） 国有 R	（3） 民营 R	（4） 全样本 R	（5） 国有 R	（6） 民营 R
Power	0.057 * （1.84）	0.086 ** （2.33）	0.025 （0.43）	0.067 ** （2.20）	0.088 ** （2.38）	0.026 （0.44）
Size	-0.047 （-1.38）	0.053 （1.26）	-0.211 *** （-3.06）	-0.200 *** （-5.58）	-0.151 *** （-3.38）	-0.208 *** （-2.90）
Lev	-1.826 *** （-11.12）	-1.891 *** （-8.85）	-1.902 *** （-6.33）	-2.092 *** （-12.80）	-2.144 *** （-10.09）	-1.788 *** （-5.96）
Roa	-8.362 *** （-24.90）	-9.049 *** （-21.67）	-7.470 *** （-12.55）	-7.948 *** （-23.82）	-8.717 *** （-21.03）	-6.669 *** （-11.22）
Bm	5.852 *** （62.23）	6.266 *** （55.53）	5.345 *** （30.27）	5.911 *** （61.70）	6.217 *** （53.94）	5.625 *** （31.36）
Beta	0.273 *** （4.39）	0.216 *** （2.97）	0.335 *** （2.83）	0.216 *** （3.51）	0.158 ** （2.20）	0.288 ** （2.46）
Irisk	2.086 （1.51）	1.894 （1.15）	0.678 （0.27）	-0.577 （-0.42）	-1.311 （-0.79）	0.889 （0.36）
Mmt	0.075 ** （2.45）	0.082 ** （2.28）	0.114 ** （2.09）	0.101 *** （3.32）	0.114 *** （3.17）	0.116 ** （2.15）
Turnover	-0.050 *** （-7.18）	-0.067 *** （-7.82）	-0.025 ** （-1.99）	-0.062 *** （-8.83）	-0.078 *** （-9.22）	-0.030 ** （-2.40）
Top1				-2.731 *** （-11.60）	-2.310 *** （-7.95）	-4.822 *** （-9.18）

变量	(1) 全样本 R	(2) 国有 R	(3) 民营 R	(4) 全样本 R	(5) 国有 R	(6) 民营 R
Lnboardnum				−0.078 (−0.63)	−0.003 (−0.02)	−0.228 (−0.85)
Ind				1.461*** (8.37)	1.733*** (8.63)	−0.000 (−0.00)
公司固定效应	Yes	Yes	Yes	Yes	Yes	Yes
Constant	2.080** (3.04)	−0.331 (−0.39)	6.030*** (4.32)	6.481*** (8.40)	4.978*** (5.11)	7.820*** (5.20)
Adj−R^2	0.716	0.703	0.761	0.722	0.709	0.766
N	14459	9947	4512	14459	9947	4512

注：括号内为 T 值，***、** 和 * 分别表示回归系数在 1%、5% 和 10% 的水平上显著。

6.6 本章小结

股权融资成本的研究是财务学研究的核心问题，由于既有研究基本上建立在新古典主义经济理论和代理理论基础之上，因而忽视了对高管异质性对股权融资成本影响的考察。权力是腐败的根本原因，在"反腐倡廉"的时代背景下，高管权力成为新一轮的热点研究话题。基于现有研究的不足，并结合中国的现实背景，本章选择高管权力这一视角研究高管权力对股权融资成本的影响，并进一步研究了企业产权、法律环境和信任水平对高管权力与股权融资成本关系的影响。通过实证检验，本章得到如下研究结论：投资者会预期到高管权力带来的风险加大、信息披露质量下降和公司治理失效等恶劣后果，从而要求更高的投资回报，导致高管权力大的企业股权融资成本更高；将研究样本分为国有样本和民营样本，高管权力与股权融资成本的正相关关系在国有企业中存在，在民营企业中，这一关系并不显著，说明企业产权安排的不同会导致高管权力在股权融资成本方面经济后果的差异；法律环境的改善有助于降低高管权力与股权融资成本的正相关关系，但是信任在影响国有企业和民营企业高管权力与股权融资成本的关系上却存在差异，处于信任水平较高地区的民营企业，高管权力与股权融资成本的正相关关系减弱，但是信任对国有企业高管权力与股权融资成本的关系的影响不显著。特别是当法律环境特别好和信任水平特别高时，民营企业的高管权力甚至有助于降低股权融资成本，主要原因在于民营企业中的高管权力在法治和信任的影响下更可能体现为家族权威，从而带来投资者的正面评价。

　　本章除了具有丰富高管权力和股权融资成本方面的理论研究贡献外，也具有重要的现实启示作用：一方面，企业高管权力的偏大会导致股权融资成本的增加，因此，企业应该制定措施限制高管权力的膨胀，以降低权益融资成本，特别是在中国企业偏好股权融资的背景下，有效地监控高管权力的负面后果，才能在资本市场占有一席之地，避免融资约束制约企业的发展。另一方面，对于监管机构而言，在约束高管权力方面，对国有企业加强法制建设，能有效地降低高管权力在股权融资成本上的恶劣后果；对于民营企业，不仅需要加强法制建设，还需要建立良好的社会信任环境，通过正式制度和非正式制度的配合，能更大限度地减轻投资者对民营企业高管权力的负面评价，在极好的法律环境和社会信任环境下，民营企业高管权力甚至有助于降低股权融资成本。

第7章

高管权力与过度投资

7.1 引　　言

党的十八大以来，国企高管的频繁"落马"引起了社会轰动，受到各界的广泛关注。这一社会现象除了表明政府在反腐上的坚定决心外，也说明国有企业存在严重的问题。我国的国有企业改革经历了放权让利、政企分开、两权分离、抓大放小和建立现代企业制度等阶段（刘行和李小荣，2012），这些举措虽然极大地提高了国有企业的效率，但是也使国企高管的权力不断增大（卢锐，2008）。可见，高管权力过大是摆在国企改革面前的重大现实问题。本章旨在研究国有企业高管权力对过度投资的影响，以期给新一轮国企改革和降低国企过度投资严重问题提供政策启示。

本章选择国有企业过度投资问题进行研究，主要依据在于：第一，中国经济发展中的一个最重要问题是企业的投资效率问题，然而中国企业的投资效率并不乐观（应千伟和罗党伦，2012），尤其表现在国有企业的过度投资上。潘敏和金岩（2003）指出，国有企业遵循大规模过度投资扩张的行为模式。刘凤委和李琦（2013）认为，国有企业一味追求快速发展与做大做强的高成长理念，企业投资过度、投资冲动屡禁不绝。由此来看，研究国有企业的过度投资比研究其他类型企业的过度投资问题更有必要。

第二，既有关于国有企业过度投资领域的学术文献存在不足。目前对中国国有企业过度投资现象的解释，主要从公司治理和政府干预角度出发。公司治理视角的研究认为管理者有"帝国构建"的动机，会过度投资，从中获取私人收益。如辛清泉等（2007）基于国有企业薪酬管制的制度背景，发现国有企业存在因薪酬契约失效导致的过度投资现象。除了股东与管理者间的代理问题影响过度投资之外，大小股东间的代理问题也会导致过度投资。如俞红梅等（2010）发现，控制权与现金流权分离度对过度投资有显著正的影响，相对于私人控股，政府控股公司过度投资更严重。政府干预视角的研究则认为中国的国有企业受到政府干预的影响，为了实现政府下达的实现稳定就业、增加税收和提高 GDP 等目标，而进行过度投资，特别是中国的分权化改革，地方政府政绩观激发了地方政府对所属国有企业的干预，使得国有企业过度投资的现象更为严重。曹春方（2013）则进一步将"政府"拓展到"官员"，找到了政府干预影响国有企业过度投资的直接证据。我们认为，从公司治理角度研究国企过度投资只强调了公司治理机制的影响，忽视了高管的异质性。公司治理理论认为，只要公司治理结构是一致的，公司的决策就会相同（Bertrand and Schoar，2012），实际上，公司治理理论的假设前提为高管是同质的，这与实际不符，即使公司治理机制一致，高管由于受个人生理、心理和个人经历的影响，决策效果也会迥然不同。例如，马尔门迪尔等人（Malmendier et al.，2011）发现，高管的个人特征显著影响公司的融资决策，具体来说，过度自信的经理使用更少的外部融资；大萧条时期成长起来的经理偏向内部融资，反对债务融资；有军事经历的经理采取冒险的策略，提高公司的资产负债率。不可否认，政府干预视角研究国企过度投资符合中国的国情，对推动中国的市场化改革起到推波助澜的效果，但是随着市场化改革的推进，政府干预越来越少，但是国企过度投资现象依然严重，是否还存在其他原因？同时我们认为这部分研究也忽略了管理者的异质性，特别是对国企改革导致的"一言堂"等高管权力过大的事实欠缺考虑，因此，难以深刻和全面认识国企过度投资的本质。刘和吉拉蓬（2010）指出，权力是高管特征的重要维度，当公司的决策权集中在总经理手中时，总经理拥有影响公司决策的自由裁量权，进而将个人意志体现在公司决策上。基于中国的制度背景，从高管的权力特征研究国有企业的过度投资现象具有重要的理论价值和现实意义。

　　本章的逻辑思路是：首先，分析和检验国企高管权力是否影响过度投资。我们采用社会心理学理论、委托代理理论和高管权力理论深入分析高管权力如何影响过度投资，然后构建高管权力的综合指数，实证检验高管权力与过度投资的关系；其次，考察我国政府干预逐步降低的情形下，高管权力过大是否能解释国企过度投资依然严重的现象。主要将研究样本分为政府干预大和政府干预小的两组，检验高管权力与过度投资关系是否存在显著差异；最后，探索法制环境改善和国企在香港上市是否可以减弱高管权力与过度投资的关系。权力寻租等非伦理行为猖獗的一个重要原因在于缺乏有效的法治环境，缺乏外部监督的威慑作用。源于相对成立时间不长的中国资本市场而言，境外资本市场有着相对悠久的历史、健全的法律、有效的执法、严格的监管、理性的投资者等，境外上市是国企改革"摸着石头过河"中的"石头"（覃家琦，2015）。从法制环境和国企在香港上市角度检验其对高管权力与过度投资关系的影响，贴近中国实际制度背景。

通过 2001～2012 年中国国有上市公司的数据，本章得到以下研究发现：（1）国企高管权力与过度投资显著正相关，说明高管权力过大是国企过度投资的重要原因；（2）当政府干预低时，高管权力对国企过度投资具有很好的解释力，说明市场化改革出现了新的问题，迫切需要新一轮的国企改革；（3）在法律环境好的地区和发行 H 股的公司，高管权力与过度投资无关，说明良好的法律环境和国企在香港上市可以有效抑制高管权力过大导致的过度投资行为。以上结论经过多种稳健性检验后，依然成立。

本章剩余部分安排如下：7.2 节是文献回顾和研究假设，首先回顾了高管权力经济后果的学术文献，之后进行理论分析和假设推演；7.3 节是研究设计；7.4 节是实证结果与分析；7.5 节是稳健性检验；最后是本章的结论部分。

7.2　理论分析与研究假设

7.2.1　高管权力与过度投资

高管的个人特征对公司的投资等战略决策有重要影响力（Rotemberg and Saloner，2000；Malmendier and Tate，2008）。高管权力是高管重要的特征之一，当公司的决策权集中在高管手中时，高管个人将会对公司的投资决策产生决定性作用（Liu and Jiraporn，2010）。

社会心理学表明，个人掌握权力的大小将会转变其心理决策过程（Magee and Galinsky，2008）。个人在进行决策时，有趋近与抑制两种行为模式。不同的行为模式对个人的动机、感情及行动有不同的影响（Karniol and Ross，1996）。当趋近的行为模式起作用时，个人只会注意积极后果，忽视消极后果。而当抑制的行为模式起作用时，个人会将注意力集中在避免消极后果上（Karniol and Ross，1996；Keltner et al.，2003）。两种不同的行为模式会影响个人对风险的认知（Keltner et al.，2003）。权力的趋近与抑制理论提出，当个人拥有较多的资源与较少的约束时，个人会将注意力集中在风险行为的收益上，忽视风险行为的威胁（Anderson and Berdahl，2002）。安德森和加林斯基（2006）的实验研究案例也表明，个人拥有的权力影响了个人的风险承担，权力较大的人更多地关注于承担风险所带来的收益而更少关注潜在的风险。事实上，当高管所拥有的权力较大时，会触发其趋近的行为模式，这将造成其对公司决策的认识性误差（Magee and Galinsky，2008）。这种误差将使高管只关注决策所带来的收益而忽视风险，承担过度风险（Lewellyn and Muller - Kahle，2012；吴世农和权小锋，2010）。此时高管进行投资决策时，将会忽视投资项目的风险，在评估投资项目价值时低估项目必要收益率，高估投资项目的价值，将 NPV < 0 的项目错误地评估为 NPV > 0，投资 NPV < 0 的项目，从而造成过度投资。而这种情况在高管权力较大时更加严重，因为高管权力较大将对公司的投资决策有重要话语权，其他管理者无法提供客观的建议，不能评估真正的投资价值，投资决策将受高管个人的判断性误差的重大影响。

另外，詹森和麦克林（1976）提出的委托代理理论认为，管理者为了追求其私有收益，会投资不利于提升公司价值的投资项目，从而造成过度投资。首先，管理者有构建企业帝国的动机，使管理者将所有资金都进行投资，而不关注投资是否会为公司增值，造成过度投资。其次，出于维护自身地位的需要，管理者会千方百计地选择有利于他们自身的投资项目，而放弃真正有价值的项目，从而给企业带来损失。施莱弗和维什尼（1989）同样认为，管理者们为了强化他们在公司的地位，管理者会偏好投资于他们专有能力的投资项目，而管理者唯一不关注的是投资项目是否可以为公司带来收益。最后，由于声誉及未来职业的考虑，管理者会投资可以为企业带来短期收益的项目（Bebchuk and Stole，1993），而不顾企业的长远发展。基于此，为了攫取私有收益，管理者有动机不顾公司的价值而进行过度投资。尽管已有研究表明，有效的公司治理水平将有效地约束高管的行为，从而降低公司的过度投资（李维安和姜涛，2007；张功富和宋献中，2009；陈运森和谢德仁，2011）。但当高管权力过大时，公司治理将无法约束高管的行为，高管权力将凌驾于公司治理机制之上，对投资决策有绝对影响力。当高管利用权力俘获董事会时，董事不会监督高管攫取私有收益而过度投资的行为，反而会迎合高管的决策，使董事会变为高管的"一言堂"，进而使高管有能力去实现其获取私有收益的动机。此时，公司的投资决策将不以提升公司价值为目的，而是以高管实现高管的个人动机为宗旨，过度投资的行为更加严重。

事实上，在我国国有企业改革的过程中，"放权让利"是企业改革的目标，政府不断地将决策权让与企业，高管的权力不断加大，对公司的经营决策有重要的决定性作用。我国国有企业特殊的产权性质使"人民"成为监督高管的主体，但监督主体并不能对公司高管进行有效地监督，高管权力无法约束的问题更普遍，高管可以根据个人意愿决定公司的投资决策，高管个人对风险的判断性误差及攫取私有收益的动机会对公司的决策产生重要影响，过度投资情况尤为严重。因此，我们提出第一个假设。

假设7-1：高管权力越大，国有企业过度投资越严重。

7.2.2 政府干预的影响

政府对我国国有企业的干预一直是我国企业所面临的严峻而特殊的问题。企业经营的盈利性目标与政府行政目标的非经济性有着本质的区别，这种区别决定了政府对企业决策的干预影响我国国有企业的经营效率。政府干预使国有企业缺少自主决策权和经营权，国有企业的经营目标行政化，降低了资源配置的效率，从而损害企业价值（肖浩和夏新平，2010）。为了解决这一问题，自1978年以来，我国政府进行了一系列的体制变革，而改革的中心环节便是扩大企业自主权，旨在将企业经营自主权下放给企业管理层以提高企业经营效率（钟海燕等，2010）。在近40年的改革过程中，"放权让利"伴随着我国企业改革的整个过程（卢锐，2008），企业管理层逐渐掌握了经营与决策权。可以说，我国国有企业高管的权力来源于政府干预的降低。在改革的过程中，出现了另一严重的问题：国有企业高管权力过大，股东虚位等问题使高管得不到应有的监督与约束，代理问题凸显。国有企业高管成为决定企业投资等决策的重要因素，高管的个人动机与偏好成为企业决策的衡量标准，这很容易造成企业过度投资现象，也会严重影响我国国有企业的投资效率。那么在我国"放权让利"的过程中，我国国有企业高管权力过大的问题是否会真的影响企业的投资效率？是否成为解决政府干预问题的后遗症？我国幅员辽阔，不同地区的改革力度与执行效果不同，因此，政府干预的水平也不同。在政府干预较强的地区，高管的权力仍然受到政府干预，权力较小，无法对企业投资决策产生影响，过度投资问题主要是由政府干预导致的；而在政府干预较弱的地区，权力下放力度较大，高管权力较大，从而将个人意志强加于公司，进行过度投资。因此，我们提出第二个假设。

假设 7 - 2：在政府干预较弱的地区，高管权力与企业过度投资间的正相关关系更为敏感。

7.2.3　法律环境的影响

在我国国有企业中，股东虚位等特殊问题使我国国有上市公司的代理问题主要集中在管理层与股东间的利益冲突。特别是国有企业改革使国有上市公司的高管所拥有的权力越来越大，高管可以凌驾于公司治理之上，公司的内部治理已经无法解决国有上市公司高管权力过大所带来的问题。那么外部治理方式是否可以起到约束高管权力的作用呢？自拉波塔等开创"法与金融"研究领域以来，法律环境（包括立法与执法）已经成为有效的外部公司治理机制，良好的法律环境可以约束公司内部人对外部投资者的利益侵害，有助于提升公司价值及一国经济的发展（La Porta et al.，1997，1998，2000；Bhattacharya and Daouk，2009；许年行等，2013）。事实上，法律可以通过诸多途径影响公司内部人的自利行为。首先，法律可以提高识别高管非伦理行为的可能性。当企业所处的法律环境较好时，高管的非伦理行为更容易被识别并起诉（De Fond and Huang，2004），且高管的自利行为受到的处罚性赔偿较高，高管所面临的诉讼风险及高额的惩罚性赔偿对高管有强烈的震慑作用，可以有效地约束高管的自利行为。其次，在法律环境较好的地区，法律的执行水平通常也较高，使业绩较差的公司的 CEO 更容易被解聘，而使其职业声誉受损，影响其未来职业发展（Chen et al.，2005）。我国国有企业的高管多在政府中有一定职位，其职位的升迁更容易受职业声誉的影响，这就使我国国有企业高管更加有效地约束其行为。我国不同省市地区间的经济发展不同，虽然法律条文相同，但执行程度却不同，这就造成了我国不同地区的法律环境有较大的差异（樊纲和王小鲁，2011）。上市公司所处的法律环境对公司治理水平有显著的影响，法律环境较好的地区的公司价值也更高（夏立军等，2005）。因此，我们认为，在法律环境较好的地区，高管权力的约束力较大，将有效地减少高管的自利行为，过度投资不严重，我们提出本章的第三个假设。

假设7-3：法律环境好的地区的上市公司，高管权力与过度投资的关系较弱。

7.2.4 香港交叉上市的影响

随着经济全球化的影响，我国内地的上市公司开始在其他国家及地区的资本市场交叉上市，如中国香港特区、美国纽约、英国伦敦、新加坡等地。所谓的交叉上市就是指公司注册地在中国内地，而上市地在其他国家或地区。由于发达国家（地区）资本市场的发展更加完善，越来越多的学者相信交叉上市将有助于我国公司治理水平与价值的提升。科菲（1999，2002）提出了绑定假设：发展水平较差的国家或地区的公司在较发达的国家或地区交叉上市，由于发达国家资本市场的监管与披露标准较好，这可以更好地提高公司的治理水平和价值。韩等人（Han et al.，2010）发现，交叉上市有助于降低过度投资，提高公司的投资效率。香港作为我国的特别行政区且其资本市场已经接近国际资本市场的发展水平，比我国内地的资本市场更加规范与完善。首先，香港特区的监管更加严格。香港特区资本市场要求在香港上市的公司的财务报告要接受国际四大会计师事务所的审计（Gul et al.，2010），国际四大会计师事务所的审计更加严格，已有研究表明，国际四大会计师事务所审计的公司的财务报告信息质量更高，更有助于投资者对公司内部人的监督，因此可以提升公司的治理水平（王艳艳和陈汉文，2006）。另外，香港特区的法律环境较好（La Porta et al.，1998；Allen et al.，2005），更有利于约束高管权力。因此，在香港交叉上市的公司将较单纯在内地上市公司有较强的公司治理，对高管的非伦理行为有更强的监督能力。因此，我们认为，由于香港特区资本市场的完善与规范，在香港交叉上市的上市公司较单纯在内地上市的高管权力将得到更好监督，公司的投资效率会更高。我们提出本章的第四个假设。

假设7-4：在香港特区交叉上市的公司，高管权力与过度投资的关系减弱。

7.3 研 究 设 计

7.3.1 样本选择

本章选择我国沪深股市 2001～2012 年所有 A 股国有上市公司作为初始研究样本，之所以以 2001 年为样本开始年度，主要是 2001 年开始披露所有权的信息，此时，才能根据实际控制人性质判别企业是否为国有企业。数据筛选和处理过程如下：（1）剔除金融行业公司；（2）剔除数据有缺失的样本；（3）对连续变量上下 1% 进行了 Winsorize 处理。最终获取与高管权力相关的观测记录 9871 条。所用数据从 CSMAR 数据库直接获得。

7.3.2 变量定义

（1）高管权力。CEO 与董事长是否两职合一（Dual）：这一指标反映了高管的结构权力，反映了高管所具备的职位的权力，当高管同时担任董事长时，高管便掌握了企业的实际控制权，权力势必增加，这一指标已经成为目前对高管权力所度量的最重要的指标。因此，当高管与董事长合一时，该指标取 1，否则取 0。

高管任期（Ceotenure）：高管在公司任职时间越长，则其个人威信越高，职位越稳固，对董事会成员的影响力越大，控制力也越强。已有文献表明，高管在公司任职期限越长，高管越有可能在公司内部构建利益团体，使其被替换的可能性降低，强化其在公司的权力地位。因此，当高管任期超过行业中位数时，该指标取 1，否则取 0。

高管持股比例（Ceosharerate）：当高管所拥有的公司的股权较多时，高管同时担任了公司股东的身份，这将增加高管在董事会决策中的话语权，强化其在公司中的权力。因此，当高管持有公司股份数超过行业中位数据时，该指标取 1；否则取 0。

高管是否是内部董事（Inside）。当高管本身也是董事会成员时，其影响力将越大，而且被监督的可能性也降低，这势必会使高管的权力增加。

因此，当高管同时是内部董事时，该指标取 1，否则该指标取 0。

以上四个指标从不同的维度反映了高管权力的大小，但在一定程度上都有一定的局限性，不够全面和综合，因此，本章借鉴白重恩等（2005）的做法，将以上四个指标直接相加得到高管权力的综合指标 Power，该值越大，高管权力越大。

（2）过度投资。过度投资（Overinvest）表示公司投资水平与正常投资水平之间的差异程度，即公司资源利用扭曲的程度。理查德森（Richardson，2006）通过估计公司正常的投资水平，然后用模型的残差作为投资不足和过度投资度量变量，我国学者辛清泉等（2007）、肖珉（2010）、吴超鹏等（2012）也应用类似的方法度量了过度投资，其中大于 0 的部分为过度投资，小于 0 的部分为投资不足。我们借鉴以上学者的过度指标构建方式，同时参考罗党论等（2012）的做法，将模型残差作为过度投资，负的过度投资为投资不足。具体公司正常投资额估计模型如下：

$$
\begin{aligned}
Inv_{i,t} = {} & \beta_0 + \beta_1 Q_{i,t-1} + \beta_2 Lev_{i,t-1} + \beta_3 Cash_{i,t-1} + \beta_4 Age_{i,t-1} \\
& + \beta_5 Size_{i,t-1} + \beta_6 Ret_{i,t-1} + \beta_7 Inv_{i,t-1} + YearDummy \\
& + IndustryDummy + \xi_{i,t}
\end{aligned}
\tag{7-1}
$$

其中，$Inv_{i,t}$ 表示公司 i 第 t 年的新增投资支出，等于第 t 年固定资产、在建工程及工程物资、长期投资和无形资产的净值增加额除以年初总资产；$Q_{i,t-1}$ 是公司第 t 年年初的托宾 Q 值，等于公司股东权益的市场价值和净债务之和除以年初总资产；$Lev_{i,t-1}$ 表示公司年初的资产负债率；$Cash_{i,t-1}$ 表示公司第 t 年年初的货币资金持有量，等于现金与短期投资之和除以年初总资产；$Age_{i,t-1}$ 表示公司截至第 t-1 年年末的上市年限；$Size_{i,t-1}$ 表示公司规模，等于第 t 年年初总资产的自然对数；$Ret_{i,t-1}$ 表示公司第 t-1 年股票收益率。Year Dummy 和 Industry Dummy 表示年份和行业哑变量。我们将模型（7-1）的残差作为本章衡量过度投资的指标，同时预计第 t 年预期新增投资。表 7-1 列示了模型（7-1）的估计结果。

表 7-1　　　　　　　　　　预期资本投资回归模型

变量	$Q_{i,t-1}$	$Lev_{i,t-1}$	$Cash_{i,t-1}$	$Age_{i,t-1}$	$Size_{i,t-1}$	$Ret_{i,t-1}$	$Inv_{i,t-1}$	Constant	N	$Adj-R^2$
系数	0.013 ***	-0.025 ***	0.102 ***	-0.003 ***	0.010 ***	0.017 ***	1.029 ***	-0.189 ***	9871	0.756
T 值	5.88	-3.63	7.06	-6.52	6.81	5.61	112.93	-5.18		

注：括号内为 T 值，***、** 和 * 分别表示回归系数在 1%、5% 和 10% 的水平上显著。

（3）自由现金流。我们借鉴理查德森（2006）、辛清泉等（2007）和吴超鹏等（2012）的研究，用第 t 年经营活动产生的现金净流量除以年初总资产（$Cfo_{i,t}$）减去折旧与摊销之和除以年初总资产（$Inv\_m_{i,t}$），再减去第 t 年预期新增投资（$Inv\_e_{i,t}$）之后的差额来衡量自由现金流量（Fcf）。

$$Fcf_{i,t} = Cfo_{i,t} - Inv\_m_{i,t} - Inv\_e_{i,t} \qquad (7-2)$$

（4）控制变量。根据已有文献，我们将公司规模（Size，期末总资产的自然对数），公司杠杆（Lev，资产负债率）和公司市账比（Bm，账面价值与市场价值的比）作为控制变量。此外，我们还控制了行业（Industry）和年度（Year）虚拟变量。

各变量的描述性统计如表 7-2 所示。

表 7-2　　　　　　　　　　　　描述性统计

变量	N	Mean	Min	Max	Median	Std
Power	9871	1.599	0	4	2	0.746
Overinvest	9871	0.003	-0.714	1.224	-0.019	0.134
Fcf	9871	-0.390	-0.969	0.285	-0.385	0.165
Size	9871	21.689	18.697	25.596	21.555	1.194
Lev	9871	0.523	0.051	1.893	0.519	0.228
Bm	9871	0.769	0.139	1.401	0.798	0.252

7.3.3　研究模型

本章采用以下回归模型（7-3）研究权力对过度投资的影响：

$$Overinvest = \beta_0 + \beta_1 Fcf + \beta_2 Fcf \times Power + \beta_3 Size + \beta_4 Lev$$
$$+ \beta_5 Bm + YearDummy + IndustryDummy + \xi_{i,t} \qquad (7-3)$$

模型（7-3）引入交叉变量 Fcf × Power 来验证权力这一变量是否会影响现金流与过度投资的关系，若交叉项为在统计上显著为正，则说明权力过大，自由现金流的过度投资越严重。

7.4　实证结果与分析

7.4.1　高管权力与过度投资

　　表7-3报告了高管权力与过度投资的OLS回归结果，检验了高管权力对自由现金流过度投资的影响，其中第（1）列只控制了年份和行业，为了进一步检验高管权力与过度投资的关系，我们在第（2）列加入了控制变量。从表7-3中我们可以发现，在第（1）列中，自由现金流与过度投资的关系显著为正，自由现金流（Fcf）的系数是0.184，显著性水平达到了1%。在第（2）列加入控制变量后，自由现金流（Fcf）与过度投资的关系仍然显著为正，自由现金流（Fcf）的系数是0.210，显著性水平达到了1%。以上回归结果说明自由现金流量（Fcf）越高，过度投资越严重。这与詹森（1986）的理论与理查德森（2006）、吴超鹏等（2012）等的经验证据一致。为了验证高管权力是否会对自由现金流量（Fcf）的过度投资产生影响，我们在模型中加入了Power×Fcf这一交叉变量，从回归结果可见，在第（1）列中，交叉变量（Power×Fcf）的系数为0.027，显著水平达到了5%，在第（2）列中，交叉变量（Power×Fcf）系数为0.021，在统计上仍然显著，显著水平达到了10%，这说明高管权力增加公司利用现金流过度投资的程度。从经济意义上分析，第（1）列和第（2）列的统计结果说明，若公司高管权力过大，高管将使用自由现金流进行过度投资，且高管的权力增加1%，公司大概增加2%的自由现金流量将进行过度投资。这说明，高管权力过大导致过度投资不仅在统计上有意义，而且在经济意义上也非常显著，假设7-1得到验证。

　　在控制变量上，公司规模（Size）与过度投资（Overinvest）的关系显著为正，这意味着公司的规模越大，公司过度投资的规模也越大。这与李焰等（2011）的经验证据一致。公司的资产负债率（Lev）与过度投资（Overinvest）的关系显著为正，这意味着公司的负债越多，公司的过度投资也越多，这说明公司会将债务融资得到的现金进行过度投资，虽然已有研究表明债务会是一种有效的外部公司治理机制，但从我国国有企业特殊的制度背景及融资优势来看，债务治理对我国国有企业并没有起到应有的约束。公司的账面价值与市场价值（Bm）与过度投资（Overinvest）的关系显著为负，这一点与辛清泉等（2007）的经验证据一致。根据投资的 Q 理论，增长机会越多，投资也应该越多，但是表 7 - 3 的结果并不支持这一理论，公司的账面价值与市场价值之比（Bm）与过度投资（Overinvest）的回归系数为 0.064，且在 1% 的统计水平上显著为正，这说明在我国的新市场下企业的投资行为并不理性，从另一个侧面反映出我国企业的投资与投资机会无关，而是无效率的过度投资。

表 7 – 3　　　　　　高管权力与过度投资的 OLS 回归结果

变量	(1) Overinvest	(2) Overinvest
Fcf	0.184 *** (8.47)	0.210 *** (9.81)
Power × Fcf	0.027 ** (2.51)	0.021 * (1.93)
Power	0.003 (0.67)	− 0.000 (− 0.02)
Size		0.013 *** (8.85)
Lev		0.054 *** (8.91)
Bm		0.064 *** (8.19)
Constant	0.083 *** (5.77)	− 0.271 *** (− 8.40)
Industry	Yes	Yes
Year	Yes	Yes
N	9871	9871
Adj – R^2	0.028	0.068

注：括号内为 T 值，*** 、** 和 * 分别表示回归系数在 1% 、5% 和 10% 的水平上显著。

7.4.2 政府干预对高管权力与过度投资关系的影响

为了检验政府干预对高管权力与公司过度投资关系的影响，我们选取了财政收支及企业是否为国家保护行业作为度量政府干预的变量，分别以财政收支是否大于行业中位数和是否是国家管制行业为标准将样本分为两组，分别进行 OLS 回归。回归结果如表 7-4 所示，第（1）列和第（2）列分别为保护行业和非保护行业的实证结果。保护行业往往具有一定的垄断性质，涉及的行业均关系国计民生，比较容易受到政府干预的影响，更可能完成政府的多元目标（陈冬华等，2011），因而，在保护行业中公司决策更多受政府影响，高管可支配的权力较小，反之，非保护行业的政府干预较低，高管权力更大。从回归结果来看，在保护行业中，自由现金流量（Fcf）与公司过度投资（Overinvest）的系数为 0.255，仍然在 1% 的水平上显著，而交叉变量（Power × Fcf）的系数为 0.006，虽然系数为正，但是并不显著。而在非保护性行业中，自由现金流量（Fcf）与公司过度投资（Overinvest）的系数为 0.198，达到了 1% 的显著水平，交叉变量（Power × Fcf）的系数为 0.025，且在 10% 的统计水平上显著，也就是说，在非保护行业，高管权力增加 1 标准单位，用于过度投资的自由现金流量（Fcf）就增加 0.025 单位。这一结果说明由于保护行业的公司受政府干预较多，高管权力较小，因此，高管进行决策时，由于本身权力对投资的影响较小，进而过度投资规模较小。而在非保护行业中，由于政府干预较小，因此高管的权力过大，使其个人对投资过度乐观，即个人获利的动机体现在投资决策中，容易造成过度投资。

表 7-4 的第（3）列与第（4）列为按照财政赤字分组的回归结果。一般来说，财政赤字大时，地方政府为了达到地方的经济考核指标，地方政府对当地的国有企业政府干预会更强。从回归结果来，在第（3）列财政赤字大组，自由现金流量（Fcf）与公司过度投资（Overinvest）的系数为 0.237，达到了 1% 的显著水平，但交叉变量（Power × Fcf）的系数为 -0.002，且在统计上不显著。在第（4）列财政赤字小组，自由现金流量（Fcf）与公司过度投资（Overinvest）的系数为 0.184，达到了 1% 的显著水平，交叉变量（Power × Fcf）的系数为 0.042，在统计上达到了 1% 的显著水平，国有公司的高管权力每增加 1 个标准单位，公司的自由现金流量（Fcf）会增加 0.042 个标准单位的过度投资。这一回归结果同样可以

说明，在政府干预较大时，公司的决策权由高管支配的少，因此，高管权力较小，高管个人因素对公司过度投资的影响较小。

表 7 - 4　　　　　　　　　　　政府干预的影响

变量	保护行业 (1) Overinvest	非保护行业 (2) Overinvest	财政赤字大 (3) Overinvest	财政赤字小 (4) Overinvest
Fcf	0.255 *** (5.74)	0.198 *** (7.86)	0.237 *** (8.15)	0.184 *** (5.90)
Power × Fcf	0.006 (0.32)	0.025 * (1.96)	− 0.002 (− 0.16)	0.042 *** (2.74)
Power	− 0.002 (− 0.21)	0.001 (0.24)	− 0.003 (− 0.49)	0.003 (0.50)
Size	0.014 *** (3.75)	0.013 *** (7.87)	0.014 *** (6.81)	0.016 *** (7.16)
Lev	0.132 *** (6.09)	0.048 *** (7.57)	0.066 *** (7.92)	0.037 *** (4.11)
Bm	0.036 (1.63)	0.067 *** (8.04)	0.040 *** (3.77)	0.082 *** (7.22)
Constant	− 0.322 *** (− 4.23)	− 0.362 *** (− 4.41)	− 0.277 *** (− 6.43)	− 0.339 *** (− 6.88)
Industry	Yes	Yes	Yes	Yes
Year	Yes	Yes	Yes	Yes
N	1401	8470	4925	4946
Adj − R^2	0.091	0.066	0.066	0.081

注：括号内为 T 值，*** 、** 和 * 分别表示回归系数在 1%、5% 和 10% 的水平上显著。

表 7 - 4 的实证结果支持了假设 7 - 2。以上结果说明，在我国国有企业的改革过程中，为了增加国有公司的效率，政府干预越来越少，虽然这在一定程度上提高了国有上市公司的效率，但是随之而来的高管权力过大等严重问题已经出现，这一问题同样影响公司的目前效率，影响公司价值

的提升，是国有企业改革中遇到的新问题，需要引起注意，高管权力的约束与监督应该与改革同步。

7.4.3 法律环境对高管权力与过度投资关系的影响

为了验证假设 7-3，我们根据法律指数（樊纲和王小鲁，2011）是否大于行业中位数将样本分为两组。表 7-5 中第（1）列代表法律环境较好的样本组，从回归结果来看，自由现金流量（Fcf）与公司过度投资（Overinvest）的系数为 0.222，达到了 1% 的显著水平，交叉变量（Power × Fcf）的系数为 0.005，但在统计上并不显著，这一结果说明，在法律环境较好时，国有公司的高管权力受到监督，因此不会造成过度投资的恶劣后果。第（2）列代表法律环境较好的样本组，从回归结果看，自由现金流量（Fcf）与公司过度投资（Overinvest）的系数为 0.203，达到了 1% 的显著水平，交叉变量（Power × Fcf）的系数为 0.037，在统计上显著水平达到了 5%，从经济意义上看，高管权力每增加 1 个标准单位，公司的自由现金流量（Fcf）会增加 0.037 个标准单位用于过度投资。这一结果说明，在法律环境较好的地区，高管的外部监督与约束较强，因此，高管个人因素对过度投资的影响减弱。假设 7-3 得到支持。这一结果也从另一个侧面说明，法律是重要的外部治理因素，其震慑力对于约束高管权力有重要作用，对解决我国国有企业中的代理问题有重大意义，法制建设仍然是我国的重要问题。

7.4.4 我国香港上市对高管权力与过度投资关系的影响

为了检验假设 7-4，我们根据国有上市公司是否在香港上市将样本分为两组，并分别进行了 OLS 回归分析，回归结果如表 7-5 所示。第（3）列为国有上市公司在香港特区上市的样本回归结果，从结果可见，自由现金流量（Fcf）与公司过度投资（Overinvest）的系数为 0.258，达到了 1% 的显著水平，交叉变量（Power × Fcf）的系数为 -0.012，但在统计上并不显著。这说明当国有上市公司在香港特区上市时，由于其法律环境与监督机制较好，高管权力受到约束，过度投资不会由高管的个人特征决定。第（4）列为国有上市公司单纯在内地上市的样本回归结果，从结果可见，自由现金流量（Fcf）与公司过度投资（Overinvest）的系数为 0.207，达到

了 1% 的显著水平，交叉变量（Power × Fcf）的系数为 0.021，达到了 10%
的显著水平，当高管权力增加一个标准单位，用于过度投资（Overinvest）
的自由现金流量（Fcf）增加 0.021 个标准单位。这一结果说明，在香港
特区上市是有效的公司外部治理机制，可以有效地约束上市公司高管的权
力，使公司投资更有效率，支持假设 7-4。

表 7-5　　　　　　　　法制环境和在香港上市的影响

变量	法制环境好	法制环境差	香港上市	非香港上市
	（1）Overinvest	（2）Overinvest	（3）Overinvest	（4）Overinvest
Fcf	0.222 *** (7.45)	0.203 *** (6.69)	0.258 *** (2.83)	0.207 *** (9.44)
Power × Fcf	0.005 (0.31)	0.037 ** (2.45)	−0.012 (−0.26)	0.021 * (1.90)
Power	−0.001 (−0.09)	0.001 (0.18)	−0.006 (−0.27)	−0.000 (−0.05)
Size	0.014 *** (6.99)	0.017 *** (7.36)	0.006 (1.10)	0.017 *** (10.72)
Lev	0.068 *** (8.02)	0.037 *** (4.20)	0.046 * (1.71)	0.053 *** (8.57)
Bm	0.034 *** (3.22)	0.086 *** (7.55)	0.008 (0.22)	0.065 *** (8.15)
Constant	−0.278 *** (−6.53)	−0.353 *** (−7.06)	0.006 (0.05)	−0.330 *** (−9.92)
Industry	Yes	Yes	Yes	Yes
Year	Yes	Yes	Yes	Yes
N	4907	4964	406	9465
Adj − R²	0.065	0.085	0.142	0074

注：括号内为 T 值，*** 、** 和 * 分别表示回归系数在 1%、5% 和 10% 的水平上显著。

7.5 稳健性检验

为了使本章的结论更加稳健，我们进行了以下稳健性检验：

（1）改变模型中变量的度量方法。首先，改变高管权力的度量指标。我们借鉴权小锋等（2010）度量高管权力的做法，采用主成分法对正文中四个度量权力的变量合成高管权力的综合指标，然后仍然根据模型（7-3）进行 OLS 回归，回归结果如表 7-6 中的第（1）列所示，可见，回归结果没有发生变化。其次，改变自由现金流量（Fcf）的度量方法。采用詹森（1986）的观点，将自由现金流量定义为经营性现金流量与预期投资的差，即：Fcf = Cfo - Inv_e。回归结果如表 7-6 第（2）列所示，可见，交叉变量（Power × Fcf）的系数仍然显著为正。最后，改变过度投资（Overinvest）的度量，我们将过度投资（Overinvest）大于 0 的样本筛选出来重新回归，结果如表 7-6 第（3）列所示，回归结果基于不变。以上研究结论说明，考虑多种变量度量方法后，我们的研究结论依然存在，因此，我们的结论稳健。

表 7-6　　　　稳健性检验 1：改变变量度量方法

变量	改变权力度量 (1) Overinvest	改变现金流度量 (2) Overinvest	改变过度投资度量 (3) Overinvest
Fcf	0.210 *** (9.73)	0.166 *** (7.80)	0.253 *** (7.02)
Power × Fcf	0.046 * (1.77)	0.023 ** (2.27)	0.035 * (1.88)
Power	0.009 (0.76)	0.002 (0.43)	0.000 (0.03)
Size	0.013 *** (8.79)	0.014 *** (9.20)	0.009 *** (3.38)
Lev	0.055 *** (9.01)	0.053 *** (8.62)	0.023 * (1.89)

续表

变量	改变权力度量	改变现金流度量	改变过度投资度量
	（1） Overinvest	（2） Overinvest	（3） Overinvest
Bm	0.065 *** （8.32）	0.062 *** （7.95）	0.044 *** （3.13）
Constant	－ 0.277 *** （－8.44）	－ 0.294 *** （－9.09）	－ 0.022 （－0.40）
Industry	Yes	Yes	Yes
Year	Yes	Yes	Yes
N	9871	9871	3808
Adj – R^2	0.066	0.058	0.105

注：括号内为 T 值，*** 、** 和 * 分别表示回归系数在 1% 、5% 和 10% 的水平上显著。

（2）考虑内生性问题。高管权力与过度投资可能存在内生性问题，比如公司治理可能既影响高管权力，也影响过度投资，观察到的两者关系可能是由于公司治理导致的伪相关。为了解决可能存在的内生性问题，我们也采取了两种方法，一是将因变量过度投资超前 1 期；二是进一步控制公司治理变量的影响。回归结果如表 7－7 所示，第（1）列是将模型（7－3）中的自由现金流（Fcf）、高管权力（Power）及控制变量对下期的过度投资（Overinvest）进行 OLS 回归分析，从结果来看，交叉变量（Power × Fcf）的系数仍然显著为正。第（2）列是在控制变量中进一步加入三个公司治理变量，分别为第一大股东所持股比例（Top1）、董事会规模自然对数（Lnboardnum）和独立董事比例（Independentrate），回归结果中的交叉变量（Power × Fcf）的系数仍然显著为正。以上结论说明在考虑内生性问题之后，本章研究结论依然不变。

表 7－7　　　　　　　　稳健性检验 2：解决内生性问题

变量	（1） Overinvestt + 1	（2） Overinvest
Fcf	0.041 * （1.77）	0.208 *** （9.70）

续表

变量	(1) Overinvestt + 1	(2) Overinvest
Power × Fcf	0. 023 * (1. 88)	0. 019 * (1. 78)
Power	0. 003 (0. 58)	− 0. 002 (− 0. 34)
Size	0. 007 *** (3. 85)	0. 013 *** (8. 45)
Lev	0. 012 * (1. 70)	0. 052 *** (8. 50)
Bm	− 0. 012 (− 1. 32)	0. 065 *** (8. 31)
Top1		− 0. 019 ** (− 2. 17)
Lnboardnum		0. 004 (0. 58)
Independentrate		− 0. 004 (− 0. 16)
Constant	− 0. 110 *** (− 3. 25)	− 0. 270 *** (− 7. 94)
Industry	Yes	Yes
Year	Yes	Yes
Adj − R^2	0. 006	0. 070
N	8826	9779①

注：括号内为 T 值，*** 、** 和 * 分别表示回归系数在 1%、5% 和 10% 的水平上显著。

---

① 三个公司治理变量的缺失程度与其他变量缺失程度不一致，导致样本量与前文样本量不一致。

7.6　本章小结

　　基于国企高管权力过大导致的腐败的现实背景，深入思考我国国有企业过度投资严重的现象，发现从公司治理和政府干预视角难以完全解释我国国有企业过度投资问题，一方面，公司治理理论建立在高管同质的假设前提上，实际上，即使公司治理机制一致，公司决策也会因为高管异质性而不同；另一方面，随着市场化改革的推进，政府干预逐步降低，但是国有企业过度投资依然严重，说明存在除政府干预外的其他影响过度投资的因素。因此，本章详细分析和检验了高管权力特征是否可以解释我国国有企业过度投资行为和不同的政府干预水平下高管权力影响过度投资的程度是否一致，并进一步考察了法律环境的改善和香港特区上市能否影响高管权力与过度投资的关系。

　　本章的研究结论主要有：国有企高管权力越大，过度投资越严重；政府干预强的样本，高管权力与过度投资无显著关系，政府干预弱的样本，高管权力与过度投资显著正相关；处于法制环境好的地区的国有企业，高管权力与过度投资显著不相关，但是在法制环境差的地区，高管权力与过度投资显著正相关；香港特区上市的国有企业，高管权力并未对过度投资产生影响，反之，只在我国内地上市的国有企业，高管权力越大，过度投资程度越大。以上结论表明，高管权力是除政府干预和公司治理外影响国有企业过度投资的重要因素，特别是在政府干预降低、法制环境较差和缺乏境外投资者的情形下，高管权力过大是导致国企过度投资的罪魁祸首。

　　本章的研究丰富了高管权力经济后果和企业过度投资影响因素两个领域的理论研究，具有重要的理论意义。同时，本章对新一轮的国有企业改革和提高国有企业投资效率提供了新的方向。在保持市场化改革的政策下，严格监督高管权力的过度膨胀是下一步国有企业改革重点关注的政策，而制衡高管权力、改善法制环境和交叉上市是提高国企投资效率的可行路径。

第8章

高管权力与股价同步性

8.1 引　　言

中国上市公司的信息不透明、信息环境较差已经得到社会各界的普遍认同。普华永道 2001 年的一份调查报告显示，中国经济的不透明指数在调查的 35 个国家中排名第一。中国的会计透明度指数排倒数第四，仅好于哥伦比亚、沙特阿拉伯和尼日利亚。莫克等（2010）基于全球 40 个国家的研究表明，中国的股价同步性排名第二。而金和迈尔斯（2006）的研究则显示，中国的股价同步性排名第一。信息透明度是资本市场发展和企业经营效率提升最为关键的影响因素。

中国信息环境较差的一个重要原因在于上市公司的国有产权占绝大比重（Piotroki and Wong，2012）。国有企业的经营目标并非如民营企业那样实现企业价值最大化，而是承担了大量的社会负担，如解决就业、社会养老和社会稳定等，经营目标的多元化决定了国有企业较弱的动机和较少精力去提高公司信息透明度。从主要利益相关者角度分析来看，国有企业提供高质量信息的动机也较弱。对于所有者，国有企业的股东名义上是全国人民，实际上由政府或国有资产管理部门代为行使所有权，而政府对企业存在支持之手和掠夺之手，政府对企业的支持使得企业即使亏损也不用担心破产，因此没动力提高信息披露程度，政府为了实现对企业的掠夺会采取非常不透明的方式，恶化了国有企业的信息环境（Piotroki and Wong，2012）。对于管理者，国有企业的高管都是由国家行政任命的，享有行政级别，即使 2003 年开始，国资委尝试打破"行政任命"，实现"公开选拔"，但是总体而言，国有企业的"行政性任命"始终未能完全打破（吕政、黄速建，2008；逯东等，2012）。因此，国企管理者的根本目标是为了满足上级政府的需要，实现政府或政府官员的目标，不在乎公司信息是否透明。对于债权人，国企的债权人主要是国有银行，两者共同的国有属性决定了银行对国有企业的贷款不关注信息透明度，并且国有企业预算软约束的存在，导致管理者降低信息披露水平（王艳艳、于李胜，2013）。

现有研究提供了国有企业较民营企业信息更不透明的经验证据。如李增泉（2005）发现，国有控股的上市公司的股价同步性均高于非国有控股的公司。古尔等人（2010）也发现，第一大股东与政府相关时，公司的股价同步性更高。朱茶芬、李志文（2008）研究表明，国有控股的上市公司对坏消息的确认更不及时，表现为会计稳健性更低。从既有研究成果分析，目前的研究只比较了国有与非国有企业的信息透明度差异，对国有企业为什么向外界传递的公司特质信息更少也只停留在理论分析上，对国有企业内部什么因素导致信息透明度低，缺乏实证证据。本章旨在从国有企业本身角度挖掘国有企业向外界传递信息少的因素，为国有企业信息透明度低的影响因素提供更多的经验支持，为国有企业信息透明度的提高提供政策启示。

高管是企业投资、融资和其他战略决策的关键决定因素，他们的特征和意见无疑会对公司的实践和产出产生深远影响（Liu and Jiraporn，2010）。高管权力反映了高管在企业中的决策权大小，当高管权力大时，高管对公司的各项经营决策和战略决策具有更多的话语权，企业的各项后果往往更多反映高管的个人意志。特别是在国有企业，国有企业"放权让利"的改革的推行，高管权力不断掌握了企业的经营自主权，"一把手"的权力文化是国有企业的重要特点。那么，国企高管权力的增大，是否会进行权力寻租，阻碍外部投资者进行信息搜寻，降低知情交易，提高股价同步性？还是由于权力增大，降低了协调与沟通成本，导致信息传递更为及时有效，降低了股价同步性？基于上述疑问，本章研究了国有企业高管权力对股价同步性的影响，并考察了政府干预和产品市场竞争对高管权力与股价同步性关系的影响，在拓展性检验中还分析和检验了中央政府控股企业与地方政府控股企业的高管权力对股价同步性影响的不同。通过2003～2011年中国A股非金融行业国有上市公司研究样本的实证检验，本章得到如下实证结论：（1）高管权力越大，股价同步性越严重；（2）在政府干预严重的地区，国企高管权力与股价同步性的正相关关系更为显著；（3）产品市场竞争强时，高管权力与股价同步性的正相关关系减弱。进一步研究还显示，较之于中央政府控股的国有企业，地方政府控制的国有企业的高管权力与股价同步性关系更为显著。

本章剩余部分安排如下：8.2 节是制度背景、文献回顾与研究假设，主要介绍了国有企业高管权力形成的制度背景、回顾与本书相关的文献以及提出研究假设；8.3 节是研究设计；8.4 节是实证结果与分析；8.5 节给出了本章结论。

8.2 理论分析与研究假设

8.2.1 国有企业高管权力与股价同步性：寻租假说与效率假说

从第 2 章关于高管权力经济后果的研究现状来看，高管权力既可能产生负面的经济后果，也可能产生正面的经济后果，为此，我们结合国有企业的特点和相关的理论，提出两个竞争性假说：寻租假说与效率假说。

国有企业所有者存在缺位，这一产权缺陷导致国有企业高管容易运用权力以权谋私，获取货币性收益和非货币性收益，而这些私人收益的获取，前提是国企高管保持职位稳定或获得更高的政治地位。"不求有功但求无过"是国有企业高管的潜在评价机制（张瑞君等，2013），国有企业高管有动机使公司股价只反映市场信息和行业信息，这样可以使其获得更稳定的回报、更低的职业风险和更安全的晋升通道，如果是公司的坏信息反映到股价上，高管会受到董事会和政府的不良评价，从而面临惩罚或免职风险，影响政治升迁，即使是公司好消息反映到股价上，高管有可能获得更多的关注，从而增加政治成本，比如更多的就业目标、税收目标和当地 GDP 增加目标，为了降低政治成本带来的政治压力，降低公司特质信息传递，可能是占优策略。高股价信息含量（即低股价同步性）也会对高管具有约束作用（Holmström and Tirole，1993；Ferreira et al.，2011）。高的股价信息含量能使潜在的收购者掌握公司的特质信息，经营不好的公司和管理层容易成为收购的目标（Holmström and Tirole，1993），董事会成员也可以从股价中获知管理者经营的新信息，因此，董事会对管理层的内部监督与股价的信息含量正相关（Ferreira et al.，2011；Ben－Nasr and Alshwer，2016），因此，权力大的高管为了避免传递更多的公司特质信息带来的资本市场收购的潜在威胁和增强的董事会监督，更倾向于披露更少的公司特质信息，导致股价同步性增加。综上，我们认为，国有企业高管权力越大，越有保持职位稳定或追求政治晋升等寻租动机，而股价同步性反映了公司特有信息反映到股价的程度，外部监督者或董事会可以利用股价信息实现对高管的约束，为了避免外在监督者或董事会的制约，权力大的高管有动机增加投资者的信息搜寻成本、降低知情交易，从而导致股价同步性增加。我们将以上推论，概括为寻租假说。

国有企业效率在国企改革过程中逐步得到提高，其关键因素在于降低了政府干预，国企高管获得了更多的权力，这一权力的增加，充分调动了高管的积极性和经营自主性。首先，高管权力越大，可以降低高管团队间的沟通成本和协调成本（Li et al.，2014），从而使信息传递更为及时有效，若高管团队中没有权威性的灵魂人物，容易导致沟通的不畅，相互扯皮的现象较为严重，从而使公司特质信息的传递在公司内部消化和截留，而投资者需要从多个高管的言行和决策中搜寻信息，增加了投资者的搜寻成本，而倘若公司主要由核心高管作决策，投资者只需要关注公司的核心高管，信息搜寻成本显著降低，因此，高管权力越大，会导致公司股价同步性的降低。其次，高管权力越大，公司的高管决策更多体现高管的意志，而不是国家或政府的统一决策，在相同的宏观经济政策和产业政策以及政府引导下，权力大的高管更有动机发挥个人才能，在不违反国家大政策下，体现决策的公司特质性，而权力小的高管则可能基本上按照国家的基本要求进行决策。例如，方军雄发现，中国公司的投资决策存在趋同和羊群效应，由此来看，权力小的高管更可能在投资决策上与行业中其他公司存在趋同，从而使股价只反映了市场和行业信息，而权力大的高管，会更多依靠自己的专业判断，体现投资决策的特质性，从而使股价更多反映公司的特有信息。综上，我们认为，国有企业高管权力也可能带来效率，使公司股价信息包含更多的公司特质信息，从而降低股价同步性，我们将此推论概括为效率假说。

基于以上的寻租假说和效率假说，我们提出如下两个竞争性假设。

假设8-1a：在其他条件相同的情况下，国企高管权力越大，公司的股价同步性越高；

假设8-1b：在其他条件相同的情况下，国企高管权力越大，公司的股价同步性越低。

8.2.2　国有企业高管权力影响股价同步性的情境分析：政府干预与产品市场竞争

权力是一把双刃剑，其发挥作用是正面还是负面取决于一定的情境。就国有企业的高管权力而言，根据前文的第一个假设的推论，我们认为，政府干预和产品市场竞争是影响高管权力与股价同步性关系的两个重要因素。

在政府干预强的地区，政府对国企高管的考核更多地体现为是否实现政府或地方政府官员的意愿，一方面，权力大的高管获得政治晋升的动机更为强烈，在"不求有功但求无过"的潜在晋升机制影响下，更会使公司的股价信息反映市场和行业层面信息，同时，有的地方官员为了获得升迁，会更多地干预企业，使其管制的国有企业高管压制负面消息的传递，皮奥特洛斯基等（Piotroski et al.，2015）的研究发现，在地方政府官员升迁前，报纸上关于所属企业的报道文章显著降低，由此可知，政府干预强时，会有意降低公司特有信息的传递。而权力大的高管也会增加投资者或外界的信息搜寻成本，从而避免外界从股价中了解到公司的真实运营状况，进而监督高管。另一方面，政府干预强的地区，公司决策更多地反映政府决策，如解决就业、保持社会稳定和促进当地 GDP 增长等，高管个人决策在政府干预强的情境下难以实现，从而导致股价中只反映了公知的政府政策等共有信息，公司私有信息难以在股价上得到反映，因此股价同步性更高。反之，在政府干预低的地区，高管的评价更少体现政府意志，权力的使用更多的不是为了获得政治晋升，而是为了实现个人成就感，此时，权力更能发挥正面作用，有利于公司特质信息的增加，从而导致股价同步性降低。

李等人（Li et al.，2014）指出，高管权力的收益与成本取决于产品市场竞争程度。我们认为，权力寻租还是提高效率取决于外部的监督力度，当外部监督较强时，权力寻租很容易被发现，惩罚的成本远远高于收益，在既定的强外部监督环境下，高管更会合法使用权力，降低沟通协调成本和决策效率，而当外部监督较弱时，高管权力寻租的发现的概率很小、惩罚成本很低，高管就会滥用权力。具体到产品市场竞争，当产品市场竞争激烈时，公司的利润空间受到挤压，如果公司高管不尽职经营，公司利润将大幅度下降，甚至面临经营失败，高管即使权力大也难以避免企业关门倒闭而失去职位的可能性。因此，高管将减少权力寻租。更为甚者，在面临更多的竞争对手和更残酷的竞争时，权力大的高管为了防止失去已经建立的商业帝国，更可能寻找利润增长空间和新的投资项目，为了获得更多的融资满足创新项目的投资需求，增强决策力度、降低沟通成本，使公司特有信息传递到市场上，降低投资者的搜寻信息成本，增加知情交易，从而降低股价同步性。反之，在产品市场竞争程度很低时，企业基本处于垄断地位，高管没有职位不保的风险，利用权力寻租获取的收益高于合法使用权力带来的收益，为此，其主要动机更多的是向政府谋取更高的政治地位，从而获取更多的私人收益，增加投资者的信息搜寻成本，从而提高股价同步性。基于以上分析，我们提出以下有待检验的假设。

假设 8 - 2a：在其他条件相同的情况下，政府干预多的地区，国企高管权力越大，公司股价同步性越高；

假设 8 - 2b：在其他条件相同的情况下，政府干预少的地区，国企高管权力越大，公司股价同步性越低；

假设 8 - 3a：在其他条件相同的情况下，产品市场竞争强时，国企高管权力越大，公司股价同步性越低；

假设 8 - 3b：在其他条件相同的情况下，产品市场竞争弱时，国企高管权力越大，公司股价同步性越高。

8.3 研 究 设 计

8.3.1 样本选择与数据来源

本章以 2003 ~ 2011 年中国沪深股市所有 A 股国有上市公司作为初始研究样本[①]。随后，经过如下数据筛选和处理过程：（1）剔除金融行业公司；（2）为了估计个股的股价同步性，借鉴许年行等（2011）的做法，剔除每年周收益率不足 30 个的样本；（3）剔除数据有缺失的样本；（4）对连

---

① 以 2003 年为样本开始年度，是由于本章使用的媒体报道和分析师跟踪两个关键控制变量的可得性所致。百度新闻搜索引擎能够提供的最早检索时间是 2003 年（罗进辉，2012）。CSMAR 中分析师的数据从 2001 年开始收集，但是 2001 年和 2002 年分析师记录数据较少（许年行等，2012）。

续变量上下 1% 进行了 Winsorize 处理。最终获得观测记录 6348 条。媒体报道和金字塔层级数据来自手工收集整理，机构投资者数据来自 RESSET 金融研究数据库，公司所在地区的财政赤字程度和城镇失业率数据来自中国经济发展统计数据库，其他数据均从 CSMAR 数据库直接获得。

8.3.2 变量定义

（1）股价同步性（Synch）。根据古尔等（2010）和徐等（2013）等股价同步性领域的学术文献，我们采用以下步骤计算股价同步性。

首先，使用模型（8-1）分年度回归，将个股回报率分解为由市场和行业信息因素影响的部分以及个股特质信息因素影响的部分，模型（8-1）的拟合有度（R^2）表示个股回报率受市场和行业信息影响程度的大小，该值越大，表明个股的公司特有信息向市场传递得越少，反之则反是。

$$Ret_{i,t} = \alpha_i + \beta_1 Mktret_t + \beta_2 Mktret_{t-1} + \beta_3 Indret_t + \beta_4 Indret_{t-1} + \varepsilon_{i,t} \quad (8-1)$$

其中，$Ret_{i,t}$ 为个股 i 第 t 周的收益率，$Mktret_{i,t}$ 为市场第 t 周市值加权平均收益率，$Insret_{i,t}$ 为行业第 t 周市值加权平均收益率，行业分类采用证监会分类标准，其中制造行业按照两位代码细分。我们在模型（8-1）中加入滞后一期的市场收益率（$Mktret_{i,t-1}$）和行业收益率（$Indret_{i,t}$）是为了缓解可能产生的非同步性交易偏误（Scholes and Williams，1977；French et al.，1987）。

其次，参照莫克等（2000），采用模型（8-2）对模型（8-1）得到的 R^2 进行变形，以克服 R^2 取值范围为 [0，1] 的局限性。最后，计算得出的 $SYNCH_i$ 为公司的股价同步性的度量指标，该值越大，公司与市场的同涨同跌程度越大，股价反映公司的特有信息越少。

$$Synch_i = \log\left(\frac{R_i^2}{1 - R_i^2}\right) \quad (8-2)$$

（2）高管权力（Power）。既有国内外高管权力的研究对高管范围的界定并不统一，参考权小锋和吴世农（2010）等文献，本章将高管限定为掌握企业实际经营决策权的总经理、总裁或 CEO。如何准确可靠地度量高管权力是高管权力方面研究的重点和难点。纵观已有的国内外文献，刻画高管权力主要有两种思路：一是将反映高管权力各个维度的指标值进行综合加总求平均值；二是对反映高管权力的几个分指标进行主成分分析，形成高管权力综合指数。为了使本书高管权力的度量尽量准确，我们采用了这两种思路，在本章主体部分采用第一种方法，在稳健性检验中采用第二种方法。参考芬克尔斯坦（1992）、权小锋和吴世农（2010）、权小锋等（2010）等文献做法，我们采用 Power 度量高管权力。Power 为以下六个分指标的等权平均值，具体的六个指标如下。

CEO 与董事长是否两职合一（Dual）：这一指标反映了高管的结构权力，反映了高管所具备的职位的权力，当高管同时担任董事长时，高管便掌握了企业的实际控制权，权力势必增加，这一指标已经成为目前对高管权力所度量的最重要的指标。因此，当高管与董事长合一时，该指标取值为 1，否则取值为 0。

高管任期（Ceotenure）：高管在公司任职时间越长，则其个人威信越高，职位越稳固，对董事会成员的影响力越大，控制力也越强。已有文献表明，高管在公司任职期限越长，高管越有可能在公司内部构建利益团体，使其被替换的可能性降低，强化其在公司的权力地位。因此，当高管任期超过行业中位数时，该指标取值为 1，否则取值为 0。

高管是否持股（Ceosharerate）：当高管所拥有公司股权时，高管同时担任了公司股东的身份，这将增加高管在董事会决策中的话语权，强化其在公司中的权力。因此，当高管持有公司股份时，该指标取 1；高管未持有公司股份时，该指标取值为 0。

高管是否是内部董事（Inside）：当高管本身也是董事会成员时，其影响力将越大，而且被监督的可能性也降低，这势必会使高管的权力增加。因此，当高管同时是内部董事时，该指标取值为 1，否则该指标取值为 0。

董事会规模（Boardnum）：董事会规模越大，往往难以形成一致决策，对管理层的决策的控制力越弱，故董事会规模越大，高管权力越大（权小锋等，2010；刘星等，2012；杨兴全等，2014）。因此，董事会规模大于行业中位数时，该指标取值为 1，否则取值为 0。

金字塔层级（Layer）：范等（Fan et al.，2013）指出，对于国有企业而言，最终控制人到上市公司的控制链条越长，即金字塔层级越大，政府对企业的决策的影响越少，赋予企业高管更多的自主决策权，故当金字塔层级越大时，高管的权力越大（权小锋等，2010；王茂林等，2014）。因此，公司的金字塔层级大于行业中位数时，该指标取值为 1，否则取值为 0。

（3）产品市场竞争（Hhi）。采用赫芬达尔—赫希曼指数（herfindahl-hirschman index，HHI 指数）进行度量，计算方法为式（8-3）：

$$Hhi_{jt} = \sum_{i=1}^{N_J} \left(\frac{Sales_{ijt}}{Sales_{jt}} \right)^2 \qquad (8-3)$$

其中，i 表示公司，j 表示行业，t 表示时间。该值越大，表示行业竞争程度越低，反之竞争程度越高。

（4）财务报告透明度（Opaque）。借鉴赫顿等人（2009）的方法，采用前 3 年操控性应计的绝对值之和度量财务报告透明度，即：

$$Opaque = AbsV(DiscAcc_{t-1}) + AbsV(DiscAcc_{t-2}) + AbsV(DiscAcc_{t-3})$$
$$(8-4)$$

其中，AbsV 代表绝对值。DiscAcc 的计算过程如下：首先，利用修正的琼斯模型（Dechow et al.，1995）分年度、分行业估计（如式（8-5）所示），然后将模型（8-5）估计出来的回归系数代入（8-6）计算出操控性应计 DiscAcc。

$$\frac{Ta_{i,t}}{Asset_{i,t-1}} = \alpha_0 \times \frac{1}{Asset_{i,t-1}} + \beta_1 \times \frac{\Delta Sales_{i,t}}{Asset_{i,t-1}} + \beta_2 \times \frac{Ppe_{i,t}}{Asset_{i,t-1}} + \varepsilon_{i,t} \qquad (8-5)$$

$$DiscAcc_{i,t} = \frac{Ta_{i,t}}{Asset_{i,t-1}} - \left(\hat{\alpha}_0 \times \frac{1}{Asset_{i,t-1}} + \hat{\beta}_1 \times \frac{\Delta Sales_{i,t} - \Delta Rec_{i,t}}{Asset_{i,t-1}} + \hat{\beta}_2 \times \frac{Ppe_{i,t}}{Asset_{i,t-1}} \right)$$
$$(8-6)$$

其中，Ta 为总应计项目，等于营业利润减去经营活动产生的净流量；$Asset_{i,t-1}$ 为公司上年期末总资产；$\Delta Sales_{i,t}$ 为当年营业收入与上年营业收入的差额；ΔRec 为应收账款增长额；Ppe 为固定资产原值。

（5）媒体报道（Media）。借鉴罗进辉（2012）的做法，使用权威中文搜索引擎"百度新闻"（http://news.baidu.com）对每家上市公司的新闻报道进行分年度搜索，这个搜索引擎会自动输出每家上市公司的新闻报道条数，将该新闻报道条数加 1 取自然对数作为该公司该年度的媒体报道水平（Media）。这种方法度量媒体报道涉及的新闻报道面广，可以克服一些文献采用少数几家纸质报刊提及的公司名字次数作为媒体报道水平的"覆盖面有限"的缺点（罗进辉，2013）。

（6）其他控制变量。借鉴古尔等（2010）和徐等（2013）等研究成果，本章还控制了以下变量：个股交易量（Vol）、公司规模（Size）、市账比（Bm）、资产负债率（Lev）、公司所在行业的公司数量（Indnum）、公司所在行业的所有公司规模（Indsize）、国际四大（Big4）、外国投资者持股比例（Foreign）、分析师跟踪数量（Analyst）、机构投资者持股比例（Inst）。控制变量的具体定义也可如表 8-1 所示。此外，我们还控制了行业和年度哑变量。

表8-1 变量定义

变量	变量定义
Synch	股价同步性，具体定义参见正文部分
Dual	两职合一，总经理与董事长为同一人时，该变量取值为1，否则为0
Ceotenure	总经理任期，当总经理任期高于行业中位数时，该变量取值为1，否则为0
Ceosharerate	高管持股比例大于0时，该变量取值为1，否则为0
Inside	当总经理同时兼任公司董事时，该变量取值为1，否则为0
Boardnum	董事会规模，董事会人数大于行业中位数取值为1，否则为0
Layer	金字塔层级，大于中位数取值为1，否则为0
Power	以上六个变量等权平均值
Fiscal	所在地区的财政赤字程度，等于（财政收入－财政支出）/GDP
Unemploy	所在地区的城镇失业率
Hhi	赫芬达尔—赫希曼指数，该指数越小，产品市场竞争程度越大
Vol	个股年交易量/公司发行总股数
Size	公司规模，期末总资产的自然对数
Bm	企业账面价值与市场价值的比值
Lev	资产负债率，期末总负债/期末总资产
Indnum	公司所在行业的公司数量的自然对数
Indsize	公司所在行业所有公司期末总资产总和的自然对数
Opaque	财务报告透明度，具体定义参见正文
Big4	国际四大，若公司由国际四大审计，该变量的值为1，否则为0
Foreign	外国投资者持股比例，等于发行B股、H股和其他外资流通股之和除以公司发行总股数
Analyst	分析师跟踪数量，等于公司分析师跟踪数量加1取自然对数
Media	媒体报道，具体定义参见正文
Inst	机构持股比例，等于所有机构投资者持股数之和与公司发行总股数的比值

8.3.3 研究模型

我们构建模型（8-7）检验高管权力对股价同步性的影响：

$$Synch_{i,t} = \beta_0 + \beta_1 Power_{i,t} + \beta_2 Vol_{i,t} + \beta_3 Size_{i,t} + \beta_4 Mb_{i,t} + \beta_5 Lev_{i,t}$$

$$+ \beta_6 \text{Indnum}_{i,t} + \beta_7 \text{Indsize}_{i,t} + \beta_8 \text{Opaque}_{i,t} + \beta_9 \text{Big4}_{i,t}$$
$$+ \beta_{10} \text{Foreign}_{i,t} + \beta_{11} \text{Analyst}_{i,t} + \beta_{12} \text{Media}_{i,t} + \beta_{13} \text{Inst}_{i,t}$$
$$+ \sum \text{Industry} + \sum \text{Year} + \delta \tag{8-7}$$

模型中各变量定义如表 8 - 1 所示。在模型（8 - 7）中，我们主要观察 β_1 的系数是否显著大于 0，如果显著大于 0，则表明高管权力增大会增加股价同步性，假设 8 - 1a 得到验证；如果显著小于 0，则表明高管权力增大会降低股价同步性，假设 8 - 1b 得到验证。

8.4 实证结果与分析

8.4.1 描述性统计

表 8 - 2 提供了描述性统计结果。R^2 的均值和中位数分别为 0.486 和 0.490，Synch 的均值和中位数分别为 - 0.215 和 - 0.171，这两个变量取值与其他研究中国股价同步性的文献中的值基本一致。高管权力的度量指标（Power）的均值和中位数分别为 0.430 和 0.500，表明我国将近一半的国有企业存在权力过大的问题。财政赤字（Fiscal）的均值和中位数为 - 0.063 和 - 0.093，说明在 2003 ~ 2011 年各地方政府财政赤字较为严重，城镇失业率（Unemploy）最低为 1.39%，最高达到 5.6%。产品市场竞争（Hhi）的最小值与最大值差异较大，说明公司所处行业竞争程度差异较大。其他变量的取值范围均在合理范围之内，这里不再赘述。

表 8 - 2　　　　　　　　　　　描述性统计

变量	N	Mean	Median	Min	Max	Std
R^2	6348	0.486	0.490	0.083	0.851	0.168
Synch	6348	- 0.215	- 0.171	- 2.648	1.663	0.801
Power	6348	0.430	0.500	0.000	1.000	0.181
Fiscal	6348	- 0.063	- 0.039	- 0.258	- 0.008	0.055
Unemploy（%）	6348	3.551	3.700	1.390	5.600	0.861
Hhi	6348	0.002	0.000	0.000	0.844	0.018

变量	N	Mean	Median	Min	Max	Std
Vol	6348	3. 127	2. 385	0. 186	10. 636	2. 537
Size	6348	21. 818	21. 686	19. 372	25. 519	1. 165
Bm	6348	1. 562	1. 250	0. 758	5. 404	0. 859
Lev	6348	0. 529	0. 538	0. 077	1. 073	0. 196
Indnum	6348	4. 678	4. 615	2. 773	6. 151	0. 665
Indsize	6348	26. 926	26. 889	24. 023	28. 981	1. 004
Opaque	6348	0. 192	0. 155	0. 000	1. 158	0. 137
Big4	6348	0. 108	0. 000	0. 000	1. 000	0. 31
Foreign	6348	0. 034	0. 000	0. 000	0. 465	0. 099
Analyst	6348	1. 116	0. 693	0. 000	4. 174	1. 137
Media	6348	5. 409	5. 919	0. 000	11. 262	1. 981
Inst	6348	0. 173	0. 094	0. 000	0. 779	0. 193

表8-3是单变量分析结果。我们将高管权力的两个指标分别按照样本均值和中位数分高管权力高低两组，并比较和检验了高管权力高低组对应的股价同步性的差异。A栏是按照样本高管权力的均值分组的结果，可以发现，高管权力大的组比高管权力小的组对应的股价同步性高，而且差异非常显著，显著程度达到了1%的水平。B栏则按照样本高管权力的中位数进行分组的结果，可以发现，按高管权力中位数分组的结果与按高管权力均值分组的结果相同。以上研究结果说明，相比高管权力小的公司，高管权力大的公司向外界传递了更少的特质信息，导致股价较少反映公司私有信息，"同涨同跌"程度严重，与假设8-1a的预期一致，但高管权力是否会导致股价同步性增加，尚需进一步经验证据。

表8-3   单变量分析

变量	A栏：按权力均值分两组			B栏：按权力中位数分两组		
	N	Mean	Median	N	Mean	Median
High	3258	− 0. 187	− 0. 139	3258	− 0. 187	− 0. 139
Low	3090	− 0. 244	− 0. 201	3090	− 0. 244	− 0. 201

续表

变量	A栏：按权力均值分两组			B栏：按权力中位数分两组		
	N	Mean	Median	N	Mean	Median
High－Low (p－Value)		0.057 *** (0.000)	0.062 *** (0.000)		0.057 *** (0.000)	0.062 *** (0.000)

注：***、**和*分别表示在1%、5%和10%的水平上显著。

8.4.2 研究假设的实证检验

为检验研究假设，我们根据已设计的研究模型进行了多元回归。表8－4提供了假设8－1的实证检验结果。第（1）列是没有添加控制变量的回归结果，可以看到，Power的回归系数为0.222，显著程度为1%，表明在没有控制其他影响股价同步性的因素时，高管权力的增大会导致股价同步性的增加。第（2）列是控制了前人文献常用的控制变量的实证结果，可见，Power的回归系数为0.118，显著程度为5%，更充分地证明了高管权力与股价同步性的正相关关系。为了进一步控制公司内部财务报告透明度和市场信息中介对股价同步性的影响，我们在第（3）列增加了财务报告透明度（Opaque）、国际四大审计（Big4）、外国投资者持股比例（Foreign）、分析师跟踪数量（Analyst）、媒体报道（Media）和机构投资者持股比例（Inst）六个控制变量，发现在控制了公司内部财务信息透明度和市场信息中介对股价同步性的影响时，高管权力与股价同步性依然显著为正（显著水平为5%）。综合表8－4的结果，可以认为国有企业高管权力越大，为了避免股价中包含更多的高管个人经营信息和股价信息含量影响职位稳定性和政治升迁以及增加导致的潜在外部收购以及董事会的监督力度加大，会使公司股价同步性增加，支持研究假设8－1a，而高管权力可以降低股价同步性的假设8－1b并未得到支持，这可能是没有考虑特定的情境，有待后文进一步检验。此外，从表8－4回归的R^2分析，第（1）列没有增加任何控制变量的回归R^2就达到20.8%，而第（2）列和第（3）列的R^2为27.5%和28.1%，仅分别增加6.7%和7.3%，说明高管权力是股价同步性的重要影响因素。

控制变量方面，公司规模（Size）与股价同步性1%程度上显著正相关，市账比（Bm）与股价同步性1%程度上显著负相关，这与古尔等人（2010）的研究股价同步性的文献结果一致；资产负债率（Lev）与股价同步性1%的程度上显著负相关，说明负债程度越高，公司股价同步性越高，与王艳艳等（2013）研究结论一致；财务报告透明度（Opaque）的回归系数在10%的程度上显著为负，这与理论预期不一致，这可能是因为财务报告透明度与股价同步性为非线性关系；外国投资者持股比例（Foreign）与股价同步性显著负相关，表明国外资本市场较为成熟，受到国外市场的影响，公司更注意自己的信息披露行为，同时外国投资者可以挖掘公司更多的特质信息，从而有效降低股价同步性，这与古尔等（2010）研究结论一致；机构投资者比例（Inst）的回归系数也显著为负，说明我国的机构投资者发挥了公司治理作用，能促进公司披露私有信息。

表 8 – 4　　　　　　　　　　　高管权力与股价同步性

变量	（1） Synch	（2） Synch	（3） Synch
Power	0. 222 *** （3. 11）	0. 118 ** （2. 09）	0. 120 ** （2. 24）
Vol		0. 014 （0. 73）	0. 006 （0. 30）
Size		0. 107 *** （6. 10）	0. 106 *** （6. 10）
Bm		− 0. 184 *** （ − 6. 66）	− 0. 176 *** （ − 6. 86）
Lev		− 0. 639 *** （ − 8. 17）	− 0. 598 *** （ − 7. 44）
Indnum		0. 013 （0. 10）	0. 010 （0. 07）
Indsize		− 0. 118 * （ − 1. 86）	− 0. 117 * （ − 1. 89）
Opaque			− 0. 176 * （ − 1. 76）
Big4			0. 014 （0. 38）

变量	（1） Synch	（2） Synch	（3） Synch
Foreign			-0.382^{***} （-3.58）
Analyst			-0.001 （-0.10）
Media			0.009 （1.31）
Inst			-0.235^{***} （-3.66）
Constant	-0.313^{**} （-2.98）	1.344 （0.96）	1.368 （1.01）
N	6348	6348	6348
R^2	0.208	0.275	0.281

注：括号内为 T 值，标准误经过了公司和年度的 Cluster 调整，***、**、* 分别表示回归系数在 1%、5%、10% 的水平上显著。限于篇幅，行业年度虚拟变量结果未作报告。

为了检验假设 8-2，我们借鉴范等人（2013）的做法，采用公司所在地区的财政赤字程度和城镇登记失业率两个指标度量政府干预程度。财政赤字越严重、失业率越高，地方政府越有动机干预所属国有企业（Fan et al.，2013；潘红波等，2008）。我们按中位数划分为财政赤字高低组和失业率高低组分别检验高管权力对股价同步性的影响。实证结果如表 8-5 所示，由表 8-5 可知：（1）在财政赤字低组，高管权力对股价同步性没有显著影响，但是在财政赤字高组，高管权力的回归系数为 0.186（t = 1.84），显著程度达到了 10%；（2）在失业率低组，高管权力与股价同步性的关系不显著，而在失业率高组，高管权力的回归系数为 0.166（t = 2.66），显著程度高达 1%。这些结论说明政府干预多的地区，权力大的高管为了获得政治升迁或者避免外界的监督，使公司股价中较少包含公司特有信息股价同步性增加。表 8-5 的研究结论表明，国有企业高管权力对股价同步性的影响受到政府干预的影响，政府干预多的地区，国企高管权力与同步性的正相关关系更为显著，支持了假设 8-2a；但是在政府干预少的地区，高管权力并没有带来正面的经济后果，假设 8 - 2b 未得到支持，说明高管权力在中国更多地表现为负面后果，正面后果的制度环境尚未建立，但也一定程度上说明降低政府干预可以保证高管权力不带来负面效果。

表 8 - 5　　　　　政府干预对高管权力与股价同步性关系的影响

变量	财政赤字分组		失业率分组	
	低 Synch	高 Synch	低 Synch	高 Synch
Power	0.098 (1.40)	0.186 * (1.84)	0.065 (0.81)	0.166 *** (2.66)
Vol	0.002 (0.11)	0.009 (0.38)	0.013 (0.59)	0.003 (0.18)
Size	0.109 *** (4.16)	0.100 *** (3.92)	0.114 *** (4.58)	0.112 *** (4.54)
Bm	− 0.169 *** (− 7.75)	− 0.188 *** (− 5.12)	− 0.200 *** (− 5.34)	− 0.155 *** (− 6.83)
Lev	− 0.586 *** (− 6.02)	− 0.586 *** (− 4.54)	− 0.684 *** (− 6.55)	− 0.540 *** (− 5.59)
Indnum	0.357 (1.16)	− 0.126 (− 1.16)	− 0.215 * (− 1.83)	0.181 (0.94)
Indsize	− 0.279 *** (− 2.58)	− 0.015 (− 0.25)	0.018 (0.26)	− 0.254 *** (− 3.03)
Opaque	− 0.247 ** (− 2.24)	− 0.137 (− 0.93)	0.035 (0.19)	− 0.404 *** (− 6.96)
Big4	0.013 (0.20)	0.028 (0.72)	0.022 (0.56)	− 0.020 (− 0.34)
Foreign	− 0.364 * (− 1.66)	− 0.420 *** (− 3.73)	− 0.217 (− 1.40)	− 0.518 *** (− 4.08)
Analyst	− 0.007 (− 0.35)	0.002 (0.08)	− 0.007 (− 0.36)	− 0.003 (− 0.11)

续表

变量	财政赤字分组		失业率分组	
	低 Synch	高 Synch	低 Synch	高 Synch
Media	0.025 ** (2.48)	−0.004 (−0.40)	−0.000 (−0.03)	0.018 * (1.91)
Inst	−0.285 *** (−3.25)	−0.193 ** (−1.96)	−0.219 ** (−2.54)	−0.260 *** (−3.83)
Constant	4.077 * (2.37)	−0.785 (−0.50)	−1.528 (−0.92)	3.979 ** (2.52)
N	3108	3240	2934	3414
R^2	0.283	0.293	0.303	0.281

注：括号内为 T 值，标准误经过了公司和年度的 Cluster 调整，*** 、** 、* 分别表示回归系统在 1% 、5% 、10% 的水平上显著。限于篇幅，行业年度虚拟变量结果未作报告。

表 8 - 6 列示了假设 8 - 3 的实证检验结果。由表 8 - 6 可知，在产品市场竞争高组，高管权力与股价同步性无显著关系，假设 8 - 3a 未得到支持，也说明在中国，没有证据表明高管权力具有正面的经济后果，但至少说明产品市场竞争这一外部监督机制可以使高管权力不带来负面的经济后果；在产品市场竞争低组，Power 与股价同步性的回归系数为 0.145（t = 2.20），显著程度分别为 5%，表明在产品市场竞争低时，高管权力无法受到产品市场这一外部治理机制的约束，从而能进行寻租，增加外部投资者的信息搜寻成本，导致股价同步性加大。由此，假设 8 - 3b 的理论预期得到验证。

表 8 - 6　　　　产品市场竞争对高管权力与股价同步性关系的影响

变量	产品市场竞争高组		产品市场竞争低组	
	Synch	T 值	Synch	T 值
Power	0.114	1.54	0.145 **	2.20
Vol	−0.013	−0.64	0.025	1.27
Size	0.109 ***	4.94	0.104 ***	4.96
Bm	−0.168 ***	−6.51	−0.187 ***	−4.78

变量	产品市场竞争高组		产品市场竞争低组	
	Synch	T 值	Synch	T 值
Lev	− 0. 611 ***	− 5. 91	− 0. 625 ***	− 8. 77
Indnum	0. 025	0. 12	− 0. 054	− 0. 45
Indsize	− 0. 177	− 1. 54	− 0. 024	− 0. 46
Opaque	− 0. 204 *	− 2. 37	− 0. 127	− 0. 84
Big4	0. 113 **	2. 17	− 0. 029	− 0. 87
Foreign	− 0. 425 *	− 1. 83	− 0. 337 ***	− 3. 16
Analyst	− 0. 007	− 0. 52	0. 009	0. 35
Media	0. 018 **	2. 02	− 0. 001	− 0. 06
Inst	− 0. 164 **	− 2. 53	− 0. 295 ***	− 3. 28
Constant	1. 911	0. 83	− 0. 898	− 0. 69
N	3116		3232	
R^2	0. 282		0. 287	

注：标准误经过了公司和年度的 Cluster 调整， *** 、 ** 、 * 分别表示回归系数在1%、5%、10%的水平上显著。限于篇幅，行业年度虚拟变量结果未作报告。

8.4.3 进一步研究

国有企业分为中央控制的企业和地方政府控制的企业，不同层级政府控制的企业受到政府的影响差异较大，其行为后果会有所不同。那么，在中央政府控股和地方政府控股的国有企业中，高管权力对股价同步性的影响是否不同？作为中央政府控制的国有企业，是国家的经济命脉，受到国家监管部门和社会各界的舆论约束更多，高管利用权力寻租受到的事后惩罚更为严重，使得高管更加注意自身形象。但是对地方政府控制的国有企业，离中央监管机构的层级关系较多，权力寻租行为更不容易被发现，处于地方的国有企业，制度环境等各方面较差，权力寻租动机更强。因此，我们预期，较之中央政府控股的国有企业，地方政府控股的国有企业高管权力与股价同步性的正相关关系更为显著。

为验证以上理论预期，我们将样本分为中央国有企业和地方国有企业样本，分别检验高管权力对股价同步性的影响，实证结果如表8-7所示。

由表 8 – 7 可知，在中央国有企业样本中，高管权力对股价同步性无显著影响，但在地方国有企业样本中，高管权力显著增大了股价同步性，与理论预期一致。

表 8 – 7　　　　　　　　高管权力与股价同步性：央企 VS 地企

变量	中央国有企业		地方国有企业	
	Synch	T 值	Synch	T 值
Power	0.093	0.93	0.110 **	2.30
Vol	0.019	0.95	0.001	0.06
Size	0.078 ***	3.00	0.116 ***	5.19
Bm	− 0.193 ***	6.06	− 0.171 ***	− 6.45
Lev	− 0.406 ***	− 5.02	− 0.687 ***	− 8.09
Indnum	− 0.106	− 0.43	0.043	0.35
Indsize	− 0.054	− 0.58	− 0.146 *	− 1.66
Opaque	− 0.105	− 0.70	− 0.189 *	− 1.73
Big4	0.080	1.43	− 0.020	− 0.45
Foreign	− 0.138	− 0.92	− 0.490 ***	− 4.04
Analyst	− 0.022	− 0.83	0.006	0.29
Media	0.002	0.12	0.009	1.45
Inst	− 0.191 *	− 1.76	− 0.263 ***	− 4.37
Constant	0.383	0.23	1.453	0.79
N	1792		4556	
R^2	0.307		0.284	

注：括号内为 T 值，标准误经过了公司和年度的 Cluster 调整，*** 、** 、* 分别表示回归系数在 1% 、5% 、10% 的水平上显著。限于篇幅，行业年度虚拟变量结果未作报告。

8.4.4　稳健性检验

为了使本章的研究结论更为可靠，我们进行了如下稳健性检验：

（1）克服内生性问题的干扰。高管权力与股价同步性之间可能存在内生性问题，为此，我们采用三种方法来克服内生性问题带来的计量偏差。首先，我们借鉴吉拉蓬等（2012）的做法，采用高管权力的行业中位数

（Medianpower）和公司的 CEO 年龄（Ceoage）作为工具变量进行两阶段回归（2SLS），结果如表 8 - 8 第（1）列和第（2）列所示，在第一阶段，两个工具变量均与高管权力显著正相关，F-statistic 和 Hansen J-statistic 说明所选工具变量符合相关要求，第二阶段中，第一阶段预测的高管权力指标 Power_hat 依然显著为正。其次，我们控制了公司的固定效应，防止一些不能观测的公司特征既影响高管权力大小，又影响股价同步性，导致我们的结果可能是伪相关。表 8 - 8 的第（3）列回归结果显示，在控制了公司固定效应后，高管权力依然与股价同步性显著正相关。最后，采用 Change 模型。某些不能观测的公司特征可能是随时间变化的，为解决这一问题的影响，我们将采用被解释变量、解释变量和控制变量的变化值进行回归。结果如表 8 - 8 第（5）列回归所示，可见，高管权力的增大依然会带来股价同步性的增加。以上结果说明本章结论在考虑内生性问题后依然存在。

表 8 - 8　　　　　　　　　　　　　　　内生性问题

变量	2SLS 回归		公司固定效应		Change 模型
	第一阶段 Power （1）	第二阶段 Synch （2）	Synch （3）	Syhch （4）	ΔSynch （5）
Medianpower	0.565 *** (6.66)				
Ceoage	0.016 *** (6.78)				
Power – hat		0.131 * (1.81)			
Power			0.143 * (1.93)	ΔPower	0.134 * (1.89)
Vol	– 0.016 ** (– 2.53)	0.026 *** (6.01)	0.001 (0.26)	ΔVol	– 0.083 *** (– 15.80)
Size	0.084 *** (4.41)	0.067 *** (4.29)	0.106 *** (3.24)	ΔSize	– 0.198 *** (– 4.16)

续表

变量	2SLS 回归		公司固定效应		Change 模型
	第一阶段 Power （1）	第二阶段 Synch （2）	Synch （3）	Syhch （4）	ΔSynch （5）
Bm	0.001 （0.07）	−0.201 *** （−13.95）	−0.198 *** （−11.03）	ΔBm	−0.121 *** （−10.20）
Lev	−0.124 * （−1.65）	−0.529 *** （−9.38）	−0.633 *** （−5.89）	ΔLev	0.109 （1.16）
Indnum	0.067 ** （2.59）	−0.167 *** （−9.00）	−0.161 ** （−2.44）	ΔIndnum	−0.269 *** （−2.75）
Indsize	−0.087 *** （−4.41）	0.087 *** （5.65）	0.163 *** （4.82）	ΔIndsize	0.052 （0.85）
Opaque	−0.258 ** （−2.48）	0.067 （0.87）	−0.108 （−1.02）	ΔOpaque	0.073 （0.51）
Big4	0.112 ** （2.31）	−0.017 （−0.49）	0.040 （0.66）	ΔBig4	0.019 （0.23）
Foreign	0.150 （0.99）	−0.358 *** （−3.26）	0.048 （0.07）	ΔForeign	1.340 （1.31）
Analyst	0.015 （0.89）	0.042 *** （3.59）	0.072 *** （4.09）	ΔAnalyst	0.000 （0.01）
Media	−0.025 *** （−2.94）	0.031 *** （4.82）	0.011 （1.18）	ΔMedia	−0.017 （−1.46）
Inst	−0.056 （−0.80）	−0.238 *** （−4.48）	−0.218 *** （−3.11）	ΔInst	−0.035 （−0.49）
Constant	1.891 *** （3.63）	−3.234 *** （−7.79）	−5.675 *** （−7.37）	Constant	0.027 （0.33）
N	6336	6336	6348	N	5197
R^2	0.035	0.096	0.312	R^2	0.111

续表

变量	2SLS 回归		公司固定效应		Change 模型
	第一阶段 Power （1）	第二阶段 Synch （2）	Synch （3）	Syhch （4）	ΔSynch （5）
Predictive Power of Excluded Instruments					
Partial – R²	0. 014				
Robust F-statistic（instruments）	46. 765				
F-statistic p-value	0. 000				
Test of Overidentifying Restrictions					
Hansen J-statistic		1. 107			
p-value		0. 293			

注：括号内为 T 值，标准误经过了公司和年度的 Cluster 调整，*** 、** 、* 分别表示回归系数在 1% 、5% 、10% 的水平上显著。由于 CEO 年龄（Ceoage）数据的缺失量较其他变量多，故 2SLS 中的回归样本量（6336）略小于主回归的样本量（6348）。限于篇幅，行业年度虚拟变量结果未作报告。

（2）改变股价同步性的度量方法。借鉴金等人（Kim et al. ，2011）的做法，使用模型（8-8）的拟合优度 R^2 按照模型（8-2）进行对数化后的结果作为股价同步性的度量指标。$Ret_{i,t}$ 为个股 i 第 t 周的收益率，$Mktret_{i,t}$ 为市场第 t 周市值加权平均收益率，加入市场收益的滞后项和超前项，是为了调整股票非同步性交易的影响（Dimson，1979）。表 8-9 的第（1）列为改变股价同步性度量方法的实证结果，可以发现，即使改变股价同步性的度量方法，实证结果依然不变。

$$Ret_{i,t} = \alpha_i + \beta_1 Mktret_{t-2} + \beta_2 Mktret_{t-1} + \beta_3 Mktret_t$$
$$+ \beta_4 Mktret_{t+1} + \beta_4 Mktret_{t+2} + \varepsilon_{i,t} \tag{8-8}$$

（3）改变高管权力度量。不同于正文将六个度量高管维度的指标等权平均值作为高管权力指数，我们采用六个维度指标进行主成分分析，采用第一主成分构建的高管权力综合指数（Power_new1）作为高管权力度量指标。实证结果如表 8-9 第（2）列所示，可知，新的高管权力指标（Power_new1）依然显著为正。此外，部分文献还将高管的专家权力和声誉权力作为高管权力的综合指标合成指标，为此，我们选择总经理是否具有高级职称①作为专家权力的替代变量、是否具有高学历（硕士以上学历取值为1，否则为0）作为声誉权力的替代变量，在原有基础上增加这两个变量共八个变量等权平均值作为新的高管权力指标（Power_new2），回归结果如表8－9第（3）列所示，新的高管权力指标达到5%程度上显著为正。需要说明的是这两个分指标是根据新浪财经网、百度网、公司年报、CSMAR数据库等信息来源手工收集得到，经过了反复核对和多次认真仔细校正。有一部分公司总经理的学历和职称数据没有公开披露，无法获得，故样本量由原来的6438下降为3539。还有一点是，高管是否持股可能不仅能反映高管的所有权权力，还能表示股东与经理的利益一致程度，故我们在Power_new2的基础上剔除高管是否持股这一分指标构成新的高管权力指标Power_new3重新进行回归，实证结果如表8－9第（4）列所示，可见，这个指标还是显著为正。由此可见，采用多个指标度量高管权力，都能得到"高管权力增大会显著增加股价同步性"的研究结论，说明本章的研究结论稳健。

表8－9　　　　　　　　改变高管权力或股价同步性的度量指标

变量	（1） Synch_new	（2） Synch	（3） Synch	（4） Synch
Power	0.125 *** (2.81)			
Power_new1		0.035 * (1.84)		
Power_new2			0.176 ** (2.00)	
Power_new3				0.116 * (1.80)
Vol	0.003 (0.14)	0.006 (0.30)	0.002 (0.11)	0.002 (0.11)

---

① 高级职称包括高级工程师、高级建筑师、高级会计师、高级经济师、高级国际商务师、国际商务师、注册会计师、注册资产评估师、律师、教授、副教授、研究员、副研究员、中科院以及中国工程院院士。

续表

变量	（1） Synch_new	（2） Synch	（3） Synch	（4） Synch
Size	−0.064 ** （−2.29）	0.107 *** （6.16）	0.096 *** （5.46）	0.097 *** （5.64）
Bm	−0.247 *** （−5.87）	−0.177 *** （−6.86）	−0.173 *** （−5.56）	−0.172 *** （−5.54）
Lev	−0.364 *** （−3.62）	−0.597 *** （−7.50）	−0.701 *** （−9.92）	−0.704 *** （−9.99）
Indnum	−0.016 （−0.13）	0.004 （0.03）	−0.069 （−0.37）	−0.080 （−0.43）
Indsize	−0.043 （−0.71）	−0.115 * （−1.86）	−0.076 （−1.05）	−0.075 （−1.04）
Opaque	−0.361 *** （−3.41）	−0.178 * （−1.76）	−0.128 （−0.88）	−0.132 （−0.91）
Big4	−0.011 （−0.29）	0.016 （0.42）	0.003 （0.08）	0.000 （0.01）
Foreign	−0.273 *** （−2.60）	−0.379 *** （−3.46）	−0.550 *** （−6.59）	−0.541 *** （−6.56）
Analyst	−0.108 *** （−3.93）	−0.001 （−0.07）	−0.001 （−0.06）	−0.001 （−0.04）
Media	0.002 （0.30）	0.009 （1.30）	0.013 （1.33）	0.013 （1.38）
Inst	−0.336 *** （−4.21）	−0.233 *** （−3.64）	−0.277 *** （−3.88）	−0.277 *** （−3.88）
Constant	3.490 ** （1.97）	1.312 （0.97）	0.851 （0.60）	0.851 （0.60）
N	6348	6348	3539	3539
R^2	0.291	0.281	0.296	0.295

注：括号内为 T 值，标准误经过了公司和年度的 Cluster 调整，*** 、** 、* 分别表示回归系数在1%、5%、10%的水平上显著。限于篇幅，行业年度虚拟变量结果未作报告。

8.5 本章小结

国有股权是导致中国上市公司信息披露质量差、信息环境恶劣的重要因素，虽然较多学者理论分析了国有企业信息披露质量较非国有企业差的原因，但是对国有企业本身为什么信息不透明缺乏实证证据。与以往从政府行为视角研究国有企业的信息披露质量的文献不同，本章选择从高管权力这一微观企业内部视角出发，研究高管权力对股价同步性的影响。采用2003～2011年中国 A 股非金融行业国有上市公司为研究样本，通过一系列实证检验，得到如下研究结论：（1）高管权力大小与股价同步性显著正相关，即高管权力越大，公司向外传递的特质信息越少；（2）处于政府干预强的地区的国有企业，高管权力对股价同步性有显著正向影响，反之，高管权力与股价同步性无显著关系；（3）处于产品市场竞争程度低的行业的国有企业，高管权力与股价同步性显著正相关，但当产品市场竞争加剧时，高管权力对股价同步性无显著影响；（4）较之中央政府控股的国有企业，地方政府控股的国有企业的高管权力更能显著增大股价同步性。

本章除了丰富了高管权力和股价同步性方面的理论研究外，还具有重要的政策启示，而且对投资者决策也具有重要帮助，主要体现在：（1）政府放权改革、国有企业内部公司治理机制的失效和中国的权力文化催生了国企高管权力的增大，而高管权力的增大加大了股价同步性，因此，需要重新思考国企改革的方向，健全和完善国企公司治理机制，营造正确的高管权力观，避免或减轻国企高管权力寻租导致的恶劣后果；（2）国有企业信息透明度的提升，需要考虑从高管权力入手，监督和约束高管权力寻租，特别是对于处于政府干预多的、行业缺乏竞争的和地方政府控股的国有企业，高管权力导致的股价同步性更为严重，因此，对于这类型的国有企业，监管部门需要加大力度制定政策或提高政策执行效率，约束高管权力，提高国有企业信息透明度；（3）股价同步性反映了资本市场的定价效率，高管权力大的公司定的股价可能并不能反映公司真实的经营和财务情况，因此，对于投资者而言，在利用股价进行投资决策时，需要考虑高管的权力配置情况，审慎地作出投资决策。当然，本章提出了高管权力的寻租假说和效率假说，实证结果支持了寻租假说，效率假说未得到验证，那么高管权力的效率假说是否在中国的制度背景下成立，有待进一步研究。

第9章

结　语

本章首先对全书的研究内容进行了系统总结，以对全书有全面了解。之后根据本书的研究结论提出本书的政策启示，以期对相关政策部门提供政策建议。最后对本书的研究局限进行说明，并阐述未来可研究的方向。

9.1　研究结论

高管权力的研究是近年来财务学的一个重要的理论和现实问题。关于高管权力的研究对政府和公司制定约束高管权力的政策和公司治理机制，维护公司快速稳定的发展具有重要意义。以前的学术文献主要从高管薪酬、盈余管理、公司治理、风险等领域研究了高管权力的恶劣经济后果。事实上，我国上市公司高管权力过大与我国特殊的制度背景有很大联系，国有企业改革实际上就是放权让利的过程，而在国有企业高管掌握了经营决策权后，我国国有企业"所有者"缺位的问题却使高管没有得到应有的监督，民营企业的发展更多依亲戚和朋友，却不信任职业经理人，使民营企业的所有者担当监督者的同时也担当了管理者，这使得我国上市公司高管权力过大问题更加突出。高管权力产生的恶劣经济后果已经得到了学术界和实务界的普遍认同，那么高管权力是否会影响企业融资、投资和股价同步性？目前研究较少。本书以高管权力理论为基础，并结合中国制度背景研究了高管权力与银行贷款、商业信用、股权融资成本、过度投资和股价同步性的关系，通过实证研究得出以下结论。

第一，本书考察了上市公司高管权力与银行贷款的关系。高管权力反映了高管在企业中的决策权大小，当高管权力大时，高管对公司的各项经营决策和战略决策具有更多的话语权，企业的各项后果往往更多反映高管的个人意志。对于中国这样一个具有崇尚权力、追逐权力文化特征的国家来说，企业内部的权力斗争比西方股份公司内部的权力斗争要严重得多（张维迎，2000）。从既有文献来看，目前的研究主要围绕高管权力与高管薪酬、公司治理、风险承担、公司业绩、股利政策和现金持有等的关系展开研究，融资政策一直以来是公司财务的重点研究范畴，银行贷款是中国上市公司的主要融资方式。因此，我们考察了高管权力与银行贷款的关系。通过实证发现：（1）高管权力大小与银行贷款规模显著负相关；（2）相较于长期贷款，银行更愿意给高管权力大的企业短期短款；（3）企业的国有属性可以减弱高管权力大小与银行贷款的负相关关系。在实证过程中，我们还进一步研究了经济周期和我国香港上市对高管权力与银行贷款关系的影响，发现在经济下行期时，高管权力与银行贷款的负相关关系更为显著，当企业在香港特区上市时，高管权力与银行贷款的负相关关系消失。

第二，本书考察了高管权力与商业信用的关系。商业信用是企业的一种重要的融资方式，甚至可以替代银行贷款，获取商业信用可以缓解融资约束、促进企业成长和提高企业效率。作为债权人，供应商同样关注公司高管权力所带来的恶劣的后果，那么公司的高管权力过大时，供应商是否会减少提供商业信用？基于此，本书研究了高管权力与商业信用的关系，考察了企业的产权性质对高管权力与商业信用关系的影响，并进一步分析和检验了经济周期、市场地位和公司成长性三个宏观、中观、微观角度的因素对高管权力与商业信用关系的影响。通过 1999 ~ 2012 年中国 A 股非金融行业上市公司的研究样本，本书的实证研究发现：公司高管权力越大，获得的商业信用越少；企业的国有产权降低了高管权力与商业信用的负向关系；在经济周期下行期，高管权力与商业信用的负向关系更为显著；当企业的市场地位比较高时，高管权力与商业信用的负向关系得到减弱；当公司成长性好时，高管权力与商业信用的负向关系也会减弱。以上研究结论说明，高管权力在商业信用融资方面也会导致恶劣后果，高管权力大小是影响商业信用的一个重要因素，对于处于不同经济周期、行业地位和成长阶段的企业，高管权力对商业信用的影响程度不同。

第三，股权融资成本是影响资本市场规模和资源配置效率的关键因素，是企业融资方式选择和投资决策的重要考量指标，也是股权价值估值中的重要参数。特别是在中国的特殊制度背景下，西方的融资优序理论（先内部融资，后债务融资，最后是股权融资）在中国并不适用，中国上市公司普遍偏好股权融资，大部分学者认为，根源在于股权融资成本较债务融资成本低（黄少安和张岗，2001；蔡祥等，2003）。基于此，股权融资成本的研究成为国内外财务学研究中经久不衰的经典课题之一（游家兴和刘淳，2011），尤其是探究哪些因素会影响股权融资成本和如何降低股权融资成本，具有重要的理论意义和现实意义。最终得到如下结论：投资者会预期到高管权力带来的风险加大、信息披露质量下降和公司治理失效等恶劣后果，从而要求更高的投资回报，导致高管权力大的企业股权融资成本更高；将研究样本分为国有样本和民营样本，高管权力与股权融资成本的正相关关系在国有企业中存在，在民营企业中，这一关系并不显著，说明企业产权安排的不同会导致高管权力在股权融资成本方面经济后果的差异；法律环境的改善有助于降低高管权力与股权融资成本的正相关关系，但是信任在影响国有企业和民营企业高管权力与股权融资成本的关系上却存在差异，处于信任水平较高地区的民营企业，高管权力与股权融资成本的正相关关系减弱，但是信任对国有企业高管权力与股权融资成本的关系的影响不显著。特别是当法律环境特别好和信任水平特别高时，民营企业的高管权力甚至有助于降低股权融资成本，主要原因在于民营企业中的高管权力在法治和信任的影响下更可能体现为家族权威，从而带来投资者的正面评价。

第四，中国经济发展中的一个最重要问题是企业的投资效率问题，然而中国企业的投资效率并不乐观（应千伟和罗党伦，2012），尤其表现在国有企业的过度投资上。既有关于国有企业过度投资领域的学术文献存在不足。目前对中国国有企业过度投资现象的解释，主要从公司治理和政府干预角度出发。从公司治理角度研究国企过度投资的研究只强调了公司治理机制的影响，忽视了高管的异质性。公司治理理论认为，只要公司治理结构是一致的，公司的决策就会相同（Bertrand and Schoar，2012），实际上，公司治理理论的假设前提是高管是同质的，这与实际不符，即使公司治理机制一致，高管由于受个人生理、心理和个人经历的影响，决策效果也会迥然不同。基于中国的制度背景，从高管的权力特征研究国有企业的过度投资现象具有重要的理论价值和现实意义。通过 2001 ~ 2012 年中国国有上市公司的数据，得到以下研究发现：（1）国企高管权力与过度投资显著正相关，说明高管权力过大是国企过度投资的重要原因；（2）当政府干预低时，高管权力对国企过度投资具有很好的解释力，说明市场化改革出现了新的问题，迫切需要新一轮的国企改革；（3）在法律环境好的地区和发行 H 股的公司，高管权力与过度投资无关，说明良好的法律环境和国企香港上市可以有效抑制高管权力过大导致的过度投资行为。以上结论经过多种稳健性检验后，依然成立。

第五，本书研究了国有企业高管权力对股价同步性的影响，并考察了政府干预和产品市场竞争对高管权力与股价同步性关系的影响，在拓展性检验中还分析和检验了中央政府控股企业与地方政府控股企业的高管权力对股价同步性影响的不同。通过 2003～2011 年中国 A 股非金融行业国有上市公司研究样本的实证检验，本书得到如下实证结论：（1）高管权力越大，股价同步性越严重；（2）在政府干预严重的地区，国企高管权力与股价同步性的正相关关系更为显著；（3）产品市场竞争强时，高管权力与股价同步性的正相关关系减弱。进一步研究还显示，较之于中央政府控股的国有企业，地方政府控制的国有企业的高管权力与股价同步性关系更为显著。

9.2　政　策　启　示

本书从高管权力与企业融资、投资、股价同步性的角度进行研究，上述结论主要有以下几个方面的政策启示。

第一，国有企业在"放权让利"的同时，应该建立可以约束高管权力的制度，阻止高管权力产生的恶劣后果，提高国有企业的公司治理水平。长期以来，由于我国国有企业最初只是执行政府命令的单元，没有自主经营的权力，因此，我国政府将向国有企业下放经营自主权作为国有企业改革的主要目的，却忽视了国有企业高管权力过大，无法约束这一改革并发症。事实上，国有企业高管权力过大，无法约束已经产生了的恶劣后果，国有企业高管腐败问题，国有企业高管享受"天价薪酬"的同时，为了减少"愤怒成本"的增加，还会采用更为隐蔽的方式追求货币性收益和非货币性收益，影响了公司会计信息质量。另外，国有企业高管在政治上的升迁的需要往往会使国有企业高管权力更有扩大企业投资的动机，而这些往往是无效率的投资。可见，我国国有企业高管权力过大已经产生了严重的影响上市公司发展和民生的后果。因此，我国政府在国有企业改革的同时，不仅要"放权让利"，还要注意高管权力过大无法约束的问题，更好地限制国有高管权力是促进国有企业健康发展的重要前提。

第二，发展职业经理人市场。我国国有企业高管同时担任政府官员是国有企业高管权力过大的重要原因，由于我国国有企业改革之初只是政府的行政执行机构，因此，国有企业的管理层都由政府任命和选拔，甚至国有企业高管的升迁仍然按行政级别，这与我国市场化进程是格格不入的。国有企业的高管往往行政级别较高，下属的行政级别较低，下级只能执行高管的命令而无法监督高管的机会主义行为。因此，本书认为，国有企业应该更多地依赖职业经理市场为其输送优秀的高管人才，既有助于国有企业高管的专业性，也约束了其权力的泛滥。另外，发展职业经理人市场对民营企业的发展也是非常重要的。目前，我国民营企业的经理都是由控股股东担任或是由控股股东的亲戚朋友担任，这使民营企业的所有者既担任监督者又担任管理者，无形中助长了民营企业经理人的权力，只有发展完善的职业经理人市场，才使民营企业可以挑选合适和专业的职业经理人，不仅可以约束民营企业经理人的权力，也有助于引入高级管理知识。

第三，深化银行业的改革。近年来，我国银行业引入了股份制银行和外资银行，使银行业形了竞争化的格局，同时，我国四大国有商业银行也通过剥离不良资产、上市和引入战略投资者等建立起产权清晰的银行体系，因此，我国商业银行已经符合市场化行为特征。但是从本书的研究来看，当国有企业的高管权力过大时，商业银行并没有因此而更少地提供银行贷款，商业银行进行贷款决策时更多地考虑了所有权性质，这很可能使商业银行蒙受无法追加贷款而造成的损失。因此，本书认为商业银行应该根据贷款客户的经营管理情况来进行贷款决策，不应该过多地考虑产权性质这一因素。

第四，供应商在进行赊销决策时，应该更多地考虑客户的高管权力这一特征。我们在对高管权力与商业信用的研究中发现，供应商在提供商业信用时会考虑客户的高管权力这一因素，可是当供应商的市场地位较低时却会忽视高管权力这一重要影响因素，这说明市场地位低的供应商更可能为了销售产品而没有全面考虑可能影响信用风险的指标，因此，本书认为供应商在进行赊销决策时需要更全面地考虑高管权力等因素。

第五，有必要加强社会信任等环境因素。从本书的研究结论来看，我国高管权力在社会信任度强的环境中，高管本人会受当地信任的影响而约束自身权力，这有助于公司高管权力的制约、减少高管利用权力进行机会主义行为和提高公司治理的完善，因此，本书认为我国应该加强人与人间的信任水平，提高信任环境的建设。

第六，加强法律制度的建设。从本书的研究结论看，我国高管权力在法律指数较高的环境中更容易受到制约，因此，本书认为我国应该在提倡提高公司治理水平的基础上更注重我国法律制度的建设，这可以增加高管滥用权力的惩罚，对上市公司的高管有更强的威慑作用。

第七，进一步开放资本市场，吸引外国投资者，健全我国资本市场。本书的研究表明，在香港特区上市有助于上市公司高管权力的约束，说明成熟的资本市场、良好的投资者素质是我国资本市场可进一步发展的方向。外国投资者对我国上市公司治理的改进和资本市场信息环境的改善作用得到一批学术文献的经验验证。对于逐步开放和还处于初级阶段的我国资本市场而言，发展外国投资者对我国资本市场的健康稳定发展具有可观的增量贡献。

9.3 研究局限与未来研究方向

本书的研究局限体现在以下几个方面。

第一，本书选择高管权力与银行贷款、商业信用、股权融资成本、过度投资和股价同步性的关系进行研究。事实上，我国上市公司的融资方式还有其他形式，如债券融资等融资方式，本书在考虑融资方式上并不全面。但由于我国资本市场发展较晚，债券市场更是最近几年才兴起，对债券发行方的要求更是过高，因此，本书并没有选择高管权力与债券规模等研究展开，这是由于我国资本市场发展不够完善的结果。

第二，本书在进行高管权力与银行贷款、商业信用的关系方面的研究时，是对高管权力与银行贷款和商业信用的规模进行的实证分析，而在研究高管权力与股权融资时，是对高管权力与股权融资成本进行的实证分析。这是由于我国一直没有完全实施利率市场化，银行在进行决策时更多的决策权集中在是否提供贷款和提供多少贷款，而对贷款成本却不能决定。同样，商业信用的成本度量却鲜有借鉴。而我国股票市场的发展已经更为规范化，投资者可以根据对公司的判断决定公司的股权融资成本。

本书未来的研究方向，可以考虑从以下几个方面拓展。

第一，深入研究高管的其他特征是否可以影响高管权力的大小。目前关于权力的大小主要是从高管权力的恶劣的后果，高管权力与高管薪酬、会计信息质量、公司治理、风险和投资等展开研究。事实上，高管权力的大小只是高管的特征之一，那么高管作为一个综合体，年龄、性别、教育背景和军队经历等都会影响高管权力的大小，今后可以将高管的其他特征引入研究中，将高管作为一个综合体进行深入的研究。

第二，高管权力不仅会影响企业自身、融资的相关利益方，还会影响其他的利益相关者。事实上，企业是面对的利益相关者众多，如员工、客户、同行竞争者等，本书仅从融资的利益相关人、投资和股价同步性角度进行研究，那么员工、客户、同行竞争者会由于高管权力过大有什么反应呢？今后可以针对员工、客户、同行竞争者对高管权力过大的看法深入研究，对高管权力的后果展开全面的研究。

参 考 文 献

1. 白俊、连立帅：《国企过度投资溯因：政府干预抑或管理层自利?》，载《会计研究》2014 年第 2 期。

2. 白重恩、刘俏、陆洲等：《中国上市公司治理结构的实证研究》，载《经济研究》2005 年第 2 期。

3. 蔡卫星、曾诚：《市场竞争、产权改革与商业银行贷款行为转变》，载《金融研究》2012 年第 2 期。

4. 蔡祥、李志文、张为国：《中国证券市场中的财务问题：实证研究述评》，载《中国会计评论》2003 年第 1 期。

5. 曹春方：《政治权力转移与公司投资：中国的逻辑》，载《管理世界》2013 年第 1 期。

6. 陈德球、肖泽忠、董志勇：《家族控制权结构与银行信贷合约：寻租还是效率?》，载《管理世界》2013 年第 9 期。

7. 陈冬华、梁上坤、蒋德权：《不同市场化进程下高管激励契约的成本与选择：货币薪酬与在职消费》，载《会计研究》2010 年第 11 期。

8. 陈信元、陈冬华、万华林等：《地区差异，薪酬管制与高管腐败》，载《管理世界》2009 年第 11 期。

9. 陈运森、谢德仁：《网络位置、独立董事治理与投资效率》，载《管理世界》2011 年第 7 期。

10. 陈运森、王玉涛：《审计质量、交易成本与商业信用模式》，载《审计研究》2010 年第 6 期。

11. 代彬、彭程、郝颖：《国企高管控制权、审计监督与会计信息透明度》，载《财经研究》2011 年第 11 期。

12. 戴亦一、张俊生、曾亚敏、潘越：《社会资本与企业债务融资》，载《中国工业经济》2009 年第 8 期。

13. 樊纲、王小鲁、朱恒鹏：《中国市场化指数——各地区市场化相对进程 2011 年报告》，经济科学出版社 2011 年版。

14. 方军雄：《企业投资决策趋同：羊群效应抑或"潮涌现象"》，载《财经研究》2012 年第 11 期。

15. 方军雄：《高管权力与企业薪酬变动的非对称性》，载《经济研究》2011 年第 4 期。

16. 方军雄、洪剑峭、李若山：《我国上市公司审计质量影响因素研究：发现和启示》，载《审计研究》2005 年第 6 期。

17. 高芳、傅仁辉：《会计准则改革、股票流动性与权益资本成本——来自中国 A 股上市公司的经验证据》，载《中国管理科学》2012 年第 4 期。

18. 高雷、戴勇、张杰：《审计实务影响银行贷款政策吗？——基于上市公司面板数据的经验研究》，载《金融研究》2010 年第 5 期。

19. 郝项超、张宏亮：《政治关联关系、官员背景及其对民营企业银行贷款的影响》，载《财贸经济》2011 年第 4 期。

20. 贺小刚、连燕玲：《家族权威与企业价值：基于家族上市公司的实证研究》，载《经济研究》2009 年第 4 期。

21. 胡国强、盖地：《高管股权激励与银行信贷决策——基于我国民营上市公司的经验证据》，载《会计研究》2014 年第 4 期。

22. 胡奕明、谢诗蕾：《银行监督效应与贷款定价——来自上市公司的一项经验研究》，载《管理世界》2005 年第 5 期。

23. 胡泽、夏新平、余明桂：《金融发展、流动性与商业信用：基于全球金融危机的实证研究》，载《南开管理评论》2013 年第 3 期。

24. 胡宗义、刘亦文：《我国商业银行债权在上市公司治理中的效应》，载《经济管理》2011 年第 1 期。

25. 华生、何家成、张学军等：《历史性的转折与希望——中国企业体制改革研究报告》，载《经济研究》1987 年第 3 期。

26. 黄娟娟、肖珉：《信息披露、收益不透明度与权益资本成本》，载《中国会计评论》2006 年 1 期。

27. 黄俊、郭照蕊：《新闻媒体报道与资本市场定价效率》，载《管理世界》2014 年第 5 期。

28. 黄乾富、沈红波：《债务来源、债务期限结构与现金流的过度投资——基于中国制造业上市公司的实证证据》，载《金融研究》2009 年第 9 期。

29. 黄少安、张岗：《中国上市公司股权融资偏好分析》，载《经济研究》2001 年第 11 期。

30. 江伟、李斌：《制度环境、国有产权与银行差别贷款》，载《金融研究》2006 年第 11 期。

31. 姜付秀、支晓强、张敏：《投资者利益保护与股权融资成本——以中国上市公司为例的研究》，载《管理世界》2008 年第 2 期。

32. 蒋琰：《权益成本、债务成本与公司治理：影响差异性研究》，载《管理世界》2009 年第 11 期。

33. 蒋琰、陆正飞：《公司治理与股权融资成本——单一与综合机制的治理效应研究》，载《数量经济技术经济研究》2009 年第 2 期。

34. 蒋琰：《权益成本、债务成本与公司治理：影响差异性研究》，载《管理世界》2009 年第 11 期。

35. 雷霆、周嘉南：《股权激励、高管内部薪酬差距与权益资本成本》，载《管理科学》2014 年第 6 期。

36. 黎凯、叶建芳：《财政分权下政府干预对债务融资的影响——基于转轨经济制度背景的实证分析》，载《管理世界》2007 年第 8 期。

37. 李桂萍、刘薇：《结构性减税对资本成本影响研究》，载《财政研究》2013 年第 5 期。

38. 李姝、赵颖、童婧：《社会责任报告降低了企业权益资本成本吗？——来自中国资本市场的经验证据》，载《会计研究》2013 年第 9 期。

39. 李伟、曾建光：《会计稳健性能有效低权益资本成本吗？——基于中国 A 股市场的证据》，载《中国会计评论》2012 年第 4 期。

40. 李维安、姜涛：《公司治理与企业过度投资行为研究——来自中国上市公司的证据》，载《财贸经济》2007 年第 12 期。

41. 李锡海：《权力文化与腐败犯罪》，载《山东社会科学》2007 年第 1 期。

42. 李小荣、刘行：《CEO vs CFO：性别与股价崩盘风险》，载《世界经济》2012 年第 12 期。

43. 李新春、杨学儒、姜岳新等：《内部人所有权与企业价值》，载《经济研究》2008 年第 1 期。

44. 李焰、秦义虎、张肖飞：《企业产权、管理者背景特征与投资效率》，载《管理世界》2011 年第 1 期。

45. 李增泉：《所有权结构与股票价格的同步性——来自中国股票市场的证据》，载《中国会计与财务研究》2005 年第 7 期。

46. 李志军、王善平：《货币政策、信息披露质量与公司债务融资》，载《会计研究》2011年第1期。

47. 刘凤委、李琳、薛云奎：《信任、交易成本与商业信用模式》，载《经济研究》2009年第8期。

48. 刘凤委、李琦：《市场竞争、EVA评价与企业过度投资》，载《会计研究》2013年第2期。

49. 刘行、李小荣：《金字塔结构、税收负担与企业价值：基于地方国有企业的证据》，载《管理世界》2012年第8期。

50. 刘慧凤、杨扬：《公允价值会计信息对银行贷款契约有用吗——基于上市公司数据的实证检验》，载《财贸经济》2012年第1期。

51. 刘金国：《权力腐败的法律制约》，载《中国法学》2000年第1期。

52. 刘启亮、何威风、罗乐：《IFRS的强制采用、新法律实施与应计及真实盈余管理》，载《中国会计与财务研究》2011年第1期。

53. 刘仁伍、盛文军：《商业信用是否补充了银行信用体系》，载《世界经济》2011年第11期。

54. 刘世锦：《国有企业治理结构中经营者"定位"问题分析》，载《改革》1999年第5期。

55. 刘星、代彬、郝颖：《高管权力与公司治理效率——基于国有上市公司高管变更的视角》，载《管理工程学报》2012年第1期。

56. 刘星、徐光伟：《政府管制、管理层权力与国企高管薪酬刚性》，载《经济科学》2012年第1期。

57. 卢锐、魏明海、黎文靖：《管理层权力、在职消费与产权效率》，载《南开管理评论》2008年第5期。

58. 卢锐：《管理层权力、薪酬差距与绩效》，载《南方经济》2007年第7期。

59. 吕长江、赵宇恒：《国有企业管理者激励效应研究——基于管理者权力的解释》，载《管理世界》2008年第11期。

60. 吕政、黄速建：《中国国有企业改革30年研究》，经济管理出版社2008年版。

61. 陆铭：《为何改革没有提高国有企业的相对劳动生产率》，载《经济学》（季刊）2003年第4期。

62. 陆正飞、杨德明：《商业信用：替代性融资还是买方市场?》，载《管理世界》2011年第4期。

63. 陆正飞、祝继高、樊铮：《银根紧缩，信贷歧视与民营上市公司投资者利益损失》，载《金融研究》2009年第8期。

64. 陆正飞、叶康涛：《中国上市公司股权融资偏好解析——偏好股权融资就是缘于融资成本低吗?》，载《经济研究》2004年第4期。

65. 逯东、林高、黄莉、林丹：《"官员型"高管、公司业绩和非生产性支出——基于国有上市公司的经验证据》，载《金融研究》2012年第6期。

66. 逯东、孙岩、杨丹等：《政绩诉求、政府控制与边际社会性支出——基于地方国有上市公司的研究》，载《投资研究》2012年第11期。

67. 罗党论、应千伟、常亮：《银行授信、产权与企业过度投资：中国上市公司的经验证据》，载《世界经济》2012年第3期。

68. 罗进辉：《媒体报道对权益成本和债务成本的影响及其差异——来自中国上市公司的经验证据》，载《投资研究》2012年第9期。

69. 罗进辉：《媒体报道、制度环境与股价崩盘风险》，载《会计研究》2014年第9期。

70. 罗进辉：《媒体报道的公司治理作用：双重代理成本视角》，载《金融研究》2012年第10期。

71. 罗琦、张克中：《经济周期波动与企业现金持有行为关联性探析》，载《财贸经济》2007年第10期。

72. 孟庆福：《信用风险管理》，经济科学出版社2006年版。

73. 纳超洪：《高管激励、风险与投资偏好》，载《金融经济》2009年第4期。

74. 潘克勤：《实际控制人政治身份降低债权人对会计信息的依赖吗——基于自我约束型治理视角的解释和实证检验》，载《南开管理评论》2009年第5期。

75. 潘红波、夏新平、余明：《政府干预、政治关联与地方国有企业并购》，载《经济研究》2008年第4期。

76. 潘敏、金岩：《信息不对称、股权制度安排与上市企业过度投资》，载《金融研究》2003年第1期。

77. 潘越、戴亦一、吴超鹏、刘建亮：《社会资本、政治关系与公司投资决策》，载《经济研究》2009年第11期。

78. 潘越、吴超鹏、史晓康等：《社会资本、法律保护与IPO盈余管理》，载《会计研究》2010年第5期。

79. 权小锋、吴世农、文芳：《管理层权力、私有收益与薪酬操纵——来自中国国有上市企业的实证证据》，载《经济研究》2010年第11期。

80. 权小锋、吴世农：《CEO权力强度，信息披露质量与公司业绩的波动性——基于深交所上市公司的实证研究》，载《南开管理评论》2010年第4期。

81. 饶品贵、姜国华：《货币政策波动、银行信贷与会计稳健性》，载《金融研究》2011年第3期。

82. 饶艳超、胡奕明：《银行信贷中会计信息的使用情况调查与分析》，载《会计研究》2005年第4期。

83. 沈红波、张春、陈欣：《中国上市公司银行贷款公告的信息含量——自由现金流量假说还是优序融资假说》，载《金融研究》2007年第12期。

84. 沈洪涛、游家兴、刘江宏：《再融资环保核查、环境信息披露与权益资本成本》，载《金融研究》2010年第12期。

85. 沈艺峰、肖珉、黄娟娟：《中小投资者法律保护与公司权益资本成本》，载《经济研究》2005年第6期。

86. 石晓军、李杰：《商业信用与银行借款的替代关系及其反周期性：1998~2006年》，载《财经研究》2009年第3期。

87. 石晓军、张顺明：《经济周期中商业信用与银行借款替代行为研究》，载《管理科学学报》2011年第12期。

88. 石晓军、张顺明：《商业信用、融资约束及效率影响》，载《经济研究》2010年第1期。

89. 树友林：《高管权力、货币报酬与在职消费关系实证研究》，载《经济学动态》2011年第5期。

90. 苏汝劫、冯晗：《商业信用与企业规模的负相关关系》，载《经济理论与经济管理》2009年第3期。

91. 孙亮、柳建华：《银行业改革、市场化与信贷资源的配置》，载《金融研究》2011年第1期。

92. 孙浦阳、李飞跃、顾凌骏：《商业信用能否成为企业有效的融资渠道——基于投资视角的分析》，载《经济学》（季刊）2014年第4期。

93. 孙天法：《内部人控制的形式、危害与解决措施》，载《中国工业经济》2003年第7期。

94. 孙铮、刘凤委、李增泉：《市场化程度、政府干预与企业债务期限结构》，载《经济研究》2005年第5期。

95. 覃家琦：《交叉上市、政府干预与资本配置效率》，载《经济研究》2015 年第 6 期。

96. 谭伟强：《商业信用：基于企业融资动机的实证研究》，载《南方经济》2006 年第 12 期。

97. 唐松、胡威、孙铮：《政治关系、制度环境与股票价格的信息含量——来自我国民营上市公司股价同步性的经验证据》，载《金融研究》2011 年第 7 期。

98. 天则经济研究所课题组：《国有企业的性质、表现与改革》，天则经济研究所，2011 年。

99. 田利辉：《制度变迁，银企关系和扭曲的杠杆治理》，载《经济学》（季刊）2005 年第 1 期。

100. 汪炜、蒋高峰：《信息披露、透明度与资本成本》，载《经济研究》2004 年第 7 期。

101. 汪祥耀、叶正虹：《执行新会计准则是否降低了股权资本成本——基于我国资本市场的经验证据》，载《中国工业经济》2011 年第 3 期。

102. 王斌、梁欣欣：《公司治理、财务状况与信息披露质量》，载《会计研究》2008 年第 3 期。

103. 王兵：《盈余质量与资本成本——来自中国上市公司的经验证据》，载《管理科学》2008 年第 3 期。

104. 王春飞、陆正飞、伍丽娜：《企业集团统一审计与权益资本成本》，载《会计研究》2013 年第 6 期。

105. 王克敏、王志超：《高管控制权、报酬与盈余管理——基于中国上市公司的实证研究》，载《管理世界》2007 年第 7 期。

106. 王亮亮：《真实活动盈余管理与权益资本成本》，载《管理科学》2013 年第 5 期。

107. 王茂林、何玉润、林慧婷：《管理层权力、现金股利与企业投资效率》，载《南开管理评论》2014 年第 2 期。

108. 王明琳、周生春：《控制性家族类型、双重三层委托代理问题与企业价值》，载《管理世界》2006 年第 8 期。

109. 王清刚、胡亚君：《管理层权力与异常高管薪酬行为研究》，载《中国软科学》2011 年第 10 期。

110. 王韬、李梅：《论股权泛化条件下的内部人控制》，载《金融研究》2004 年第 12 期。

111. 王艳艳、陈汉文：《审计质量与会计信息透明度——来自中国上市公司的经验数据》，载《会计研究》2006 年第 4 期。

112. 王艳艳、于李胜：《国有银行贷款与股价同步性》，载《会计研究》2013 年第 7 期。

113. 王烨、叶玲、盛明泉：《管理层权力、机会主义动机与股权激励计划设计》，载《会计研究》2012 年第 10 期。

114. 王艺霖、王爱群：《内控缺陷披露，内控审计对权益资本成本的影响——来自沪市 A 股上市公司的经验证据》，载《宏观经济研究》2014 年第 2 期。

115. 王永进、盛丹：《地理集聚会促进企业间商业信用吗》，载《管理世界》2013 年第 1 期。

116. 魏志华、曾爱民、李博：《金融生态环境与企业融资约束——基于中国上市公司的实证研究》，载《会计研究》2014 年第 5 期。

117. 吴超鹏、吴世农、程静雅、王璐：《风险投资对上市公司投融资行为影响的实证研究》，载《经济研究》2012 年第 1 期。

118. 吴娜：《经济周期、融资约束与营运资本的动态协同选择》，载《会计研究》2013 年第 8 期。

119. 夏立军、方轶强：《政府控制、治理环境与公司价值——来自中国证券市场的经验证据》，载《经济研究》2005 年第 5 期。

120. 肖浩、夏新平：《政府干预、政治关联与权益资本成本》，载《管理学报》2010 年第 6 期。

121. 肖珉、沈艺峰：《跨地上市公司具有较低的权益资本成本吗？——基于"法与金融"的视角》，载《金融研究》2008 年第 10 期。

122. 肖珉：《法的建立、法的实施与权益资本成本》，载《中国工业经济》2008 年第 3 期。

123. 肖珉：《现金股利、内部现金流与投资效率》，载《金融研究》2010 年第 10 期。

124. 肖作平：《终极控制股东对债务期限结构选择的影响——来自中国上市公司的经验证据》，载《南开管理评论》2011 年第 6 期。

125. 谢成博、张海燕、何平：《公允价值计量与股价同步性研究——基于资本市场和个股层面的分析》，载《中国会计评论》2012 年第 10 期。

126. 辛清泉、林斌、王彦超：《政府控制、经济薪酬与资本投资》，载《经济研究》2007 年第 8 期。

127. 辛清泉、郑国坚、杨德明：《企业集团、政府控制与投资效率》，载《金融研究》2007 年第 10 期。

128. 徐浩萍、吕长江：《政府角色、所有权性质与权益资本成本》，载《会计研究》2007 年第 6 期。

129. 许年行、洪涛、吴世农、徐信忠：《信息传递模式、投资者心理偏差与股价"同涨同跌"现象》，载《经济研究》2011 年第 4 期。

130. 许年行、江轩宇、伊志宏、徐信忠：《分析师利益冲突、乐观偏差与股价崩盘风险》，载《经济研究》2012 年第 7 期。

131. 许年行、江轩宇、伊志宏、袁清波：《政治关联影响投资者法律保护的执法效率吗?》，载《经济研究》2013 年第 2 期。

132. 徐细雄、刘星：《放权改革、薪酬管制与企业高管腐败》，载《管理世界》2013 年第 3 期。

133. 徐昕、沈红波：《银行贷款的监督效应与盈余稳健性——来自中国上市公司的经验证据》，载《金融研究》2010 年第 2 期。

134. 徐星美、李晏墅：《金字塔结构和权益资本成本：理论分析与经验证据》，载《财贸经济》2010 年第 5 期。

135. 杨兴全、张丽平、吴昊旻：《市场化进程、管理层权力与公司现金持有》，载《南开管理评论》2014 年第 2 期。

136. 杨勇、黄曼丽、宋敏：《银行贷款、商业信用融资及我国上市公司的公司治理》，载《南开管理评论》2009 年第 5 期。

137. 姚立杰、罗玫、夏冬林：《公司治理与银行借款融资》，载《会计研究》2010 年第 8 期。

138. 应千伟、蒋天骄：《市场竞争力、国有股权与商业信用融资》，载《山西财经大学学报》2012 年第 9 期。

139. 应千伟、罗党论：《授信额度与投资效率》，载《金融研究》2012 年第 5 期。

140. 游家兴、刘淳：《嵌入性视角下的企业家社会资本与权益资本成本——来自我国民营上市公司的经验证据》，载《中国工业经济》2011 年第 6 期。

141. 余明桂、潘红波：《金融发展、商业信用与产品市场竞争》，载《管理世界》2010 年第 8 期。

142. 余明桂、潘红波：《所有权性质、商业信用与信贷资源配置效率》，载《经济管理》2010 年第 8 期。

143. 余明桂、潘红波：《政治关系、制度环境与民营企业银行贷款》，载《管理世界》2008 年第 8 期。

144. 俞鸿琳：《关系网络、商业信用融资与民营企业成长》，载《经济科学》2013 年第 4 期。

145. 俞红海、徐龙炳、陈百助：《终极控股股东控制权与自由现金流过度投资》，载《经济研究》2010 年第 8 期。

146. 俞小江：《影响民营企业银行贷款的因素》，载《经济管理》2003 年第 1 期。

147. 曾亚敏、张俊生：《社会资本与企业会计盈余质量》，载《经济科学》2011 年第 3 期。

148. 曾颖、陆正飞：《信息披露质量与股权融资成本》，载《经济研究》2006 年第 2 期。

149. 张功富、宋献中：《我国上市公司投资：过度还是不足？——基于沪深工业类上市公司非效率投资的实证度量》，载《会计研究》2009 年第 5 期。

150. 张翼、马光：《法律、公司治理与公司丑闻》，载《管理世界》2006 年第 10 期。

151. 张杰、刘元春、翟福昕等：《银行歧视、商业信用与企业发展》，载《世界经济》2013 年第 9 期。

152. 张捷、王霄：《中小企业金融成长周期与融资结构变化》，载《世界经济》2002 年第 9 期。

153. 张菁：《谁来制约老板——浅谈民营企业管理中的权力制约》，载《科学与管理》2002 年第 2 期。

154. 张瑞君、李小荣：《金字塔结构、业绩波动与信用风险》，载《会计研究》2012 年第 3 期。

155. 张瑞君、李小荣、许年行：《货币薪酬能激励高管承担风险吗》，载《经济理论与经济管理》2013 年第 8 期。

156. 张铁铸、沙曼：《管理层能力、权力与在职消费研究》，载《南开管理评论》2014 年第 5 期。

157. 张维迎：《产权安排与企业内部的权力斗争》，载《经济研究》2000 年第 6 期。

158. 张维迎、柯荣住：《信任及其解释：来自中国的跨省调查分析》，载《经济研究》2002 年第 5 期。

159. 张新民、王珏、祝继高：《市场地位、商业信用与企业经营性融资》，载《会计研究》2012 年第 8 期。

160. 张学勇、何姣、陶醉：《会计师事务所声誉能有效降低上市公司权益资本成本吗?》，载《审计研究》2014 年第 5 期。

161. 赵纯祥、张敦力：《市场竞争视角下的管理者权力和企业投资关系研究》，载《会计研究》2013 年第 10 期。

162. 赵息、许宁宁：《管理层权力、机会主义动机与内部控制缺陷信息披露》，载《审计研究》2013 年第 4 期。

163. 赵息、张西栓：《高管权力及其对内部控制的影响——基于中国上市公司的实证研究》，载《科学学与科学技术管理》2013 年第 1 期。

164. 郑军、林钟高、彭琳：《高质量的内部控制能增加商业信用融资吗? ——基于货币政策变更视角的检验》，载《会计研究》2013 年第 6 期。

165. 支晓强、何天芮：《信息披露质量与权益资本成本》，载《中国软科学》2010 年第 12 期。

166. 钟海燕、冉茂盛、文守逊：《政府干预、内部人控制与公司投资》，载《管理世界》2010 年第 7 期。

167. 周嘉南、雷霆：《股权激励影响上市公司权益资本成本了吗?》，载《管理评论》2014 年第 3 期。

168. 朱茶芬、李志文：《国家控股对会计稳健性的影响研究》，载《会计研究》2008 年第 5 期。

169. 朱红军、何贤杰、陶林：《中国的证券分析师能够提高资本市场的效率吗——基于股价同步性和股价信息含量的经验证据》，载《金融研究》2007 年第 2 期。

170. Adams, R. B., Almeida, H., and Ferreira, D., Powerful CEOs and Their Impact on Corporate Performance. *Review of Financial Studies*, Vol. 18, No. 4, 2005, pp. 1403 – 1432.

171. Adams, R. B., Ferreira, D., Strong Managers, Weak Boards? . *CESifo Economic Studies*, Vol. 55, No. 3 – 4, 2009, pp. 482 – 514.

172. Admati, A. R., A Noisy Rational Expectations Equilibrium for Multi-asset Securities Markets. *Journal of the Econometric Society*, Vol. 53, 1985, pp. 629 – 657.

173. Akerlof, G. A., The Market for 'lemons': Quality Uncertainty and the Market Mechanism. *The Quarterly Journal of Economics*, Vol. 84, 1970, pp. 488 – 500.

174. Alchian, A. A. , Uncertainty, Evolution, and Economic Theory. *The Journal of Political Economy*, Vol. 58, 1950, pp. 211 – 221.

175. Allen, F. , and Qian, J. , Qian, M. , Law, Finance, and Economic Growth in China. *Journal of financial economics*, Vol. 77, No. 1, 2005, pp. 57 – 116.

176. Allen, M. P. , and Panian, S. , Power, Performance, and Succession in the Large Corporation. *Administrative Science Quarterly*, Vol. 27, 1982, pp. 538 – 547.

177. Altman, E. I. , Multidimensional Graphics and Bankruptcy Prediction: A Comment. *Journal of Accounting Research*, Vol. 21, 1983, pp. 297 – 299.

178. Anderson, C. , and Galinsky, A. D. , Power, Optimism, and Risk-taking. *European Journal of Social Psychology*, Vol. 36, No. 4, 2006, pp. 511 – 536.

179. Anderson, C. , and Berdahl, J. L. , The Experience of Power: Examining the Effects of Power on Approach and Inhibition Tendencies. *Journal of Personality and Social Psychology*, Vol. 83, No. 6, 2002, pp. 1362 – 1377.

180. Ang, J. S. , Cheng, Y. M. , and Wu, C. P. , Trust, Investment, and Business Contracting. *Journal of Financial and Quantitative Analysis*, 2015, forthcoming.

181. Arrow, K. J. , The Economic Implications of Learning by Doing. *The Review of Economic Studies*, Vol. 29, No. 3, 1962, pp. 155 – 173.

182. Ashbaugh, H. , Collins, D. W. , and LaFond, R. , Corporate Governance and the Cost of Equity Capital. SSRN working paper.

183. Ashbaugh, S. H. , Collins, D. W. , and La Fond R. , The effect of SOX Internal Control Deficiencies on Firm Risk and Cost of Equity. *Journal of Accounting Research*, Vol. 47, No. 1, 2009, pp. 1 – 43.

184. Bae, K. H. , Kang, J. K. , and Lim, C. W. , The Value of Durable Bank Relationships: Evidence from Korean Banking Shocks. *Journal of Financial Economics*, Vol. 64, No. 2, 2002, pp. 181 – 214.

185. Baginski, S. P. , and Rakow, K. C. , Management Earnings Forecast Disclosure Policy and the Cost of Equity Capital. *Review of Accounting Studies*, Vol. 17, No. 2, 2012, pp. 279 – 321.

186. Baker, T. , Lopez, T. J. , and Reitenga, A. L. , Executive Power and Earnings Management: The Sarbanes Oxley Effect. Working paper.

187. Barth, M. E. , Konchitchki, Y. , and Landsman, W. R. , Cost of Capital and Earnings Transparency. *Journal of Accounting and Economics*, Vol. 55, No. 2 – 3, 2013, pp. 206 – 224.

188. Beaudry, P. , Caglayan, M. , and Schiantarelli, F. , Monetary Instability, the Predictability of Prices, and the Allocation of Investment: An Empirical Investigation Using UK Panel Data. *American Economic Review*, Vol. 91, 2001, pp. 648 – 662.

189. Bebchuk L. , and Stole, L. A. , Do Short-term Objectives Lead to Under-or Overinvestment in Long-term Projects? . *Journal of Finance*, Vol. 48, 1993, pp. 719 – 730.

190. Bebchuk, Vol. L. A. , and Fried, J. M. , *Pay Without Performance: The Unfulfiled Promise of Executive Compensation*. Harvard University Press, 2004.

191. Bebchuk, L. A. and Fried, J. M. , Executive Compensation as an Agency Problem, NBER working paper.

192. Bebchuk, L. A. , Fried, J. M. , and Walker, D. I. , Managerial Power and Rent Extraction in the Design of Executive Compensation. *University of Chicago Law Review*, Vol. 69, 2002, pp. 751 – 846.

193. Benmelech, E. , Kandel, E. , and Veronesi, P. , Stock-based Compensation and CEO (dis) Incentives. NBER Working Paper , No. 13732, 2008.

194. Ben – Nasr, H. , Alshwer, A. A. . Does Stock Price Informativeness Affect Labor Investment Efficiency. *Journal of Corporate Finance*, 2016, forthcoming.

195. Berglof, E. , and Bolton, P. , The Great Divide and beyond: Financial Architecture in Transition. T*he Journal of Economic Perspectives*, Vol. 16, No. 1, 2002, pp. 77 – 100.

196. Bergstresser, D. , and Philippon, T. , CEO Incentives and Earnings Management. *Journal of Financial Economics*, Vol. 80, 2006, pp. 511 – 529.

197. Berle, A. , and Means, G. , *The Modern Corporation and Private*

Property. New York: MacMillan, 1932.

198. Bertrand, M. , and Schoar, A. , Managing with Style: the Effect of Managers on Firm Policies. *The Quarterly Journal of Economics*, Vol. 8, 2003, pp. 1169 – 1208.

199. Bhattacharya U. , Daouk, H. , When No Law is Better Than a Good Law. *Review of Finance*, Vol. 13, 2009, pp. 577 – 627.

200. Bhattacharya, Vol. U. , Daouk, H. , and Welker, M. , The World Price of Earnings Opacity. *The Accounting Review*, Vol. 78, No. 3, 2003, pp. 641 – 678.

201. Biais, B. , and Gollier, C. , Trade Credit and Credit Rationing. *Review of financial studies*, Vol. 10, No. 4, 1997, pp. 903 – 937.

202. Blume, M. E. , Friend, I. , A New Look at the Capital Asset Pricing Model. *The Journal of Finance*, Vol. 28, No. 1, 1973, pp. 19 – 34.

203. Boeker, W. , and Karichalil, R. , Entrepreneurial Transitions: Factors Influencing Founder Departure. *The Academy of Management Journal*, Vol. 45, No. 4, 2002, pp. 818 – 826.

204. Boot, A. W. A. , Relationship Banking: What Do We Know? . *Journal of Financial Intermediation*, Vol. 9, No. 1, 2000, pp. 7 – 25.

205. Botosan, C. A. , Disclosure Level and the Cost of Equity Capital. *Accounting Review*, Vol. 72, 1997, pp. 323 – 349.

206. Bower, D. H. , Bower, R. S. , Logue, D. E. , Arbitrage Pricing Theory and Utility Stock Returns. *The Journal of Finance*, Vol. 39, No. 4, 1984, pp. 1041 – 1054.

207. Brandt, L. , and Li. H. , Bank Discrimination in Transition Economies: Ideology, Information, or Incentives. *Journal of Comparative Economics*, Vol. 31, 2003, pp. 387 – 413.

208. Brennan, M. J. , Chordia, T. and Subrahmanyam, A. Alternative Factor Specifications, Security Characteristics, and the Cross-section of Expected Stock Returns. *Journal of Financial Economics*, Vol. 49, No. 3, 1998, pp. 345 – 373.

209. Chen, G. , Firth, M. , Gao, D. , Rui, O. , 2005, Is China's Securities Regulatory Agency a Toothless Tiger? Evidence from Enforcement Actions. *Journal of Accounting and Public Policy*, Vol. 24, 2005, pp. 451 – 488.

210. Chen, K. C. W. , Wei, K. C. J. , and Chen, Z. H. , Disclosure, Corporate Governance, and the Cost of Equity Capital: Evidence from Asia's Emerging Markets. SSRN working paper.

211. Chen, Z. H. , Huang, Y. and Wei, K. C. J. Executive Pay Disparity and the Cost of Equity Capital. *Journal of Finance and Quantitative Analysis*, Vol. 48, No. 3, 2013, pp. 849 – 885.

212. Cheng, X. , Gao, L. , Lawrence, J. , and Smith, D. , CEO Power and SEC Prompted Restatements. Working Paper, 2011.

213. Cheng, S. , Managerial Entrenchment and Loss-shielding in Executive Compensation. University of Michigan Working paper, 2005.

214. Cheynel, E. , A Theory of Voluntary Disclosure and Cost of Capital. *Review of Accounting Studies*, Vol. 18, No. 4, 2013, pp. 987 – 1020.

215. Chui, M. K. F. , and Domanski, D. , Kugler, P. et al. , The Collapse of International Bank Finance During the Crisis: Evidence from Syndicated Loan Markets. Working Paper, 2010.

216. Chung, K. H. , Ghicas, D. , and Pastena, V. , Lenders' Use of Accounting Information in the Oil and Gas Industry. *Accounting Review*, Vol. 68, 1993, pp. 885 – 895.

217. Claessens, S. , and Fan, J. P. H. , Corporate Governance in Asia: A Survey. *International Review of finance*, Vol. 3, No. 2, 2002, pp. 71 – 103.

218. Coffee, J. , Racing Towards the TOP? The Impact of Cross-listings and Stock Market Competition on International Corporate Governance. *Columbia Law Review*, Vol. 102, No. 7, 2002, pp. 1757 – 1832.

219. Coffee, J. , The Future as History: The Prospects for Global Convdrgencein Corporate Governance and Its Implications. *Northwestern University Law Review*, Vol. 93, 1999, pp. 641 – 708.

220. Collins, M. , Monetary Policy and the Supply of Trade Credit, 1830 – 1844. *Economica*, Vol. 45, 1978, pp. 379 – 389.

221. Crocker K. J. , Slemrod J. , The Economics of Earnings Manipulation and Managerial compensation. *Journal of Economics*, Vol. 38, 2007, pp. 698 – 713.

222. Crystal, G. , In Search Of Excess: *The Over-compensation of the American Executives*. New York: Norton, 1991.

223. Cull, R. , Xu, L. C. , Institutions, Ownership, and Finance: the Determinants of Profit Reinvestment among Chinese Firms. *Journal of Financial Economics*, Vol. 77, No. 1, 2005, pp. 117 – 146.

224. Dalton, D. R. , and Hitt, M. A. , Certo, S. T. , and Dalton, C. M. , The Fundamental Agency Problem and Its Mitigation: Independence, Equity, and the Market for Corporate Control. *The Academy of Management Annals*, Vol. 1, No. 1, 2007, pp. 1 – 64.

225. Davidson, W. N. , Jiraporn, P. , Kim, Y. S. , and Nemec, C. , Earnings Management Following Duality-creating Successions: Ethnostatistics, Impression Management, and Agency Theory. *Academy of Management Journal*, Vol. 47, No. 2, 2004, pp. 267 – 275.

226. Dechow, P. M. , Sloan, R. G. , and Sweeney, A. P.. Detecting Earnings Management. *Accounting Review*, Vol. 70, 1995, pp. 193 – 225.

227. DeFond, M. , and Hung, M. , Investor Protection and Corporate Governance: Evidence from Worldwide CEO Turnover. *Journal of Accounting Research*, Vol. 42, No. 2, 2004, pp. 269 – 312.

228. Demirgüç, K. A. , Maksimovic, V. , Law, Finance, and Firm Growth. *The Journal of Finance*, Vol. 53, No. 6, 1998, pp. 2107 – 2137.

229. Diamond, D. W. , Verrecchia, R. E. , Disclosure, Liquidity, and the Cost of Capital. *The Journal of Finance*, Vol. 46, No. 4, 1991, pp. 1325 – 1359.

230. Diamond, D. W. , Financial Intermediation and Delegated Monitoring. *The Review of Economic Studies*, Vol. 51, No. 3, 1984, pp. 393 – 414.

231. Diamond, D. W. , Seniority and Maturity of Debt Contracts. *Journal of Financial Economics*, Vol. 33, No. 3, 1993, pp. 341 – 368.

232. Diamond, D. W. , Debt Maturity Structure and Liquidity Risk. *The Quarterly Journal of Economic* , Vol. 106, No. 3, 1991, pp. 709 – 737.

233. Dimson, E.. Risk Measurement When Shares Are Subject to Infrequent Trading. *Journal of Financial Economics*, Vol. 1, No. 7, 1979, pp. 197 – 226.

234. Dow, J. , and Raposo, C.. CEO Compensation, Change, and Corporate Strategy. *Journal of Finance*, Vol. 60, 2005, pp. 2701 – 2727.

235. Drobetz, W. , Schillhofer, A. , and Zimmermann, H. , Corporate Governance and Expected Stock Returns: Evidence from Germany. *European*

Financial Management, Vol. 10, No. 2, 2004, pp. 267 –293.

236. Dunn, P. , The Impact of Insider Power on Fraudulent Financial Reporting. *Journal of Management*, Vol. 30, No. 3, 2004, pp. 397 –412.

237. Dutta, S. , and Mac A. K. , Saadi, S. , CEO Power, M&A Decisions, and Market Reactions. *Journal of Multinational Financial Management*, Vol. 21, No. 5, 2011, pp. 257 –278.

238. Easton, P. D. , PE ratios, PEG Ratios, and Estimating the Implied Expected Rate of Return on Equity Capital. *The Accounting Review*, Vol. 79, No. 1, 2004, pp. 73 –95.

239. Emery, G. W. , A Pure Financial Explanation for Trade Credit. *Journal of Financial and Quantitative Analysis*, Vol. 19, No. 3, 1984, pp. 271 – 285.

240. Fabbri, D, and Klapper, L. , Market Power and the Matching of Trade Credit Terms. Working Paper.

241. Fama, E. F. , French, K. R. , Common Risk Factors in the Returns on Stocks and Bonds. *Journal of Financial Economics*, Vol. 33, No. 1, 1993, pp. 3 –56.

242. Fama, E. F. , French, K. R. , Industry Costs of Equity. *Journal of Financial Economics*, Vol. 43, No. 2, 1997, pp. 153 – 193.

243. Fama, E. F. , and Jensen, M. C. , Separation of Ownership and Control. *Journal of Law and Economics*, Vol. 26, No. 2, 1983, pp. 301 – 325.

244. Fama, E. F. , Angency Problem and the Theory of the Firm. *Journal of Political Economy*, Vol. 88, No. 2, 1980, pp. 288 – 307.

245. Fan, J. P. H. , Wong, T. J. , and Zhang, T. , Institutions and Organizational Structure: The Case of State – Owned Corporate Pyramids. *Journal of Law, Economics, and Organization*, Vol. 29, No. 6, 2013, pp. 1253 – 1278.

246. Fan, J. P. H, Titman, S. , and Twite, G. , An International Comparison of Capital Structure and Debt Maturity Choices. *Journal of Financial and Quantitative Analysis*, Vol. 47, No. 01, 2012, pp. 23 –56.

247. Feltham, G. A. , and Ohlson, J. A. , Valuation and Clean Surplus Accounting for Operating and Financial Activities. *Contemporary Accounting Research*, Vol. 11, No. 2, 1995, pp. 689 –731.

248. Ferreira, D. , Ferreira, M. A. , and Raposo, C. C. . Board Structure and Price Informativeness. *Journal of Financial Economics*, Vol. 99, No. 2, 2011, pp. 523 – 545.

249. Ferris, J. S. , A Transactions Theory of Trade Credit Use. *The Quarterly Journal of Economics*, Vol. 96, 1981, pp. 243 – 270.

250. Filatotchev, I. , Wright, M. , and Bleaney, M. , Privatization, insider Control and Managerial Entrenchment in Russia. *Economics of Transition*, Vol. 7, No. 2, 1999, pp. 481 – 504.

251. Finkelstein, S. , Power in Top Management Teams: Dimensions, Measurement, and Validation. *Academy of Management Journal*, Vol. 35, No. 3, 1992, pp. 505 – 538.

252. Fisman, R, Love, I. , Trade Credit, Financial Intermediary Development, and Industry Growth. *The Journal of Finance*, Vol. 58, No. 1, 2003, pp. 353 – 374.

253. Fisman, R. , and Raturi, M. , Does Competition Encourage Credit Provision? Evidence from African Trade Credit Relationships. *Review of Economics and Statistics*, Vol. 86, 2004, pp. 345 – 352.

254. Fracassi, C. , and Tate, G. , External Networking and Internal Firm Governance. *The Journal of Finance*, Vol. 67, No. 1, 2012, pp. 153 – 194.

255. Francis, B. , Hasan, I. , Koetter, M. , and Xu, Q. , Corporate Boards and Bank Loan Contracting. *Journal of Financial Research*, Vol. 35, No. 4, 2012, pp. 521 – 552.

256. French, K. , Schwert , G. W. , and Stambaugh, R. . Expected Stock Returns and Volatility. *Journal of Financial Economics*, Vol. 19, 1987, pp. 3 – 30.

257. Ge, Y. , and Qiu, J. , Financial Development, Bank Discrimination and Trade Credit. *Journal of Banking & Finance*, Vol. 31, No. 2, 2007, pp. 513 – 530.

258. Gebhardt, W. R. , Lee, C. , and Swaminathan, B. , Toward An Implied Cost of Capital. *Journal of Accounting Research*, Vol. 39, No. 1, 2001, pp. 135 – 176.

259. Goldenberg, D. H. , and Robin, A. J. , The Arbitrage Pricing The-

ory and Cost-of – Capital Estimation: The Case of Electric Utilities. *Journal of Financial Research*, Vol. 14, No. 3, 1991, pp. 181 – 196.

260. Goldmana E., Slezak, S. L., An Equilibrium Model of Incentive Contracts in the Presence of Information Manipulation. *Journal of Financial Economics*, Vol. 80, 2006, pp. 603 – 626.

261. Gordon, J. R., and Gordon, M. J., The Finite Horizon Expected Return Model. *Financial Analysts Journal*, Vol. 53, No. 3, 1997, pp. 52 – 61.

262. Gul, F. A., Kim, J. B., Qiu, A. A., Ownership Concentration, Foreign Shareholding, Audit Quality, and Stock Price Synchronicity: Evidence from China. *Journal of Financial Economics*, Vol. 95, No. 3, 2010, pp. 425 – 442.

263. Hail, L., and Leuz, C., Cost of Capital and Cash Flow Effects of US Cross-listings. Working paper, 2004.

264. Hail, L., and Leuz, C. International Differences in the Cost of Equity Capital: Do Legal Institutions and Securities Regulation Matter? . Working Paper.

265. Han S., Herrmann, D., and Wolfe, M., Cross-listings and Capital Investment Descision. Working Paper, 2010.

266. Harjoto, M. A., and Jo, H., CEO Power and Firm Performance: A Test of the Life – Cycle Theory. *Asia – Pacific Journal of Financial Studies*, Vol. 38, No. 1, 2009, pp. 35 – 66.

267. Harris, M. and Raviv, A., Capital Structure and the Informational Role of Debt. *The Journal of Finance*, Vol. 45, No. 2, 1990, pp. 321 – 349.

268. Hart, O., Moore, J., Debt and Seniority: An Analysis of the Role of Hard Claims in Constraining Management. National Bureau of Economic Research, Working paper, 1995.

269. Healy, P. M., Hutton, A. P., and Palepu, K. G., Stock Performance and Intermediation Changes Surrounding Sustained Increases in Disclosure. *Contemporary Accounting Research*, Vol. 16, No. 3, 1999, pp. 485 – 520.

270. Healy, P. M., The Effect of Bonus Schemes on Accounting Decision. *Journal of Accounting and Economics*, Vol. 7, 1985, pp. 85 – 107.

271. Hermalin, B. E., and Weisbach, M. S., Endogenously Chosen

Boards of Directors and Their Monitoring of the CEO. *American Economic Review*, Vol. 88, No. 1, 1998, pp. 96 – 118.

272. Himmelberg, C. P., Hubbard, R. G., and Love, I., Investment, Protection, Ownership, and the Cost of Capital. National Bank of Belgium Working Paper, 2000.

273. Holland, P. G., and Boulton, W. R., Balancing the Family and the Business in Family Business. *Business Horizons*, Vol. 27, No. 2, 1984, pp. 16 – 21.

274. Holmström, B., and Tirole. J., Market Liquidity and Performance Monitoring. *Journal of Political Economy*, Vol. 101, 1993, pp. 678 – 709.

275. Hui, K. W., Klasa, S., and Yeung, P. E., Corporate Suppliers and Customers and Accounting Conservatism. *Journal of Accounting and Economics*, Vol. 53, No. 1, 2012, pp. 115 – 135.

276. Hutton, A. P., Marcus, A. J., and Tehranian, H.. Opaque Financial Reports, R2, and Crash Risk. *Journal of Financial Economics*, Vol. 94, 2009, pp. 67 – 86.

277. Jaffee, D. M., and Russell, T., Imperfect Information, Uncertainty, and Credit Rationing. *The Quarterly Journal of Economics*, Vol. 90, 1976, pp. 651 – 666.

278. Jason, D. S., Process Integration and Information Sharing in Supply Chains. T*he Accounting Review*, Vol. 87, No. 3, 2012, pp. 1005 – 1032.

279. Jensen, M. C., Murphy, K. J., and Wruck, E. G., Remuneration: Where We've Been, How We Got to Here, What Are the Problems, and How to Fix Them. Working Paper, 2004.

280. Jensen, M., and Meckling, W., Theory of the Firm: Managerial Behavior, Agency Costs, and Ownership Structure. *Journal of Financial Economics*, Vol. 3, 1976, pp. 305 – 360.

281. Jensen, M. C., The Agency Costs of Free Cash Flow: Corporate Finance and Takeovers. *American Economic Review*, Vol. 76, No. 2, 1986, pp. 323 – 329.

282. Jensen, M. C., The Modern Industrial Revolution, Exit, and the Failure of Internal Control Systems. *Journal of Finance*, Vol. 48, 1993, pp. 831 – 880.

283. Jin, L., and Myers, C. S.. R^2 Around the World: New Theory and

New Tests. *Journal of Financial Economics*, 2006, Vol. 79, pp. 257 – 292.

284. Jiraporn, P. , Liu, Y. , and Kim, Y. S. , How Do Powerful CEOs Affect Analyst Coverage? . *European Financial Management*, Vol. 20, No. 3, 2012, pp. 1 – 25.

285. Johannisson, B. , and Huse, M. Recruiting Outside Board Members in the Small Family Business: an Ideological Challenge. *Entrepreneurship & Regional Development*, Vol. 12, 2000, pp. 353 – 378.

286. Johnson, S. , and Mitton, T. , Cronyism and Capital Controls: Evidence from Malaysia. *Journal of Financial Economics*, Vol. 67, No. 2, 2003, pp. 351 – 382.

287. Kabir, R. , and Minhat, M. , CEO Pensions, CEO Power and the Pay – Performance Relationship. Working Paper, 2009.

288. Karniol, R. , and Ross, M. , The Motivational Impact of Temporal Focus: Thinking about the Future and the Past. *Annual Review of Psychology*, Vol. 47, No. 1, 1996, pp. 593 – 620.

289. Karuna, C. , CEO Reputation and Internal Corporate Governance. University of California at Irvine Working Paper , 2009.

290. Keltner, D. , Gruenfeld, D. H. , and Anderson, C. , Power, Approach, and Inhibition. *Psychological Review*, Vol. 110, 2003, pp. 265 – 284.

291. Kim J. – B. , Li, Y. , and Zhang, L. , Corporate Tax Avoidance and Stock Price Crash Risk: Firm-level Analysis. *Journal of Financial Economics*, Vol. 100, 2011, pp. 639 – 662.

292. Kim J. – B. Li, Y. , and Zhang, L. 2011b. CFOs versus CEOs: Equity Incentives and Crashes. *Journal of Financial Economics*, Vol. 101, 2011, pp. 713 – 730.

293. Kreps, D. M. , Milgrom, P. , Roberets J. , and Wilson, R. , Rational Cooperation in the Finitely Repeated Prisoners Dilemma. *Journal of Economic Theory*, Vol. 27, 1982, pp. 245 – 252.

294. La Porta, R. , Lopez-de – Silanes, F. , Shleifer, A. , and Vishny, R. W. , Law and Finance. *Journal of Political Economy*, Vol. 106, No. 6, 1998, pp. 1113 – 1150.

295. La Porta R. , Lopez-de – Silanes, F. , Shleifer, A. , and Vishny, R. W. , Legal Determinants of External Finance. *The Journal of Finance*, Vol. 52,

1997, pp. 1131 –1150.

296. La Porta R, Lopez – De – Silanes, F. , Shleifer, A. , and Vishny, R. , Investor Protection and Corporate Valuation. *Journal of Finance*, Vol. 57, 2002, pp. 1147 –1170.

297. La Porta, R. , and Lopez-de – Silanes, F. , Shleifer, A. , Corporate Ownership around the World. *Journal of Finance*, Vol. 54 , No. 2, 1999, pp. 471 –517.

298. Lambert, R. , Leuz, C. , and Verrecchia, R. E. , Accounting Information, Disclosure, and the Cost of Capital. *Journal of Accounting Research*, Vol. 45, No. 2, 2007, pp. 385 –420.

299. Lee, Y. W. , and Stowe, J. D. , Product Risk, Asymmetric Information, and Trade Credit. *Journal of Financial and Quantitative Analysis*, Vol. 28, No. 2, 1993, pp. 285 –300.

300. Lee, K. W. , and Yeo, G. II. H. , Capital Structure in Asia and CEO Entrenchment. Nanyang Technological University. Working Paper, 2007.

301. Lewellyn, K. B. , and Muller – Kahle, M. I. , CEO Power and Risk Taking: Evidence from the Subprime Lending Industry. *Corporate Governance: An International Review*, Vol. 20, No. 3, 2012, pp. 289 –307.

302. Li, M. , Lu, Y. , and Phillips, G. . CEOs and the Product Market: When are Powerful CEOs Beneficial? SSRN Working paper.

303. Libby, R. , The impact of uncertainty Reporting on the Loan Decision. *Journal of Accounting Research*, Vol. 17, 1979, pp. 35 –57.

304. Lins, K. V. , and Servaes, H. , Is Corporate Diversification Beneficial in Emerging Markets? *Financial Management*, Vol. 31, 2002, pp. 5 –31.

305. Liu, Y. , and Jiraporn, P. , The Effect of CEO Power on Bond Ratings and Yields. *Journal of Empirical Finance*, Vol. 17, No. 4, 2010, pp. 744 –762.

306. Liu , Y. X. , and Jiraporn, P. . The Effect of CEO Power on Bond Ratings and Yields. *Journal of Empirical Finance*, Vol. 17, 2010, pp. 744 –762.

307. Lorsch, J. W. , and MacIver, E. , *Pawns or Potentates: The Reality of America's Corporate Boards*. Harvard Business School Press. Boston, MA, 1989.

308. Loury, G. C. , Discrimination in the Post-civil Rights Era: beyond Market Interactions. *Journal of Economic Perspectives*, Vol. 12, No. 2, 1998, pp. 117 – 126.

309. Love, I. , Preve, L. A. , Sarria, A. V. , Trade Credit and Bank Credit: Evidence from Recent Financial Crises. *Journal of Financial Economics*, Vol. 83, No. 2, 2007, pp. 453 – 469.

310. Lummer, S. L. , and McConnell, J. J. , Further Evidence on the Bank Lending Process and the Capital-market Response to Bank Loan Agreements. *Journal of Financial Economics*, Vol. 25, No. 1, 1989, pp. 99 – 122.

311. Magee, J. C. , and Galinsky, A. , Social Hierarchy: The Self-reinforcing Nature of Power and Status. *Academy of Management Annals*, Vol. 2, 2008, pp. 351 – 398.

312. Malmendier, U. , and Tate, J. A. , Superstar CEOs. *The Quarterly Journal of Economics*, Vol. 124, 2008, pp. 1593 – 1638.

313. Malmendier, U. , Tate, G. , Yan, J. , Overconfidence and Early – Life Experiences: The Effect of Managerial Traits on Corporate Financial Policies. *Journal of Finance*, Vol. 5, 2011, pp. 1687 – 1733.

314. March , J. G. , The Power of Power. Varieties of Political Theory, Preneice Hall Press, 1966.

315. Masulis , R. W. , The Impact of Capital Structure Change on Firm Value: Some Estimates. *The Journal of Finance*, Vol. 38, No. 1, 1983, pp. 107 – 126.

316. Meltzer, A. H. , Mercantile Credit, Monetary Policy, and Size of Firms. *The Review of Economics and Statistics*, Vol. 42, 1960, pp. 429 – 437.

317. Mian, S. L. , and Smith, C. W. , Accounts Receivable Management Policy: Theory and Evidence. *The Journal of Finance*, Vol. 47, No. 1, 1992, pp. 169 – 200.

318. Morck, R. , Yeung, B. , and Yu, W. . The Information Content of Stock Markets: Why do Emerging Markets Have Synchronous Stock Price Movements? *Journal of Financial Economics*, Vol. 58, 2000, pp. 215 – 260.

319. Myers, S. C. , The Capital Structure Puzzle. *Journal of Finance*, Vol. 39, No. 3, 1984, pp. 574 – 592.

320. Myers, S. , Determinants of Corporate Borrowing. *Journal of Finan-*

cial Economics, Vol. 5, No. 2, 1977, pp. 147 – 175.

321. Nilsen, H. J., Trade Credit and the Bank Lending Channel. Working Paper, 1999.

322. Ohlson, J. A., Earnings, Book Values, and Dividends in Equity Valuation. *Contemporary Accounting Research*, Vol. 11, No. 2, 1995, pp. 661 – 687.

323. Otten, J. A., and Heugens, P. P., The Managerial Power Theory of Executive Pay: A Cross National Test and Extension. *Academy of Management Annual Meeting Proceedings*, Vol. 1, 2008, pp. 1 – 6.

324. Petersen, M. A., and Rajan, R. G., Trade Credit: Theories and Evidence. *The Review of Financial Studies*, Vol. 10, No. 3, 1997, pp. 661 – 691.

325. Pfeffer, J., Power in Organizations. Cambridge: Harper & Row, 1981.

326. Piotroski, J. D., and Wong, T. J.. Capitalizing China: Institutions and Information Environment of Chinese Listed Firms. *Nber Chapters*, 2012, pp. 201 – 242.

327. Piotroski, J. D., Wong, T. J., and Zhang, T.. Political Incentives to Suppress Negative Financial Information: Evidence from Chinese Listed Firms. *Journal of Accounting Research*, Vol. 53, No. 2, 2015, pp. 405 – 459.

328. Rabe, W. F., Managerial Power. *California Management Review*, Vol. 4, 1962, pp. 31 – 39.

329. Rajan, R. G., Insiders and Outsiders: The Choice between Informed and Arm's – Length Debt. *The Journal of Finance*, Vol. 47, No. 4, 1992, pp. 1367 – 1400.

330. Rajan, R., and Zingales, L., What Do We Know about Capital Structure? Some Evidence from International Data. *Journal of Finance*, Vol. 50, No. 5, 1995, pp. 1421 – 1460.

331. Raman, K., and Shahrur, H., Relationship-specific Investments and Earnings Management: Evidence on Corporate Suppliers and Customers. *The Accounting Review*, Vol. 83, No. 4, 2008, pp. 1041 – 1081.

332. Reverte, C., Do Better Governed Firms Enjoy a Lower Cost of Equity Capital?: Evidence from Spanish Firms. *Corporate Governance: The Interna-*

tional Journal of Business in Society, Vol. 9, No. 2, 2009, pp. 133 – 145.

333. Richardson, A. J. , and Welker, M. , Social Disclosure, Financial Disclosure and the Cost of Equity Capital. *Accounting, Organizations and Society*, Vol. 26, No. 7, 2001, pp. 597 – 616.

334. Richardson, S. , Over-investment of Free Cash Flow. *Review of Accounting Studies*, Vol. 11, 2006, pp. 159 – 189.

335. Roll, R. R^2. *Journal of Finance*, Vol. 43, 1988, pp. 541 – 566.

336. Rotemberg, Julio J. , and Saloner, Garth, Visionaries, Managers, and Strategic Direction. *Journal of Economics*, Vol. 31, 2000, pp. 693 – 716.

337. Rundell, A. G. , and Mejia, L. R. G. 2002, Power as Determinant of Executive Compensation. *Human Resource Management Review*, Vol. 12, 2002, pp. 3 – 23.

338. Sah, R. K. , and Stiglitz, J. E. , The Quality of Managers in Centralized Versus Decentralized Organizations. *The Quarterly Journal of Economics*, Vol. 106, 1991, pp. 289 – 295.

339. Sah, R. K. , and Stiglitz, J. E. , The Architecture of Economic Systems: Hierarchies and Polyarchies. *American Economic Review*, Vol. 76, 1986, pp. 16 – 27.

340. Scholes, M. , and Williams, J. . Estimating Betas from Nonsynchronous Data. *Journal of Finance*, Vol. 5, 1977, pp. 309 – 328.

341. Schwartz, R. A. , An Economic Model of Trade Credit. *Journal of Financial and Quantitative Analysis*, Vol. 9, 1974, pp. 643 – 657.

342. Sharpe, W. F. , Capital Asset Prices: A Theory of Market Equilibrium under Conditions of Risk. *The Journal of Finance*, Vol. 19, No. 3, 1964, pp. 425 – 442.

343. Shleifer, A. , and Vishny, R. W. , A Surveyof Corporate Governance. *Journal of Finance*, Vol. 52, No. 2, 1997, pp. 737 – 783.

344. Shleifer, A. , and Vishny, R. W. , Large Shareholders and Corporate Control. *Journal of Political Economy*, Vol. 94, No. 3, 1986, pp. 461 – 488.

345. Shleifer A. , and Vishny, R. W. , Management Entrenchment: The Case of Manager-specific Investments. *Journal of Financial Economics*, Vol. 25, 1989, pp. 123 – 139.

346. Simon, H. A. , Models of Man: Social and Rational. England: Oxford, 1957.

347. Smith, A. , An Inquiry into the Nature and Causes of the Wealth of Nations. London: George Routledge and Sons, 1776.

348. Spence, M. , Job Market Signaling. *The Quarterly Journal of Economics*, Vol. 87, 1973, pp. 355 – 374.

349. Stigler, G. J. , Economies of Scale. *JL & Econ.* , Vol. 1, 1958, pp. 1 – 54.

350. Stiglitz, J. E. , and Weiss, A. , Credit Rationing in Markets with Imperfect Information. *The American Economic Review*, Vol. 71, 1981, pp. 393 – 410.

351. Stiglitz, J. E. , Monopoly, Non-linear Pricing and Imperfect Information: the Insurance Market. *The Review of Economic Studies*, Vol. 44, 1977, pp. 407 – 430.

352. Strahan, P. E. , Borrower Risk and the Price and Nonprice Terms of Bank Loans. NBER Working paper, 1999.

353. Stulz, R. , Does Financial Structure Matter for Economic Growth? A Corporate Finance Perspective. Reese Chair of Banking and Monetary Economics, Ohio State University, and Research Associate, 2001, pp. 143 – 188.

354. Sufi, A. , Information Asymmetry and Financing Arrangements: Evidence from Syndicated Loans. *The Journal of Finance*, Vol. 62, No. 2, 2007, pp. 629 – 668.

355. Summers, B. , and Wilson, N. , An Empirical Investigation of Trade Credit Use: A Note. Mimeo, Credit Management Research Center, Leeds University Business School, 1999.

356. Sun, Q. , and Tong, W. H. S. , China Share Issue Privatization: the Extent of Its Success. *Journal of Financial Economics*, Vol. 70, No. 2, 2003, pp. 183 – 222.

357. Taylor, J. B. , The Monetary Transmission Mechanism: An Empirical Framework. *The Journal of Economic Perspectives*, Vol. 9, 1995, pp. 11 – 26.

358. Van, Horen N. , Trade Credit as A Competitiveness Tool; Evidence from Developing Countries: Evidence from Developing Countries. Working pa-

per, 2005.

359. Wasserman, N. , Founder – CEO Succession and the Paradox of Entrepreneurial Success. *Organization Science*, Vol. 14, No. 2, 2003, pp. 149 – 172.

360. Williamson, O. E. , Corporate Finance and Corporate Governance. *Journal of Finance*, Vol. 43, No. 3, 1988, pp. 567 – 591.

361. Wilson, N. , and Summers, B. , Trade Credit Terms Offered by Small Firms: Survey Evidence and Empirical Analysis. *Journal of Business Finance & Accounting*, Vol. 29, No. 3 – 4, 2002, pp. 317 – 351.

362. Wu, W. F. , Firth, M. , and Rui, O. W. , Trust and the Provision of Trade Credit. *Journal of Banking & Finance*, Vol. 39, No. 2, 2013, pp. 146 – 159.

363. Xin, K. , and Pearce, J. , Guanxi Connections as Substitutes for Formal Institutional Support. *Academy of Management Journal*, Vol. 39, 1996, pp. 1641 – 1658.

364. Xu, N. H. , Chan, K. C. , Jiang , X. Y. , and Yi, Z. H. Do Star Analysts Know More Firm – Specific Information? Evidence from China. *Journal of Banking and Finance*, Vol. 37, 2013, pp. 89 – 102.

365. Zald, M. N. , The Power and Functions of Boards of Directors: A Theoretical Synthesis. *American Journal of Sociology*, Vol. 75, No. 1, 1969, pp. 97 – 111.